# 每天一堂出纳课

陈斯雯　编著

人民邮电出版社
北　京

图书在版编目（CIP）数据

每天一堂出纳课 / 陈斯雯编著. -- 北京 : 人民邮电出版社, 2013.6
ISBN 978-7-115-31929-6

Ⅰ. ①每… Ⅱ. ①陈… Ⅲ. ①出纳－基本知识 Ⅳ. ①F233

中国版本图书馆CIP数据核字(2013)第096865号

## 内 容 提 要

本书将出纳专业知识梳理归纳为一个个关键知识点，以“每天一堂课”的形式呈现，除了系统讲解点钞方法、纸币鉴别、现金收支、银行结算、凭证及账簿登记、错弊防范等出纳人员必知的内容之外，还介绍了一些外汇核算、工商税务等会计知识，几乎涵盖了出纳日常工作的全部要点。

本书适合企业各级财务人员，特别是刚刚走上出纳工作岗位的新人阅读和使用，也可作为大中院校财务会计专业师生的参考用书。

◆ 编　　著　陈斯雯
责任编辑　姜　珊
执行编辑　包华楠
责任印制　杨林杰

◆ 人民邮电出版社出版发行　　北京市崇文区夕照寺街 14 号
邮编　100061　　电子邮件　315@ptpress.com.cn
网址　http://www.ptpress.com.cn
三河市潮河印业有限公司印刷

◆ 开本：787×1092　1/16
印张：22　　2013 年 6 月第 1 版
字数：210 千字　　2013 年 6 月河北第 1 次印刷

定价：45.00 元

读者服务热线：（010）67129879　印装质量热线：（010）67129223
反盗版热线：（010）67171154

# 前　言

作为一名刚刚走上出纳岗位的新人，你是否空有一肚子的理论知识，却对摆在面前的真实经济业务无从下手，常常被下列问题所困扰：

* 出纳日常工作都包括哪些内容？
* 如何分辨真假币？如何快速、准确地清点钞票？
* 支票如何开具？普通发票和增值税专用发票如何填写和保管？
* 企业发生的现金收支业务如何核算和记账？
* 银行结算方式有哪些？如何选用？
* 会计凭证、账簿如何填写和登记？错账如何更正？
* 企业日常经营中需要缴纳哪些税费？何时何地缴纳税费？

如果以上这些问题正是你所遇到的，那么这本《每天一堂出纳课》正是为你而编写。本书将出纳知识梳理归纳为 300 个知识点，以“每天一堂课”的形式呈现，通过“课堂精讲”、“随堂测验”、“课外阅读”等板块，详细讲解了出纳工作中最常用到的岗位基本技能、会计知识、现金收支业务、银行存款业务、票据管理、凭证及账簿管理、工商税务知识等内容。本书几乎涵盖了出纳日常工作的全部关键点，既可作为出纳新人的入门指导书，也可作为现任出纳人员的案头工作手册，方便随时查询。

本书内容结构清晰，定位准确，讲述深浅有度，主要具有以下四大特色。

◆ 要点明确——结合企业日常运转的实际情况，将烦琐的出纳知识归纳为 300 个知识点，便于读者学习和查询。

◆ 内容权威——以国家最新颁布的财经法规和制度为依据编写，注重理论框架的系统性、学术观点的包容性和知识的实用性。

◆ 即学即练——每个知识点采用“讲解+练习”的形式呈现，方便读者即学即练，快速掌握相关知识。

◆ 图文并茂——为了便于理解，本书采用了大量的图表与案例，力图做到知识表述要点化、图表化、步骤化和功能化。

在编写本书的过程中，作者得到了王微、付微微、徐晓菲等人的大力支持和帮助，在此向她们致以诚挚的感谢，没有她们的参与，本书是很难面世的。由于作者水平有限，书中难免有不妥之处，敬请读者批评指正。

# 目　录

## Part 1　出纳新手入门指引



## Part 2　练好出纳基本功

## Part 3 出纳不可不知的 40 个会计知识

## Part 4　出纳日常工作——现金收支业务处理



## Part 5　出纳日常工作——银行业务处理

## Part 6　出纳日常工作——凭证及账簿业务处理



## Part 7　出纳日常工作——票据管理

## Part 8　出纳日常工作——工商实务操作指引

## Part 9　出纳日常工作——纳税实务操作指引

# Part 1

Part 1

art 1

## 出纳新手入门指引

# 第 1 天　出纳与出纳工作

## 课堂精讲

作为一个重要的会计名词，出纳一词在不同场合有着不同的含义和内容。出纳一词可以表示出纳工作，同时也可以表示出纳人员。

### 1．出纳工作

从字面上可以看出，“出”即支出，“纳”即收入，出纳的意思就是负责现金的收入和支出。出纳工作是管理货币资金、票据、有价证券的收入和支出的一项工作。具体来说，出纳就是按照国家现金管理的相关规定和制度，办理现金收付、银行结算及相关账务，保管库存现金、有价证券、财务印章及有关票据等工作的总称。只要是涉及票据、货币资金和有价证券的收付、保管、核算，就属于出纳工作的范围。广义的出纳工作既包括各单位业务部门及会计部门专设出纳机构的各项票据、货币资金、有价证券收付业务处理，票据、货币资金、有价证券的整理和保管等工作，也包括货币资金和有价证券的核算等工作。狭义的出纳工作则仅指各单位会计部门专设出纳岗位或人员的各项工作。

### 2．出纳人员

出纳人员有广义和狭义两种定义，所包含的内容也有所差异。具体说明如表 1-1 所示。

表 1-1　出纳人员的定义

| | 定义分类 | 具体说明 |
|---|---|---|
| 出纳人员 | 广义 | 从广义上讲，出纳人员既包括会计部门的出纳工作人员，也包括业务部门的各类收款人员。各类收款人员也属于出纳人员的范畴，因为从其工作内容、方法、要求，以及他们本身应具备的素质等方面来看，与会计部门的专职出纳人员有很多相同之处 |
| | 狭义 | 狭义的出纳人员仅指会计部门的出纳人员 |

无论是出纳人员还是各类收款人员，他们的主要工作都是办理货币资金和各种票据的收付，保证自己经手的货币资金和票据的安全与完整，以及填制和审核原始凭证。

## 随堂测验

【多选】出纳工作的内容包括（　　）。

A．办理现金收付　　B．银行结算相关账务
C．保管库存现金　　D．有价证券的整理
E．填制现金日记账
【答案】ABCDE

# 第 2 天　出纳工作的四大特点

## 课堂精讲

出纳是会计工作的重要组成部分，具有一般会计工作的本质属性，但它又是一个专门的岗位，一项专门的技术，因此，具有自己专门的工作特点。出纳工作的主要特点包括社会性、专业性、政策性和时间性。

### 1．社会性

出纳工作担负着一个单位货币资金的收付、存取任务，而这些任务的完成是处于整个社会经济活动之中的，是和整个社会的经济运行相联系的。任何单位都要发生经济活动，因此就必然要求出纳人员与之发生经济关系。因此，出纳工作具有广泛的社会性。

### 2．专业性

出纳工作作为会计工作的一个重要岗位，具有专门的操作技术和工作规则。如何填写凭证，如何登记账簿，都有自身的一系列规范，就连点钞也是很有讲究和技巧的。因此，要做好出纳工作，一方面要受过一定的职业培训，另一方面要在实践中不断积累经验，掌握工作要领，熟练使用现代化办公工具。

### 3．政策性

出纳工作是一项政策性很强的工作，其工作的每一环节都必须依照国家规定进行。例如，办理现金收付要按照国家现金管理规定进行，办理银行结算业务要根据国家银行结算办法进行。出纳人员不掌握这些政策法规，就做不好出纳工作；不按这些政策法规办事，就违反了财经纪律。

### 4．时间性

出纳工作具有很强的时间性，何时发放职工工资，何时核对银行对账单等，都有严格的时间要求，一天都不能延误。

**随堂测验**

【多选】出纳工作的特点包括（　　）。

A．社会性　　B．政策性　　C．时间性　　D．专业性　　E．客观性

【答案】ABCD

# 第 3 天　出纳工作制度的五项内容

**课堂精讲**

出纳工作制度是日常经济生活中出纳人员必须遵循的办事规程或行为准则，其主要内容通常包括以下五个方面。

（1）出纳工作应该由指定的专职或兼职人员担当，并且出纳人员的设置应该遵守如下原则：首先，根据“账钱分管”的原则，会计人员和出纳人员不能由一人兼任，以分清责任并防止舞弊。在规模比较小的单位里，即使人员比较少，单位负责人也不宜兼任出纳人员。这是财务法规中的重要规定；其次，出纳人员除了登记现金日记账之外，不得监管总账或支出明细账，但可以监管其他同现金没有直接联系的账簿。

（2）出纳人员应该根据审核过的会计凭证办理银行收付款业务、现金收付款业务。审核工作不能由出纳人员本人担当，而是应由会计主管人员或其他指定的会计人员来担当。

（3）出纳人员应根据业务发生的时间逐笔、顺序登记现金日记账，每天业务结束后，应编制库存现金日报表并核对是否相符。

（4）认真复核原始凭证，加强对现金收付业务的监督。根据现金管理制度规定，出纳人员不可设立“小金库”，不得个人借支公款，不得相互借用现金，不得假借用途套取现金，不得以个人名义存取公款。

（5）确保现金账实相符，不得以白条抵库。如果发现库存现金有盈余或短缺情况，则应先记录等待处理，然后查明原因，区分情况处理，不得私下取走或补足。对于违反现金管理规定所产生的盈余或短缺，应该进行严格的审查，防止此类事件再次发生。

**随堂测验**

【想一想】企业日常经济业务中，比较常见的“账钱分管”业务有哪些？每项业务的处理流程是怎样的？

【答案】

1．款项支付。其处理流程为：会计主管审核批准→出纳人员付款→记账人员记账。

2．工资发放。其处理流程为：工资核算人员编制工资单→出纳人员提现（或银行转账），按工资单发放工资→记账人员记账。

## 第 4 天 出纳人员的六项职责

### 课堂精讲

根据《会计法》、《会计基础工作规范》等财会法规，出纳人员具有以下职责。

#### 1．办理现金收付和银行结算业务

出纳人员应按照国家有关现金管理和银行结算制度的规定，办理现金收付和银行结算业务：

（1）严格遵守现金开支范围，非现金结算范围不得用现金收付；

（2）遵守库存现金限额规定，超限额的现金按规定及时送存银行；

（3）现金管理要做到日清月结，账面余额与库存现金每日下班前应核对，发现问题，及时查对；

（4）银行存款日记账与银行对账单也要及时进行核对，如有不符，应立即通知银行调整。

#### 2．认真登记日记账，保证日清月结

根据已经办理完毕的收付款凭证，逐笔顺序登记现金和银行存款日记账，并结出余额。现金的账面余额要及时与银行对账单核对。月末要编制银行存款余额调节表，使账面余额与对账单上余额调节相符。对于未达账款，要及时查询，随时掌握银行存款余额。

#### 3．外汇出纳业务

按照国家外汇管理和结购汇制度的规定及有关批件，办理外汇出纳业务。外汇出纳业务是政策性很强的工作，随着国际间经济交往日益频繁，外汇出纳也越来越重要。出纳人员应熟悉国家外汇管理制度，及时办理结汇、购汇、付汇，避免国家外汇损失。

#### 4．办理银行结算，规范使用支票

严格按照银行结算制度规定，填写支票进账单并送交银行，不可延期送票。办理汇款时要注意账号的填写，严禁发生汇款错误事件。签发支票时应注明收款单位、用途、金额、日期，并经总经理签批后方可使用。如因特殊情况确需签发不填写金额的转账支票时，必须在支票上写明收款单位名称、款项用途、签发日期，规定限额和报销期限，并由领用支票人在专设登记簿上签章。对于填写错误的支票，必须加盖“作废”戳记，

与存根联一并保存。严格控制签空白支票。支票遗失时要立即向银行办理挂失手续。

**5．保管库存现金和各种有价证券（如国库券、债券、股票等）的安全与完整**

要建立适合本单位情况的现金和有价证券保管责任制，如发生短缺，属于出纳人员责任的，要由其进行赔偿。

**6．保管有关印章、空白收据和空白支票**

印章、空白票据的安全保管十分重要，在实际工作中，因丢失印章和空白票据给单位带来经济损失的不乏其例。对此，出纳人员必须高度重视，建立严格的管理办法。通常，单位财务公章和法人名章要实行分管，交由出纳人员保管的法人名章要严格按规定用途使用，各种票据要办理领用和注销手续。

**随堂测验**

【多选】出纳人员的职责包括（　　）。

A．办理银行结算，规范使用支票

B．保管有关印章、空白收据和空白支票

C．登记日记账

D．办理现金收付和银行结算业务

E．外汇出纳业务

【答案】ABCDE

## 第5天　出纳人员的三大权限

**课堂精讲**

根据《中华人民共和国会计法》（以下简称《会计法》）、《会计基础工作规范》等财会法规，出纳人员具有以下权限。

**1．维护财经纪律，执行财会制度，抵制不合法的收支和弄虚作假行为**

《会计法》是我国会计工作的根本大法，是会计人员必须遵循的重要法律。《会计法》第三章第十六条、第十七条、第十八条、第十九条中对会计人员如何维护财经纪律提出了具体规定。这些规定为出纳人员实行会计监督、维护财经纪律提供了法律保障。出纳人员应认真学习、领会、贯彻这些法规，充分发挥出纳工作的“关卡”、“前沿”作用，为维护财经纪律、抵制不正之风做出贡献。

**2．参与货币资金计划定额管理的权力**

现金管理制度和银行结算制度是出纳人员开展工作必须遵照执行的法规。这些法规赋予了出纳人员对货币资金管理的职权。例如，为加强现金管理，要求各单位的库存现金必须限制在一定的范围内，多余的要按规定送存银行，这便为银行部门利用社会资金进行有计划放款提供了资金基础。因此，出纳工作不是简单的货币资金的收付，其工作的意义只有和许多方面的工作联系起来才能体会到。

**3．管好、用好货币资金的权力**

出纳工作每天和货币资金打交道，单位的一切货币资金往来都与出纳工作紧密相联。货币资金的来龙去脉、周转速度的快慢，出纳人员都要清楚。因此，提出合理安排、利用资金的意见和建议，及时提供货币资金使用与周转信息，也是出纳人员义不容辞的责任。出纳人员应树立主动参与意识，把出纳工作放到整个会计工作、经济管理工作的大范畴中。

**随堂测验**

【填空】__________、__________赋予了出纳人员对货币资金管理的职权。

【答案】现金管理制度、银行结算制度

## 第 6 天　出纳人员的四项职能

**课堂精讲**

出纳工作是财会工作的一个重要组成部分，其职能可概括为收付、反映、监督、管理四个方面。

**1．收付职能**

出纳的最基本职能是收付职能。企业经营活动少不了货物价款的收付和往来款项的收付，也少不了各种有价证券以及金融业务往来的办理。这些业务往来的现金、票据和金融证券的收付和办理，以及银行存款收付业务的办理，都必须经过出纳人员之手。

**2．反映职能**

出纳要利用统一的货币计量单位，通过其特有的现金与银行存款日记账、有价证券的各种明细分类账，对本单位的货币资金和有价证券进行详细的记录与核算，以便为经济管理和投资决策提供完整、系统的经济信息。因此，反映职能是出纳工作的主要职能之一。

### 3．监督职能

出纳要对企业的各种经济业务，特别是货币资金收付业务的合法性、合理性和有效性进行全过程的监督。

### 4．管理职能

出纳还有一个重要的职能是管理职能。对货币资金与有价证券进行保管，对银行存款和各种票据进行管理，对企业资金使用效益进行分析研究，为企业投资决策提供金融信息，甚至直接参与企业的方案评估、投资效益预测分析等都是出纳的职责所在。

**随堂测验**

【单选】以下各项中，出纳工作最基本的职能是（　　）。

A．收付职能　　B．反映职能　　C．监督职能　　D．管理职能

【答案】A

## 第7天　出纳工作的基本原则——账钱分管

**课堂精讲**

《中华人民共和国会计法》（以下简称《会计法》）第二十七条第（一）款规定，记账人员与经济业务事项和会计事项的审批人员、经办人员、财物保管人员的职责权限应当明确，并相互分离、相互制约。

这一规定就要求企业在日常核算和管理中实行“账钱分管”：一方面是财会人员中的会计人员分管账目，主要是指现金总账，或称总账中的现金科目；另一方面是财会人员中的出纳人员具体分管现金的收、付、存，互相配合、互相制约，共同做好现金的核算和管理工作。

**随堂测验**

【多选】出纳人员可以登记和保管的账簿有（　　）。

A．现金日记账　　B．银行存款日记账　　C．现金总账　　D．银行存款总账

【答案】AB

# 第 8 天 出纳人员与会计人员的关系

### 课堂精讲

出纳与会计都属于财务人员，两者的工作既有区别，同时也存在着许多必然的联系。

从人员关系来讲，出纳人员与会计人员都属一个独立核算单位的财务工作者，都处于要害岗位，他们的地位是等同的。精明的企业领导者在选择出纳人员时，除了看其是否忠诚可靠，还要看其是否有现代经营意识，有无社会活动能力，也就是人们通常所说的公关能力。

从业务关系来说，出纳人员与会计人员都属一个单位的财会岗位，工作中应相互协助、密切合作，共同打理好企业的日常财会业务，做好本职工作。但他们之间又有着明确分工，工作上各有侧重，即“出纳管钱，会计管账”。

**1．出纳负责的工作**

出纳人员专管货币资金的收付以及与之相关的现金日记账和银行存款日记账，同时，出纳人员还必须每日或定期与会计人员对账，核对双方库存现金、银行存款日记账是否相符，以便做到相互配合、相互监督，从而避免多报冒领的差错。因此，出纳人员不是单纯地办理现金的收付和银行存款的支取，也要涉及部分会计业务，需要学习会计知识，以便在填制“收款凭证”和“付款凭证”时熟练地掌握会计科目的对应关系。

**2．会计负责的工作**

会计人员专管总账和除货币资金之外的其他明细账。会计分很多明细，如记账会计、税务会计、材料会计、成本会计等。会计人员负责整个会计核算工作，从平行登记总账、明细账到编制会计报表，以及完成纳税申报和成本核算。

### 随堂测验

【多选】出纳负责工作的内容包括（　　）。

A．登记现金日记账　　B．登记银行存款总账

C．登记银行存款日记账　　D．登记现金总账

【答案】AC

# 第 9 天　出纳日常工作内容——货币资金核算

## 课堂精讲

**1．办理现金收付，审核审批有据**

出纳人员要严格按照国家有关现金管理制度的规定，根据稽核人员审核签章的收付款凭证进行复核，办理款项收付。对于重大开支项目，必须经过会计主管人员、总会计师或单位领导审核签章，方可办理。收付款后，要在收付款凭证上签章，并加盖“收讫”、“付讫”戳记。

**2．办理银行结算，规范使用支票，严格控制签发空白支票**

因特殊情况确需签发不填写金额的转账支票时，必须在支票上写明收款单位名称、款项用途、签发日期、规定限额和报销期限，并由领用支票人在专设登记簿上签章。逾期未用的空白支票应交给签发人。对于填写错误的支票，必须加盖“作废”戳记，与存根一并保存。支票遗失时要立即向银行办理挂失手续。不准将银行账户出租、出借给任何单位或个人办理结算。

**3．认真登日记账，保证日清月结**

根据已经办理完毕的收付款凭证，逐笔顺序登记现金和银行存款日记账，并结出余额。现金的账面余额要及时与银行对账单核对。月末要编制银行存款余额调节表，使账面余额与对账单上余额调节相符。对于未达账款，要及时查询。要随时掌握银行存款余额，不准签发空头支票。

**4．保管库存现金和有价证券**

对于现金和各种有价证券，要确保其安全和完整无缺。库存现金不得超过银行核定的限额，超过部分要及时存入银行。不得以“白条”抵充现金，更不得任意挪用现金。如果发现库存现金有短缺或盈余，则应查明原因，根据情况分别处理，不得私下取走或补足。若有短缺，则要负赔偿责任。要保守保险柜密码，保管好钥匙，不得任意转交他人。

**5．保管有关印章，登记注销支票**

出纳人员必须妥善保管印章，严格按照规定用途使用。但签发支票的各种印章，不得全部交由出纳一人保管。严格管理空白收据和空白支票，专设登记簿登记，认真办理领用注销手续。

**6．复核收入凭证，办理销售结算**

认真审查与销售业务有关的凭证，严格按照销售合同和银行结算制度，及时办理销售款项的结算，催收销售货款。发生销售纠纷导致货款被拒付时，要通知有关部门及时处理。

**随堂测验**

【单选】出纳人员付出货币资金的依据是（　　）。

A．收款凭证　　B．付款凭证　　C．转账凭证　　D．原始凭证

【答案】B

# 第 10 天　出纳日常工作内容——往来结算

**课堂精讲**

### 1．办理往来结算，建立清算制度

现金结算业务的内容主要包括：企业与内部核算单位和职工之间的款项结算；企业与外部单位办理转账手续和个人之间的款项结算；低于结算起点的小额款项结算；根据规定可以用于其他方面的结算。对购销业务以外的各种应收、暂付款项，要及时催收结算；应付、暂收款项，要抓紧清偿。对确实无法收回的应收账款和无法支付的应付账款应查明原因，按照规定报经批准后处理。实行备用金制度的企业，要核定备用金定额，及时办理领用和报销手续，加强管理。对预借的差旅费，要督促有关人员及时办理报销手续，收回余额，不得拖欠，也不准挪用。建立其他往来款项清算手续制度。对购销业务以外的暂收、暂付、应收、应付、备用金等债权债务及往来款项，要建立清算手续制度，加强管理，及时清算。

### 2．核算其他往来款项，防止坏账损失

对购销业务以外的各项往来款项，要按照单位和个人分户设置明细账，根据审核后的记账凭证逐笔登记，并经常核对余额。年终要抄列清单，并向上级领导或有关部门报告。

**随堂测验**

【多选】现金结算业务的内容包括（　　）。

A．支付员工工资　　B．支付稿酬　　C．购买办公用品　　D．报销员工差旅费

【答案】ABCD

# 第 11 天　出纳日常工作内容——工资核算

### 课堂精讲

**1．执行工资计划，监督工资使用**

根据批准的工资计划，会同劳动人事部门，严格按照规定掌握工资和奖金的支付，分析工资计划的执行情况。对于违反工资政策，滥发津贴、奖金的，要予以制止或向上级领导和有关部门报告。

**2．审核工资单据，发放工资奖金**

根据实有职工人数、工资等级和工资标准，审核工资奖金计算表，办理代扣款项（包括计算个人所得税、住房基金、劳保基金、失业保险金等），计算实发工资。按照车间和部门归类，编制工资、奖金汇总表，填制记账凭证，经审核后，会同有关人员提取现金，组织发放。发放的工资和奖金，必须由领款人签名或盖章。发放完毕后，要及时将工资和奖金计算表附在记账凭证后或单独装订成册，并注明记账凭证编号，妥善保管。

**3．负责工资核算，提供工资数据**

按照工资总额的组成和支付工资的来源，进行明细核算。根据管理部门的要求编制有关工资总额报表。

### 随堂测验

【多选】出纳日常工资核算各项内容的具体要求有（　　）。

A．监督工资使用　　B．审核工资单据　　C．负责工资核算

D．发放工资奖金　　E．提供工资数据

【答案】ABCDE

# 第 12 天　出纳岗位人员配备的三种形式

### 课堂精讲

一般来说，实行独立核算的企业单位，在银行开户的行政事业单位，有经常性现金收入和

支出业务的企业、行政事业单位都应配备专职或兼职出纳。出纳人员具体配备多少，主要取决于本单位出纳业务量的大小和业务的难易程度，要以业务需要为原则，满足出纳工作量的需要。一般来说，企业可以根据自身的特点，采用一人一岗、一人多岗、一岗多人三种形式。

**1．一人一岗**

一人一岗的形式主要适用于规模不大且工作量不大的单位。对于这种单位，采用一人一岗的形式可以避免人浮于事，而且可以明确分工和责任。

**2．一人多岗**

一人多岗的形式主要适用于规模较小且出纳工作量较小的单位。这样的单位可设兼职出纳人员一名，负责多项工作。但是要注意，兼职出纳不得兼管收入、费用、债权、债务账目的登记工作和稽核工作，以及会计档案保管工作。

**3．一岗多人**

一岗多人的形式主要适用于规模较大且出纳工作量较大的单位，这样的单位可设多名出纳人员，如分设现金出纳人员和银行结算出纳人员等。

**随堂测验**

【单选】出纳人员的配备形式不包括（　　）。

A．一人一岗　　B．一人多岗　　C．一岗多人　　D．多岗多人

【答案】D

## 第 13 天　出纳工作的五项基本要求

**课堂精讲**

做好出纳工作并不是一件容易的事，它要求出纳人员要有全面精通的政策水平、熟练高超的业务技能、严谨细致的工作作风。出纳工作的基本要求包括以下五项。

（1）政策水平：政策法规，了然于胸；严格执行，避免犯错。

（2）工作作风：热爱工作，敬业精业；依法办事，严谨细致。

（3）道德修养：遵纪守法，洁身自好；实事求是，保守机密。

（4）业务技能：收付现金，快速准确；开具票据，合规合法。

（5）安全意识：财产印鉴，分工保管；各负其责，互相牵制。

### 随堂测验

【多选】出纳工作的基本要求有（　　）。

A．政策水平　　B．工作作风　　C．道德修养

D．业务技能　　E．安全意识

【答案】ABCDE

## 第 14 天　出纳在企业中的角色

### 课堂精讲

在企业管理工作中，出纳能够起到监督管理作用，为企业经济管理和经营决策提供各种经济信息。具体包括以下三点。

**1．担负着核算工作**

出纳在会计核算中担负着最基本的核算工作，包括现金收付和银行结算这些会计核算中的基本业务，是保证会计工作顺利进行和良性发展的基础。

**2．担负着管理工作**

出纳在企业中担负着重要的管理职责，其工作的好坏直接影响企业的财务管理水平和经营决策，包括管理银行单据和票据，保管企业的货币资金和有价证券，分析研究企业资金使用效益，为企业投资决策提供金融信息，以及参与企业的方案评估、投资效益预测分析等。

**3．具有监督作用**

出纳在企业的经营活动中起着重要的监督作用，主要监督货币资金收付业务以及各项经济业务的的合理性、合法性，防止出现差错，给企业造成不必要的损失。

### 随堂测验

【判断】出纳在会计核算中担负着最基本的核算工作，包括现金收付和银行结算这些会计核算中的基本业务。（　　）

【答案】√

# 第 15 天 出纳在会计循环中的角色

### 课堂精讲

企业的正常资金运营离不开良好的会计循环机制，而出纳在会计循环中起着不可或缺的特殊作用。具体包括以下五点：

（1）严格贯彻财经政策，认真审核各项单据；

（2）管理好货币资金和银行票据；

（3）确保资金安全，防止诈骗，减少失误，降低损失；

（4）审查支出性质，拒绝违规支出；

（5）准确、及时地提交财务报告，反馈经济信息。

### 随堂测验

【多选】出纳在会计循环中担负的工作包括（　　）。

A．审查支出性质　　B．拒绝违规支出　　C．及时地提交财务报告

D．确保资金安全　　E．审核单据

【答案】ABCDE

# 第 16 天 出纳工作的六个要点

### 课堂精讲

出纳工作的六个要点如下。

（1）按照国家有关现金管理和银行结算制度的规定，办理现金收付和银行结算业务。

（2）严格审核有关原始凭证，据以编制收款凭证、付款凭证，然后根据收款凭证、付款凭证逐笔顺序登记现金日记账和银行存款日记账，并结出余额。

（3）随时查询银行存款余额，不准签发空头支票，不准出租、出借银行账户。

（4）保证库存现金和各种有价证券的安全与完整。

（5）按照国家外汇管理和结汇、购汇制度的规定及有关批件，办理外汇出纳业务等。

（6）出纳人员一般只负责现金日记账和银行存款日记账的登记工作，不得兼管稽核和会计档案保管工作，不得负责收入、费用、债权、债务等账目的登记工作。

随堂测验

【多选】下列属于出纳工作要点的内容有（　　）。

A．按规定办理现金、银行结算业务

B．保证现金等有价证券安全

C．按规定办理外汇业务

D．出纳人员不得兼任稽核及档案保管工作

E．随时查询银行存款余额，不准签发空头支票

【答案】ABCDE

## 第 17 天　出纳人员接受会计人员监督的两个方面

课堂精讲

虽说出纳人员与会计人员的地位是平等的，工作上是紧密联系、分工协作、缺一不可的，但在业务的隶属关系上还是有主次之分的。出纳人员应在以下两方面主动接受会计人员的监督：

（1）主动为现金盘库提供条件，而绝不能认为监督盘库是对出纳人员的不信任；

（2）对账时主动为会计人员报出现金库存数，由会计人员再核对账款是否相符，而不应当由会计人员结账后先报出现金账户的余额，再由出纳人员表示账款相符与否。如果是这样，那么就是会计监督的本末倒置，其后果可能十分严重。

随堂测验

【判断】会计甲在 2010 年 2 月底根据财务账面上的现金余额与出纳乙核对现金库存数，经核对现金账余额与现金的库存数相符，请问此种做法是否符合规定。（　　）

【答案】×

## 第 18 天　出纳的工作范围

课堂精讲

出纳工作就是根据财政部门发布的现金管理制度和银行结算制度的有关规定，办

理现金、银行存款以及各种票据、有价证券的收入、付出、保管等业务。其工作范围包括现金和各种票据、有价证券的保管，办理银行存款的收支结算手续，以及出纳账务处理。

出纳人员负责登记现金日记账、银行存款日记账和有关有价证券方面的一些明细分类账簿，另外可以兼管一些与出纳业务没有直接联系的固定资产账、低值易耗品账等。但是，出纳人员不得兼管稽核、会计档案保管工作及收入、支出、费用、债权、债务账目的登记工作。对于规模较小的企业，根据钱账分设的原则最少应设一名会计人员和一名出纳人员，以便内部相互控制、监督，确保企业财务的安全与完整。

**随堂测验**

【多选】出纳人员的工作范围是（　　）。

A．现金保管　　B．银行收支结算

C．登记现金和银行存款日记账　　D．会计档案保管工作

【答案】ABCD

## 第19天　出纳的工作对象

**课堂精讲**

出纳的工作对象是所在企业货币形态资金的流动过程，即记录、反映和监督所在企业货币资金的收入和支出、货币资金的存入和提取。

### 1．货币资金的收入和支出

企业的生产经营过程如果按照流程来划分可分为采购、生产、销售三个阶段。经营资金注入企业以后，随着生产经营期间采购、生产、销售过程的不断进行，其形态也会不断改变。同样，企业的货币资金要经过资金循环，即以货币资金为起点，依次经过采购过程、生产过程、销售过程，分别转化为储备资金、生产资金、产品资金以及结算资金等各种不同形态，最后又回到货币资金形态。从出纳角度来看，不管什么性质的企业，货币资金的收支都包括财务收支与业务收支。

### 2．货币资金的存入和提取

《现金管理暂行条例》规定，企事业单位、国家机关、社会团体、部队、集体经济等企业对各项收入的现金，超过库存限额的部分或超过坐支额度的部分，应立即于当日存

入开户银行。现金存入银行，就表现为企业现金减少，银行存款增加。这是为了加强对货币资金的管理，以保证货币资金的安全与完整。

各企业在发放工资、薪金、补贴、津贴、支付差旅费以及未达到银行结算起点的零星支出等需要支付现金时，可以从本企业库存现金限额中支付或从银行提取，不得从本企业的现金收入中直接支付（在坐支额度以内的部分除外）。

**随堂测验**

【填空】出纳工作的对象是记录、反映和监督所在企业__________、__________。

【答案】货币资金的收入和支出、货币资金的存入和提取

## 第 20 天 出纳工作的账务处理程序

**课堂精讲**

所谓账务处理程序，是指会计信息的记录、归类、汇总、编报的顺序和方法，即从凭证到账簿到会计报表的组织程序和方法。出纳工作的账务处理程序如图 1-1 所示。

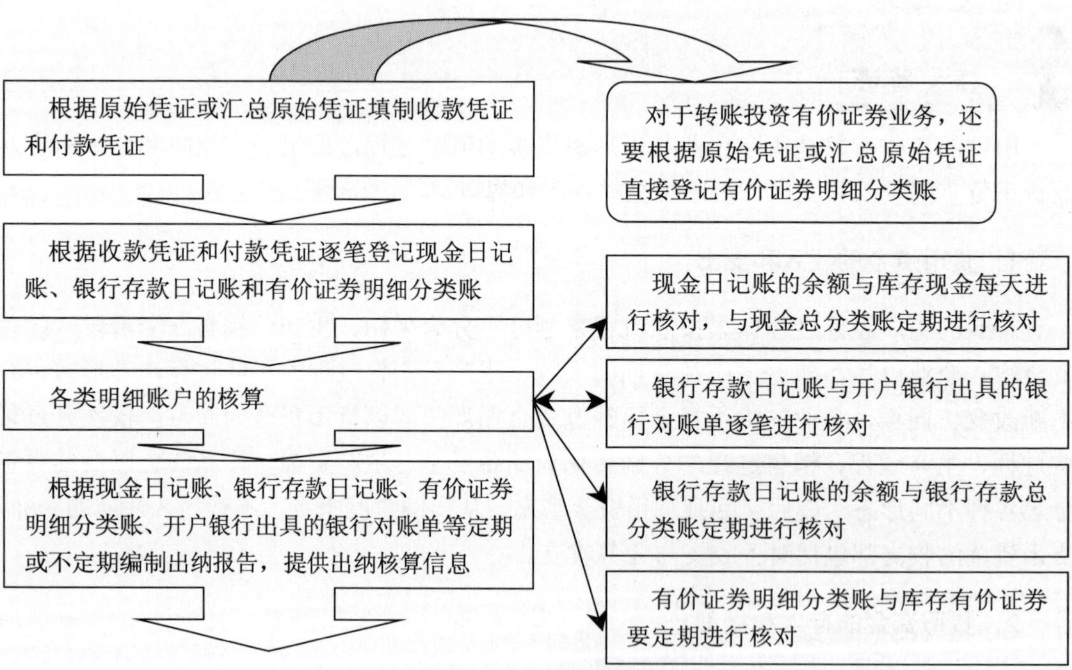


图 1-1 出纳工作的账务处理程序

**随堂测验**

【多选】下列属于出纳工作的账务处理程序范畴的是（　　）。

A. 根据原始凭证或汇总原始凭证填制收款凭证和付款凭证

B. 根据收款凭证和付款凭证逐笔登记现金日记账

C. 现金日记账的余额与库存现金每天进行核对

D. 定期或不定期编制出纳报告

E. 银行存款日记账的余额与银行存款总分类账定期进行核对

【答案】ABCDE

# 第 21 天　出纳工作的六种方法

**课堂精讲**

出纳工作的方法是用来反映和监督会计对象、完成出纳任务的手段。出纳工作的方法主要包括以下六种。

### 1. 设置账户

设置账户是指对出纳对象的具体内容进行分类反映和监督的一项专门方法。出纳对象的具体内容是复杂多样的，要想对出纳对象所包含的经济内容进行系统的反映和监督，就要对它们进行科学的分类，以便取得各种不同性质的核算指标。因此，对各项货币资金和有价证券的增加和减少，都要按规定设置账户，进行分类记账，以便取得经营管理所需要的各种不同性质的核算指标。

### 2. 复式记账

复式记账是记录经济业务的一种方法。这种方法的特点为：对每一项经济业务都要以相等的金额，同时记入两个或两个以上的有关账户。采用复式记账法，既可以通过账户的对应关系了解有关经济业务的全貌，又可以通过账户的平衡关系检查有关经济业务的记录是否正确。

### 3. 填制和审核凭证

出纳凭证是记录各项经济业务、明确经济责任的书面证明，是登记账簿的依据。对于已经发生或已经完成的经济业务，都要由经办人员或有关单位填制凭证，并签名盖章。

出纳凭证的审核主要是对各种原始凭证的审核和记账凭证的审核，只有审核无误的凭证，才可以作为出纳记账的依据。填制和审核出纳凭证是实行出纳监督的一个非常重要的方面。

**4．登记账簿**

账簿是按账户设置的，用来全面、连续、系统、综合地记录各项经济业务的书面材料，也是保存会计数据资料的重要工具。在经济业务发生后，出纳人员要把所有的经济业务按其发生的顺序，分门别类地记入有关账簿，以便为企业经营管理者提供完整的、系统的数据资料，登记账簿必须以经过审核的凭证为依据；出纳人员要把所有的经济业务分别记入有关账户，并定期进行对账、结账、计算和累计各项核算指标；出纳人员还要定期核对账目，使账实保持一致。出纳账簿提供的各种数据资料是编制出纳报表的主要依据。

为了保持经济业务记录的完整性和连续性，现金日记账和银行存款日记账应采用订本式账页。

**5．财产清查**

财产清查就是盘点实物、核对账目，查明各项财产物资和资金的实有数额及占用情况。在实际工作中，由于种种原因，账面资料有时同实际情况不相一致，为了做到账实相符，挖掘财产、物资的潜力，加强对财产、物资的管理，出纳人员就必须进行财产清查。财产清查采用“永续盘存制”，即在日常业务核算时对各种资金收付业务，都要根据凭证在账簿中连续记录，并定期结出余额，通过实地盘点，账证核对，查明各项财产的实有数额。

**6．出纳报告**

出纳报告分为收支报告、盘点报告、特殊事项报告三类。出纳报告是指根据现金日记账、银行存款日记账、有价证券明细分类账、银行对账单等核算资料，定期编制的书面文件，报告本单位一定时期（月、年）现金、银行存款、有价证券的收、支、存情况，并与总分类账核对期末余额。

上述六种出纳工作的方法是相互联系、密切配合的，从而构成了一个完整的体系。

**随堂测验**

【多选】出纳人员工作的方法主要包括（　　）。

A．设置账户　　B．填制和审核凭证　　C．登记账簿

D．财产清查　　E．出具出纳报告

【答案】ABCDE

## 第 22 天　出纳人员必备的九项基本技能

### 课堂精讲

从工作需要方面看，出纳人员一般应具备以下九项基本业务技能。

**1．规范书写**

出纳人员书写的数字和文字要求做到规范、清晰、工整、不易混淆。

**2．票币整点与防伪技术**

现钞的整理、清点、捆扎、真假辨认是出纳人员日常工作的重要内容，这些工作的技术性很强，必须勤加练习。

**3．银行转账业务的办理**

单位间的经济往来，除了按现金管理规定可以使用现金的之外，其余的都必须通过银行办理转账结算；而各单位转账结算业务主要由出纳人员经办，所以，作为出纳人员，必须熟练掌握银行转账结算办法。

**4．出纳账证的使用与管理**

处理各种结算凭证、登记出纳日记账是出纳工作的一项基本业务。出纳人员必须熟记账簿的设置与启用要求，掌握出纳账簿的登记方法、出纳凭证的填制方法与要求、出纳凭证的审核与整理装订办法。

**5．记账方法**

出纳人员要想编制收款凭证、付款凭证，以及登记日记账，必须熟练掌握现行的记账方法。

**6．出纳对账方法与错账更正技术**

对账是指核对账目。为了保证账簿记录的真实、正确、可靠，对账簿和账户所记录的有关数据加以检查和核对，这就是对账工作。出纳人员应熟练掌握对账方法，并学会

对查找出来的错账进行正确更正的技术。

### 7. 计算器的应用

出纳工作中的数字运算往往在结算过程中进行，要按结果当场开出票据或收付现金。速度要快，又不能出错。这与事后的账目计算有着很大的区别。账目计算错了可以按规定方法更改，但钱算错了就不一定说得清楚，不一定能“改”得过来了。所以说，出纳人员一定要有很强的运算能力。出纳人员常用的计算工具是计算器。

### 8. 计算机中常用计算功能的运用

计算机已经成为财会部门普遍运用的核算工具，普及电算化已经成为一种趋势。出纳人员要专门学习会计电算化课程。另外，出纳工作中数字计算比较多，有些计算还很烦琐，出纳人员要多学习一些计算机基础知识，学会利用身边的计算机代替手工去完成那些重复而烦琐的数字运算，以提高工作效率和工作质量。

### 9. 出纳专用机具的使用

验钞机、点钞机、支票打印机等机具是出纳人员的得力助手，出纳人员应该熟练掌握其操作方法，充分发挥其功能。

**随堂测验**

【多选】出纳人员必备的基本业务技能包括（　　）。

A．验钞机、点钞机、支票打印机的熟练使用　　B．熟练掌握现行的记账方法

C．规范书写数字和文字　　D．计算器的应用

E．现金的真假辨认

【答案】ABCDE

## 第 23 天　出纳每日工作的十四项流程

**课堂精讲**

出纳工作每日的流程大概可分为十四个步骤，具体内容如下。

（1）上班第一时间列明昨日未办完事项，检查库存现金，查询银行存款余额。

（2）请示领导或财务主管当日资金收支安排，在当日工作安排簿上一一列明。

（3）根据领导批示办理付款手续，付款依据必须真实、完整、合理，超越权限范围

的付款要求应当报送相应领导审批。

（4）办理各种收款事项，应当注意收入计算的准确性，明确收入来源。

（5）根据收付款单据，编制记账凭证。

（6）根据收付款凭证，逐日逐笔按顺序登记现金日记账和银行存款日记账，并每日结出余额。

（7）对收、付款凭证进行检查，补齐手续并分类。

（8）逐笔注销工作安排簿中已完成事项。

（9）进行库存现金盘点，做到账实相符。

（10）对银行支票进行清点，核实当日银行收支金额。

（11）对未完成的经济业务注明“待处理”字样。

（12）对发票、收据等进行清点，核实当日相关业务。

（13）编报出纳日报表，反映当日资金收支情况。

（14）下班前，检查保险柜、抽屉是否锁好，资料凭证是否收好。

随堂测验

**出纳工作每周流程**

对于收支业务频繁的大中型企业，为了提高工作效率和便于资金安排，通常以每周为一个出纳工作期，一般情况如表 1-2 所示。

**表 1-2 出纳工作每周流程**

| 序号 | 日期 | 事务 |
|---|---|---|
| 1 | 星期一 | 各部门及结算单位报送付款申请或付款通知书 |
| 2 | 星期二 | 领导审批付款申请或付款通知书后通知付款 |
| 3 | 星期三 | 财会部门审核付款申请或付款通知后安排付款 |
| 4 | 星期四 | 根据审批单据，办理资金支付，登记出纳日记账 |
| 5 | 星期五 | 根据收、付款凭证，编制出纳报告 |

# 第 24 天 出纳工作交接的要求

课堂精讲

《会计法》第二十四条规定，会计人员调动工作或者离职，必须与接管人员办理交接手续。一般会计人员办理交接手续，由会计机构负责人、会计主管人员监交。出纳交接要按照会计人员交接的要求进行。出纳人员调动工作或者离职时，与接管人员办清交接手续，是出纳人员应尽的职责，也是分清移交人员与接管人员责任的重大措施。办好交接工作，可以使出纳工作前后衔接，可以防止账目不清、财务混乱。出纳人员工作交接的具体要求如表 1-3 所示。

**表 1-3　出纳人员工作交接的要求**

| | |
|---|---|
| **出纳人员交接的要求** | 交接双方都要以对工作认真负责的态度来做好交接工作。移交人员必须做到交好工作，交好思想、交好作风、交好经验；接交人员在接交过程中要做到认真细致，要认真听取移交人员的建议，虚心学习移交人员好的思想、好的作风、好的经验，接好班 |
| | 出纳人员进行交接时，一般应由会计主管人员或由领导指定人员监交，必要时还可请上级领导一同监交 |
| | 监交过程中，如果前任交代不清，或者后任故意刁难，监交人员应及时处理裁决。监交人员一时处理不了的，要由监交人员报请领导解决。移交人员不做交代，或者交代不清的，不得离职，否则，监交人员和单位领导人应负连带责任 |
| | 接交人员在交接工作完毕后，应继续使用移交下来的账簿，不得自行另立新账，以保持账簿的连续性 |

**随堂测验**

【判断】会计人员调动工作或离职，无需任何人监督，只与交接人办理好交接手续即可。(　　)

【答案】×

## 第 25 天　出纳工作交接的三个阶段

**课堂精讲**

### 1. 第一阶段：交接准备

准备工作包括以下几项。

(1) 将出纳账登记完毕，并在最后一笔余额后加盖名章。

(2) 出纳账与现金、银行存款总账核对相符，现金账面余额与实际库存现金核对一致，银行存款账面余额与银行对账单核对无误。

（3）在出纳账启用表上填写移交日期，并加盖名章。

（4）整理应移交的各种资料，对未了事项要写出书面说明。

（5）编制“移交清册”，填明移交的账簿、凭证、现金、有价证券、支票簿、文件资料、印鉴，以及其他物品的具体名称和数量。

**2．第二阶段：交接阶段**

出纳人员的离职交接必须在规定的期限内向接交人员移交清楚。接交人员应认真按移交清册当面点收。

（1）现金、有价证券要根据出纳账和备查账簿余额进行点收。接交人员发现不一致时，移交人员要负责查清。

（2）出纳账和其他会计资料必须完整无缺，不得遗漏。如有短缺，由移交人员查明原因，在移交清册中注明，由移交人员负责。

（3）接交人员应核对出纳账与总账、出纳账与库存现金和银行对账单的余额是否相符，如有不符，应由移交人员查明原因，在移交清册中注明，并负责处理。

（4）接交人员按移交清册点收公章（主要包括财务专用章、支票专用章和领导人名章）和其他实物。

（5）接交人员办理接收后，应在出纳账启用表上填写接收时间，并签名盖章。

**3．第三阶段：交接结束**

交接完毕后，交接双方和监交人要在移交清册上签名或盖章。移交清册必须具备：单位名称、交接日期、交接双方和监交人员的职务及姓名，以及移交清册页数、份数和其他需要说明的问题和意见。移交清册一般一式三份，交双方各执一份，存档一份。

**随堂测验**

【多选】出纳工作共分为三个阶段，属于出纳交接工作内容的是（　　）。

A．将出纳账簿登记完毕

B．对未了事项要写出书面说明

C．填写出纳账启用表，填写移交日期，并加盖名章

D．现金、银行存款日记账与总账核对相符

E．编制“移交清册”

【答案】ABCDE

## 第 26 天　出纳工作交接的内容——会计资料及印章

### 课堂精讲

会计资料及印章主要包括以下几项内容。

（1）现金（现钞、外币、金银珠宝、其他贵重物品）。

（2）有价证券（国库券、债券、股票、商业汇票、股权证书等）。

（3）支票（空白支票、作废支票及支票使用登记簿）。

（4）发票（空白发票、已用和作废发票存根联等联次、发票使用登记簿）。

（5）收款收据（空白收据、已用或作废发票存根联及其他联次、收据使用登记簿）。

（6）财务印鉴，包括财务专用章或发票专用章，银行预留印鉴，以及“现金收讫”、“现金付讫”、“银行收讫”、“银行付讫”等业务印鉴。

（7）会计凭证，包括原始凭证和记账凭证。

（8）会计账簿，包括现金日记账和银行存款日记账。

（9）银行预留印鉴卡片及银行对账单。

（10）相关银行密码或其他预留密码。

（11）应由出纳人员保管的重要证件、合同、协议等资料。

（12）其他会计文件。

（13）有关会计用具。

### 随堂测验

【多选】出纳人员使用的会计资料及印章主要包括（　　）。

A．财务专用章　　B．收款收据　　C．支票簿　　D．发票　　E．银行对账单

【答案】ABCDE

## 第 27 天　出纳工作交接的内容——财产物资

### 课堂精讲

财产物资主要包括以下两项内容。具体说明如图 1-2 所示。

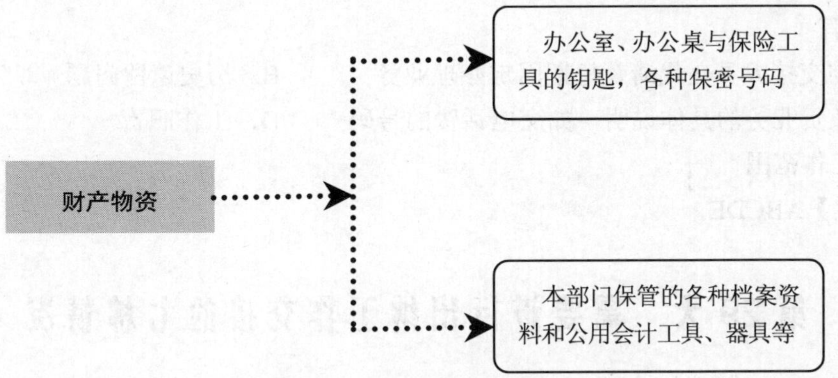


图 1-2　财产物资的内容

**随堂测验**

【多选】出纳甲辞职离开 A 公司，在与交接人员乙交接的过程中需要交接的财产物资包括哪些？（　　）

A．财务办公室钥匙　　B．保险柜对号牌　　C．甲自己购买的计算器

D．凭证装订机　　E．银行对账单

【答案】ABDE

## 第 28 天　出纳工作交接的内容——业务介绍

**课堂精讲**

业务介绍包括的内容如表 1-4 所示。

表 1-4　业务介绍包括的内容

| | |
|---|---|
| 内容 | 原出纳人员工作职责和工作范围的介绍 |
| | 每期固定办理业务的介绍，如按期交电费、水费、电话费等 |
| | 负责业务的具体说明，如交电话费的号码、台数等，银行账户的开户地址、联系人等 |
| | 历史遗留问题的说明 |
| | 其他需要说明，未了业务事项说明 |

**随堂测验**

【多选】出纳王某离开甲公司，在交接过程中王某需要针对以前负责的业务进行交代，

主要内容有（　　）。

A．与交接人员交代清楚每期固定办理业务　　B．历史遗留问题

C．负责业务的具体说明，如交电话费的号码　　D．工作职责

E．工作范围

【答案】ABCDE

## 第29天　需要进行出纳工作交接的七种情况

### 课堂精讲

以下七种情况需要进行出纳工作交接。

（1）出纳人员辞职或离开原单位。

（2）企业内部工作变动不再担任出纳职务。

（3）出纳岗位轮岗调换到会计岗位。

（4）出纳岗位内部增加工作人员进行重新分工。

（5）因病假、事假或临时调用，不能继续从事出纳工作。

（6）因特殊情况如停职审查等按规定不宜继续从事出纳工作。

（7）企业因其他情况按规定应办理出纳交接工作的，如企业解散、破产、兼并、合并、分立等情况发生时，出纳人员应向接收单位或清算组移交。

### 随堂测验

【多选】根据《会计法》的规定，下列选项中，必须办理会计工作的交接手续的有（　　）。

A．会计人员调动工作或离职　　B．会计人员临时离职需要接替

C．会计人员因病不能工作需要代理　　D．临时离职的会计人员恢复工作

【答案】ABCD

## 第30天　出纳工作文书的移交

### 课堂精讲

**1．库存现金移交表**

根据现金库存实有数，按币种（分人民币和各种外币）、币别分别填入该表内。“库

存现金移交表”如表 1-5 所示。

**表 1-5 库存现金移交表**

币种： 移交日期： 单位：元 第 页

| 序号 | 币 别 | 数量 | 移交金额 | 接受金额 | 备注 |
| --- | --- | --- | --- | --- | --- |
| 1 | 100 元 | | | | |
| 2 | 50 元 | | | | |
| 3 | 20 元 | | | | |
| 4 | 10 元 | | | | |
| 5 | 5 元 | | | | |
| 6 | 2 元 | | | | |
| 7 | 1 元 | | | | |
| 8 | 5 角 | | | | |

单位负责人： 移交人： 监交人： 接管人：

### 2．银行存款移交表

在移交时要根据账面数、实有数、币种、期限、开户银行等分别填写。“银行存款移交表”如表 1-6 所示。

**表 1-6 银行存款移交表**

移交日期： 单位：元 第 页

| 开户银行 | 币种 | 期限 | 账面数 | 实有数 | 备注 |
| --- | --- | --- | --- | --- | --- |
| | | | | | |
| | | | | | |
| | | | | | |
| | | | | | |
| | | | | | |
| 附：a.银行存款余额调节表，b.银行预留卡片一张。 | | | | | |

单位负责人： 移交人： 监交人： 接管人：

### 3．有价证券、贵重物品移交表

在移交时应根据清理核对后的有价证券、贵重物品按品种、价值等分别登记。“有价证券、贵重物品移交表”如表 1-7 所示。

表 1-7　有价证券、贵重物品移交表

移交日期：　　　　　　　　　　单位：元　　　　　　　　　　第　页

| 名称 | 购入日期 | 单位 | 数量 | 金额 | 备注 |
|---|---|---|---|---|---|
| ××债券 | | | | | |
| ××票据 | | | | | |
| ××股票 | | | | | |
| ××贵重物品 | | | | | |

单位负责人：　　　　　　移交人：　　　　　　监交人：　　　　　　接管人：

### 4．办公物品移交表

办公物品是指会计用品、公用会计工具等。“办公物品移交表”如表 1-8 所示。

表 1-8　办公物品移交表

移交日期：　　　　　　　　　　　　　　　　　　　　　　　　第　页

| 名称 | 编号 | 型号 | 购入日期 | 单位 | 数量 | 备注 |
|---|---|---|---|---|---|---|
| 保险柜 | | | | | | |
| 文件柜 | | | | | | |
| 照相机 | | | | | | |
| 财务印章 | | | | | | |
| …… | | | | | | |

单位负责人：　　　　　　移交人：　　　　　　监交人：　　　　　　接管人：

### 5．核算资料移交表

出纳工作中的核算资料包括出纳账簿、收据、借据、银行结算凭证、票据领用使用登记簿等。“核算资料移交表”如表 1-9 所示。

表 1-9　核算资料移交表

移交日期：　　　　　　　　　　单位：元　　　　　　　　　　第　页

| 名称 | 年度 | 数量 | 起止号码 | 备注 |
|---|---|---|---|---|
| 现金日记账 | | | | |
| 银行存款日记账 | | | | |

（续表）

| 名称 | 年度 | 数量 | 起止号码 | 备注 |
| --- | --- | --- | --- | --- |
| 收据领用登记簿 | | | | |
| 支票领用登记簿 | | | | |
| …… | | | | |

单位负责人：　　　　移交人：　　　　监交人：　　　　接管人：

### 6. 出纳交接书

出纳交接书是把移交表中没法列入或尚未列入的内容作进一步的说明。“出纳交接书”样示如表 1-10 所示。

**表 1-10 出纳交接书样示**

**出纳交接书**

原出纳人员王××，由于工作调动，财务处已决定将出纳工作移交给袁××接管。现办理如下交接事项。

（一）交接日期

201×年×月×日。

（二）具体业务的移交

1．库存现金：×月×日账面余额××元，实存相符，月记账余额与总账相符。

2．库存国库券：××××元，经核对无误。

3．银行存款余额×××万元，经编制“银行存款余额调节表”核对相符。

（三）移交的会计凭证、账簿、文件

1．本年度现金日记账一本。

2．本年度银行存款日记账二本。

3．空白现金支票××张（××号至××号）。

4．空白转账支票××张（××号至××号）。

5．托收承付登记簿一本。

6．付款委托书一本。

7．信汇登记簿一本。

8．金库暂存物品明细表一份，与实物核对相符。

9．银行对账单 1～10 月份 10 本。

10．10 月份未达账项说明一份。

（四）印鉴

1．××公司财务处转讫印章一枚。

2．××公司财务处现金收讫印章一枚。

3．××公司财务处现金付讫印章一枚。

（五）交接前后工作责任的划分

201×年×月×日前的出纳责任事项由王××负责。

201×年×月×日起的出纳工作由袁××负责。以上移交事项均经交接双方认定无误。

（六）本交接书一式三份，双方各执一分，存档一份。

移交人：王××（签名盖章）　　接管人：袁××（签名盖章）

监交人：罗××（签名盖章）　　××公司财务处（公章）

201×年×月×日

### 随堂测验

【多选】“出纳交接书”中包含的内容有（　　）。

A．交接日期

B．移交的会计凭证、账簿、文件等

C．印鉴的移交

D．监交人

E．交接前后工作责任的划分

【答案】ABCDE

# Part 2

Part 2

art 2

# 练好出纳基本功

# 第 31 天　真币的防伪特征

## 课堂精讲

下面以 2005 年版第五套人民币 100 元为例，介绍真币的防伪特征。

（1）固定人像水印：位于 100 元人民币正面左侧空白处，迎光透视，可见与主景人像相同、立体感强的毛泽东头像水印。

（2）胶印缩微文字：100 元人民币正面上方椭圆形图案中，多处印有胶印缩微文字，在放大镜下可看到“RMB”和“RMB100”字样。

（3）胶印对印图案：100 元人民币正面主景图案左侧中间处和背面主景图案右侧中间处均有圆形局部图案，迎光观察，正背图案重合并组成一个完整的古钱币图案。

（4）隐形面额数字：100 元人民币正面右上方有一椭圆形图案，将票面置于与眼睛接近平行的位置，面对光源做上下倾斜晃动，可以看到面额数字“100”字样。

（5）凹印手感线：100 元人民币正面主景图案右侧，有一组自上而下规则排列的线纹，采用雕刻凹版印刷工艺印制，用手指触摸，有极强的凹凸感。

（6）双色异形横号码：100 元人民币正面左下角印有双色异形横号码，左侧部分为暗红色，右侧部分为黑色。字符由中间向左右两边逐渐变小。

（7）光变油墨面额数字：100 元人民币正面左下角“100”字样，与票面垂直角度观察为绿色，倾斜一定角度则变成蓝色。

（8）白水印：位于 100 元人民币正面双色异形横号码下方，迎光透视，可以看到透光性很强的水印“100”字样。

（9）雕刻凹版印刷：100 元人民币正面主景是毛泽东头像、“中国人民银行”行名、盲文面额标记及背面主景，“人民大会堂”图案等均采用雕刻凹版印刷，用手指触摸有明显凹凸感。

（10）手工雕刻头像：100 元人民币正面主景毛泽东头像采用手工雕刻凹版印刷工艺，形象逼真、传神，凹凸感强，易于辨别。

（11）全息磁性开窗安全线：100 元人民币背面中间偏右，有一条开窗安全线，开窗部分可以看到由缩微文字“¥100”组成的全息图案，仪器检测有磁性。

（12）汉语拼音“YUAN”和年号“2005 年”：100 元人民币背面主景图案下方的面额数字后面，增加人民币单位元的汉语拼音“YUAN”，年号为“2005 年”。

## 随堂测验

【多选】人民币的防伪特征有（　　）。

A．固定人像水印

B．隐形面额数字

C．凹凸手感线

D．光变油墨面额数字

【答案】ABCD

## 第 32 天　假币的种类

### 课堂精讲

假币是指以利用各种技术手段，仿照真币的纸张、图案、水印、安全线等原样，采用印刷、复印、拓印、描绘以及挖补、剪切、拼凑等方式非法加工制作的票币。在市面上常见的假币主要有两种：一种是伪造币，另一种是变造币。

**1．伪造币**

伪造币又称假票，是模仿真币的形象，非法印刷、影印、描画、加工制作的票币。伪造币有以下几种。

（1）机制印刷。主要是从境外偷运入境，在鉴别时首先要看有无凹凸感，其次是要看水印是否逼真，然后要看图案线条是否联结。

（2）拓印。拓印的伪造币一般具有票面颜色浅淡，票幅较小；无凹凸感；纸张剥离后由二至三层粘贴，容易折断撕裂；图案模糊等特点。

（3）复印。复印币的票面颜色单调；图案粗糙；水印是套印出来的，并有上色痕迹；手感平滑无凹凸感。

（4）彩色复印。彩色复印伪造币通常是由色粉堆集成图案，偏色、图像模糊不清；横向、竖向线条有断裂；无凹凸感。

**2．变造币**

变造币是指在真币的基础上，采用挖补、剪贴、拼凑、制皮、揭面、涂改等手段，对真币进行加工处理，改变其原有形态的假钞。

### 随堂测验

【填空】市面上的假币有__________和__________两种。

【答案】伪造币、变造币

# 第 33 天　假币的特征

## 课堂精讲

### 1. 伪造币的特征

（1）假币的水印大部分是在纸张夹层中涂白色浆料，层次较差，图像模糊；有的则是在纸张表面描绘水印图案以冒充水印。

（2）假币纸张在紫外线光源下有强烈的荧光反应。

（3）假币正反两面均采用全胶印（四色网点）方式印刷，大多墨色深浅不一，有的版面颜色偏深，有的版面颜色偏浅，有的版面偏向一种颜色，凹印图文平滑，无浮雕感。

（4）制作假币的纸张大多是普通纸张，与印钞纸相比手感比较平滑、绵软，厚薄也不均匀，票面无凹凸感。

（5）假币的安全线是在纸张夹层中放置，纸与线有分离感；还有的假币则在正反两面各印刷一个条状图案，仔细观察便能看出破绽。

### 2. 变造币的特征

变造币是在真币的基础上，经过人为加工变形而成的，多采用挖补、剪贴、拼凑、制皮、揭面、涂改等手段，人为痕迹比较明显，比伪造币易于辨认。例如拼凑币，它是经人为分割破坏后再进行拼凑，以少拼多，达到多换的目的；揭面币是通过人为揭去一面后，用其他纸张进行粘贴，从而达到以少换多的目的。

### 3. 假币硬币的特征

（1）金属假币工艺粗糙、成色不足、颜色不一，因为合金配置比例不当，所以黄铜币发白或发亮，白铜币显黄。

（2）金属假币正反两面图案花纹模糊，没有层次感和立体感，显得呆板。在放大镜下，图案花纹笔道有明显的少粒状结构，光泽和亮度均不及真币，字体略粗，笔画不规范。

（3）假币与真币的重量相差较大。

## 随堂测验

【多选】属于假币特征的有（　　）。

A．有强烈荧光反应　　　　　　　　B．墨色深浅不一

C．票面无凹凸感　　　　　　　　　D．安全线与纸有分离感

【答案】ABCD

## 第 34 天　纸币的鉴别

### 课堂精讲

真假纸币的鉴别主要运用看、摸、听、测四种方法。

（1）看。用眼睛仔细观察票面的颜色、图案、花纹、水印、安全线等外观特征，真币的图案颜色协调，图案人像层次分明、富有立体感，人物形象表情传神，色调柔和艳丽；票面中的水印立体感强、层次分明、灰度清晰；安全线和纸张牢固地黏合在一起，并有特殊的防伪标记；对印图案完整、准确；各种线条粗细均匀，直线、斜线、波纹线均明晰、光洁。下面以第五套人民币为例进行重点说明。

① 看水印。第五套人民币各券别纸币的固定水印位于各券别纸币票面正面左侧的空白处，迎光透视，可以看到立体感很强的水印。100 元、50 元纸币的固定水印为毛泽东头像图案。20 元、10 元、5 元纸币的固定水印为花卉图案。

② 看安全线。第五套人民币纸币在各券别票面正面中间偏左的地方均有一条安全线。100 元、50 元纸币的安全线，迎光透视，分别可以看到“RMB100”、“RMB50”的微小文字，仪器检测均有磁性；20 元纸币的安全线，迎光透视，可以看到一条明暗相间的线；10 元、5 元纸币的安全线为全息磁性开窗式安全线，即安全线局部埋入纸张中，局部裸露在纸面上，开窗部分分别可以看到由缩微字符“10”、“5”组成的全息图案，仪器检测均有磁性。

③ 看光变油墨。第五套人民币 100 元、50 元纸币的正面左下方的面额数字采用光变油墨印刷。将垂直观察的票面倾斜到一定角度时，100 元纸币的面额数字会由绿色变为蓝色；50 元纸币的面额数字则会由金色变为绿色。

④ 看票面图案是否清晰，色彩是否鲜艳，对接图案是否可以对接上。第五套人民币纸币的阴阳互补对印图案应用于 100 元、50 元和 10 元纸币上。这三种纸币的正面左下方和背面右下方都印有一个圆形局部图案，迎光透视，两幅图案准确对接，组合成一个完整的古钱币图案。

⑤ 用 5 倍以上放大镜观察票面，看图案线条、缩微文字是否清晰干净。第五套人民币各券别纸币正面胶印图案中多处均印有缩微文字，20 元纸币背面也有该防伪措施。100 元纸币的缩微文字为“100”和“RMB100”；50 元纸币的缩微文字为“50”和“RMB50”；

20 元纸币的缩微文字为“RMB20”；10 元纸币的缩微文字为“RMB10”；5 元纸币的缩微文字为“5”和“RMB5”字样。

（2）摸。依据手指触摸钞票的感觉来分辨人民币的真伪。真币采用特种原料，用印钞专用纸张印制，其手感光滑、薄厚均匀、坚挺有韧性，并且票面上的行名、盲文、国徽和主景图案一般采用凹版印刷工艺，触摸时有凹凸感，与普通纸张有很大不同。下面仍然以第五套人民币为例进行重点说明。

① 摸人像、盲文点、中国人民银行行名等处是否有凹凸感。

② 手工雕刻头像。第五套人民币各券别纸币正面主景均为毛泽东头像，采用手工雕刻凹版印刷工艺，形象逼真、传神，凹凸感强，易于识别。

（3）听。通过抖动使钞票发出声响，根据声音来判断人民币的真伪。真币是用印钞专用纸张印制的，具有挺括、耐折、不易撕裂等特点。手持钞票用力抖动，手指轻弹或用双手轻轻对称抖动钞票，均能发出清脆响亮的声音。

（4）测。即借助一些简单的工具和专用仪器来分辨人民币真伪。比如，借助放大镜可以观察票面线条的清晰度，胶印缩微文字等；用紫外线灯光照射票面，可以观察钞票纸张和油墨的荧光反应；用磁性检测仪可以检测黑色横号码的磁性。

**随堂测验**

【多选】辨认人民币真假的方法（　　）。

A．看水印　B．听声音　C．看图案　D．安全线　E．摸图案

【答案】ABCDE

# 第 35 天　硬币的鉴别

**课堂精讲**

针对硬币假币的主要特征，可采用对比法、测量称重法、图纹重合比照法、合金成分分析法等进行真伪鉴别。

（1）掂重或称重法。现行流通的硬币都有标准重量。如果发现重量轻于或重于标准重量的硬币，则要进行仔细鉴定。

（2）尺量鉴别法。每种硬币都有直径、厚度和标准公差。如果出现超出或小于标准公差尺寸规格，则可能就是假币。

（3）表面花纹鉴定。真币表面花纹图案光洁清晰，而假币表面花纹图案生硬模糊。

（4）物理化学实验鉴定。对鉴定有争执的，可抽样或全部用化学试剂对原制作金属

成分做反应试验，以确定真假。

随堂测验

【多选】硬币的鉴别方法主要有（　　）。

A．称重法　　B．尺量鉴别法　　C．表面花纹鉴定　　D．物理化学实验鉴定

【答案】ABCD

## 第 36 天　假币的处理

课堂精讲

出纳人员在收银过程中发现可疑票币时，可按以下步骤进行处理。

（1）拿到可疑票币时，应仔细辨认鉴别。若难以辨别真伪，则可以暂扣，给持票人开临时收据。

（2）在临时收据上列举暂扣票币的面值、号码、张数，准备上交的银行单位名称，并盖上公章，签上暂收人姓名，持票人凭暂扣证据查询银行鉴定结果。

（3）企业在暂扣可疑票币后应于当日或次日上午上交有关银行进行鉴定。

（4）如果确认是假币则应予以没收，并出具假币没收收据；如果不是假币则应退还给客人并致歉。

随堂测验

【多选】假币的处理程序主要有（　　）。

A．暂扣　　B．开具临时收据　　C．送交银行鉴定　　D．确定处理

【答案】ABCD

## 第 37 天　残币的特征

课堂精讲

因票币有残损，无法正常流通，因此要挑出来去银行兑换，残币的特征包括以下几点。

（1）票面缺失，损及行名、花边、字头、号码、国徽之一。

（2）裂口超过纸幅 1/3 或票面裂口损及花边图案。

（3）纸质较旧，四周或中间有裂缝或票面断开又粘补。

（4）票面由于油浸、墨渍等造成脏污面较大，或者涂写字迹过多，妨碍票面整洁。

（5）票面变色严重，图案不清晰。

（6）硬币破坏、穿孔、变形或因磨损、氧化、腐蚀而损坏部分花纹。

### 随堂测验

【判断】纸币票面污渍、涂写字迹面积超过 2 平方厘米的；不超过 2 平方厘米，但遮盖了防伪特征之一的人民币不宜流通。（　）

【答案】√

## 第 38 天　残币的兑换标准

### 课堂精讲

对于残币的兑换，可以参照以下标准，如表 2-1 所示。

表 2-1　残币兑换标准

| 兑换类别 | 兑换标准 |
|---|---|
| 全额兑换 | 票面残缺不超过 1/5，其余部分的图案、文字能照原样连接 |
|  | 票面污损、熏焦、水湿、油浸、变色，但能辨别真假，票面完整或残缺不超过 1/5，票面其余部分的图案、文字能照原样连接 |
| 半额兑换 | 票面残缺 1/5 以上 1/2 以下，其余部分的图案、文字能照原样连接，应照原票面金额半额兑换 |
| 不予兑换 | 票面残缺 1/2 以上 |
|  | 票面污损、熏焦、水湿、油浸、变色不能辨别真假 |
|  | 故意挖补、涂改、剪贴、拼凑、揭去一面 |

### 随堂测验

【判断】能辨别面额，票面剩余 3/4（包含 3/4）以上，其图案、文字能按原样连接，按原面额全额兑换。（　）

【答案】√

# 第 39 天　残币的兑换程序

### 课堂精讲

兑换残损票币时，需要填写格式统一的“残损票币兑换单”（如表 2-2 所示），经办人员根据标准仔细辨别真伪、券别、张数等，待共同确定可兑换的金额后，征得持票人的同意，当面在残损票上加盖“全额”或“半额”戳记及两名经办人员名章后，给予兑换。作废不能兑换的票币原则上不退给持票人，或加盖“作废”戳记后再退还给持票人。

表 2-2　残损票币兑换单

姓名：　　　　　　　　　　　　单位：　　　　　　　　　　　　____年__月__日

| 券别 | 交银行金额 | 要求兑换金额 | 实际兑换金额 |
| --- | --- | --- | --- |
| | | | |
| | | | |

经手人：　　　　　　　　　　　　复核员：

### 随堂测验

【判断】兑换残币时可以不用在残币上加盖“全额”或“半额”戳记。（　　）

【答案】×

# 第 40 天　点钞的基本程序

### 课堂精讲

**1．拆把**

把待点的成把钞票的封条拆掉，同时做好点数的准备。

**2．点数**

手中点钞，脑中记数，点准一百张钞票。

3．扎把

把点准的一百张（或不足一百张）的钞票墩齐，并用捆钱条扎紧，不足一百张在捆钱条上写出实点数和金额。

4．盖章

在扎好的捆钱条上加盖经办人名章，以明确责任。

随堂测验

【多选】点钞的基本程序有（　　）。

A．拆把　　B．点数　　C．扎把　　D．盖章

【答案】ABCD

# 第 41 天　点钞的基本要领

课堂精讲

1．坐姿端正

（1）直腰挺胸，肌肉放松。

（2）双肘自然放在桌上，同时持票的左手手腕接触桌面，右手手腕稍微抬起，这样才能做到整点票币轻松自如、活动持久。

2．操作定型、用具定位

（1）操作定型、用具定位是指点钞时使用的算盘、印泥、图章、海绵壶、点钞机、捆钱条等要按使用顺序固定位置放好，以便点钞时使用顺手。比如，将未整点的款项放在左侧，海绵壶放在中间，捆钱条放在右侧上部，整点完的款项放在右侧，这样，摆放紧凑、方位得当、距离适中，便于操作。

（2）机器点钞的注意事项。用具要固定，各个环节要紧凑，两手动作要协调，做到操作过程连贯统一，干净利落。

3．点数准确

“准”是点钞技术中的关键字，清点和记数的准确是点钞的基本要求。点数不准不仅影响日常工作的质量，而且会产生差错，造成损失。所以点数时，精神要集中；坚持定

型操作，坚持复核；双手点钞，眼睛看钞，脑子记数，手、眼、脑紧密配合。

**4. 钞票墩齐**

即钞票的四条边水平、不露头、卷角拉平。当点完一把钞票以后，要把钞票墩齐，以便扎把。

**5. 扎把捆紧**

扎小把要以提起把中的第一张钞票而不被抽出为准，扎“#”字型捆扎的大把，以用力推不开、抽不出票把为准。

**6. 盖章清晰**

每个人整点后都要盖章，并且图章要清晰可辨认。捆钱条上的名章是分清责任的标志。

**7. 动作连贯**

动作连贯是保证点钞质量和提高效率的必要条件。点钞过程的各个环节必须密切配合、环环相扣。

（1）清点中双手动作要协调，清点速度要均匀。

（2）在运用多指多张点钞法时，每次捻动的张数要一致，不要忽多忽少，以免记数不准。

（3）在清点过程中尽量减少不必要的小动作，如沾水次数过多，墩票时间过长，这些都会影响动作的连贯性，以致影响点钞速度。

**随堂测验**

【多选】点钞的基本要领有（　　）。

A. 坐姿端正　　B. 点数准确　　C. 扎把捆紧　　D. 盖章清晰　　E. 动作连贯

【答案】ABCDE

## 第42天　手持式单指单张点钞法

**课堂精讲**

手持式单指单张点钞法是点钞中最基本、最常用的一种方法。它适用的范围较广，可用于收款、付款和整点各种新旧、大小面额的钞票。使用这种点钞法，由于持票面积小，清点钞票时能看到票面的3/4，逐张捻动手感强，容易发现假票，便于剔除残破票。

手持式单指单张点钞时要注意，身体保持正直，挺胸，两肘轻放在桌面上，两手竖执钞票，手腕自然抬起，右手手腕略高于左手手腕。具体操作程序分为持把、清点、记数、挑残、墩齐、扎把、盖章七个步骤。

（1）持票与拆把。左手横执钞票，钞票正面朝向身体，左手拇指在钞票正面左端约1/4处，食指与中指在钞票背面与拇指同时捏住钞票，无名指与小指自然弯曲并伸向钞票左下方，与中指夹紧钞票，食指伸直，拇指向上移动，按住钞票侧面，将钞票压成瓦形，右手上前脱去捆钱条。然后，左手将钞票从桌面上擦过，拇指顺势将钞票向上翻成微开的扇形，同时右手拇指、食指、中指沾水做点钞准备。

（2）清点。拆把后，左手持钞票并将钞票压成瓦形，用右手拇指尖逐张向下捻动钞票的右上角，捻的幅度要小，不要抬得过高，以免影响速度。食指在钞票背面托住配合拇指捻动，中指翘起不要触及钞票，无名指将捻起的钞票向怀里弹，要注意轻点快弹。

（3）记数。记数与清点同时进行。记数有两种基本方法：一种是习惯记数法，即从1数至100；另一种是分组记数法，在点钞速度快的情况下，往往由于记数迟缓而影响点钞的效率，因此记数应该采用分组记数法。

（4）挑残破票。清点时发现残破票，要随手向外折叠，使钞票露出一截，待点完后，抽出残破票，补上好票。

（5）墩齐。点完一百张后，左手拇指与食指、中指捏住钞票，无名指、小指伸向钞票的背面，使钞票正面朝向身体，横执钞票，左右手松拢墩齐，再将钞票竖起墩齐，使钞票四端整齐，然后左手持票做扎把准备。

（6）扎把。左手横执钞票，左手拇指按在票前，食指伸直在钞票的上侧，其余三根手指在后，捏住钞票的左端约占票面1/3处。右手拇指、食指和中指取捆钱条，捏在捆钱条的1/3处，并将捆钱条搭在钞票的背面，用左手食指按住，右手拇指和中指捏住捆钱条长的一端往下向外绕半圈，用食指钩住捆钱条短的一端，将捆钱条的两端合拢捏紧，然后左手稍用力握住钞票的正面，将钞票压成瓦形，左手手腕向外转，右手捏住捆钱条向里转，然后在双手还原的同时将右手的捆钱条拧紧，用食指将捆钱条头塞在凹面瓦形里，再把钞票抚平，使捆钱条压在下面。

（7）盖章。每点完一把钞票，都要加盖自己的名章，名章应盖在钞票上侧的捆钱条上，而且要清晰。

### 随堂测验

【判断】手持式单指单张点钞法由于持票面积小，清点钞票时能看到票面的3/4，逐张捻动手感强，因而容易发现假票，便于剔除残破票。（　　）

【答案】√

# 第 43 天　手持式单指多张点钞法

**课堂精讲**

手持式单指多张点钞法是在单张点钞的基础上发展起来的点钞方法，适用于收款、付款和整点工作。这种点钞方式比单指单张点钞省力，记数方便，效率高，但是点钞时从第二张以后能看到的钞票面积小，假钞和残破票不易识别。具体操作方法除记数、清点外，其他均与手持式单指单张点钞法相同。只是持票时钞票的倾斜角度稍大点。具体操作程序如下。

（1）清点。清点时，右手食指放在钞票背面右上角，拇指肚放在钞票正面右上角，拇指尖超出票面，用拇指肚先捻钞。拇指用力要均衡，捻的幅度不要太大，食指、中指在钞票后面配合捻动，拇指捻张，无名指向怀里弹。在右手拇指往下捻动的同时，左手拇指稍抬，使票面拱起，从侧边分层错开，便于看清张数，左手拇指往下拨动钞票，右手拇指抬起让钞票下落，左手拇指在拨动钞票的同时下按其余钞票，双手拇指一起一落动作协调，如此循环，直至点完。

（2）记数。采用分组记数法。例如，点双数，两张为一组记一个数，50 组就是一百张；点三张为一组记一个数，33 组余一张就是一百张；点四五张以上者均以此方法计算，但以五张为一组记数时，因为点数要求两次凑足十张，所以每次无论多于还是少于五张的，均按五张记数，只是在心中掌握下次多点或少点，以补齐十张整数。

**随堂测验**

【判断】手持式单指多张点钞法比较容易识别假钞和残破票。（　　）

【答案】×

# 第 44 天　手持式四指拨动点钞法

**课堂精讲**

手持式四指拨动点钞法适用于收款、付款和整点工作，五角以上的票券均能点，特别是整把的钞票最适用。这种点钞方法双手协调，姿势灵活；点钞轻松，记数方便；连绵不断，速度快捷，是近年来普及较快的一种点钞方法。但不适合整点残破太多的钞票。具体操作程序如下。

（1）持把。以左手持票，手心向下，中指向手心自然弯曲，手指背面贴在钞票中间稍左的内侧，将食指、无名指和小指放在钞票的外侧，四指同时贴紧钞票并将其夹起，左手中指将钞票向外顶，食指、无名指和小指以中指为轴，用拇指配合，将钞票两端向内弯，使钞票压成瓦形；同时用右手拇指勾断纸条，左手拇指轻轻压钞票的右上角，并稍向前推，使钞票的上端微开呈扇形；右手食指、中指、无名指、小指指头沾水，做点钞准备。

（2）清点。右手拇指轻轻托在钞票右上角扇形的下端，食指、中指、无名指和小指并拢，四指尖成斜直线。点数时，先以小指触及票面弧形面上，然后无名指、中指和食指按顺序逐一触及弧形面上，并向下方拨动钞票，点数时左手拇指、中指随着右手点数，逐渐向上移动，食指稍向前推，以适应待点钞票的厚度。

（3）记数。采用分组记数法，四张为一组记一个数，数至 24 组（即九十六张）就以左手食指和拇指将剩余的钞票捻开，如果还剩四张，则一共为一百张。

（4）挑残破票。点数时发现残破票，用两根手指捏住（其他手指松开）向外折叠，露出一端，待一把钞票点完后，左手将钞票横立桌上，用右手拢住，左手将残破票抽出，补上完整票。运用这种点钞方法时，要充分发挥手指关节作用，尽量减少手腕动作，以减轻劳动强度；左手拇指和中指夹住钞票两侧时，必须松紧适当，以防太松钞票滑落或过紧不易拨钞；拨钞时目光应集中在钞票的右上角，以便看出残破票。

### 随堂测验

【判断】手持式四指拨动点钞法不适合整点残破票较多的钞票。（　　）

【答案】√

## 第 45 天　手持式五指拨动点钞法

### 课堂精讲

这种点钞方法适用于收款、付款和整点工作。操作时主要靠手指关节活动，动作范围小，可减轻劳动强度。其优点是省力、效率高。具体操作程序如下。

（1）持钞。拆把后左手持钞，左手小指在前，无名指在后，夹住钞票左端，中指、拇指夹住钞票上端两侧，拇指要高于中指，中指稍用力，使钞票向后弯曲成瓦形，食指稍弯曲顶住钞票背面上端中间。

（2）清点。清点用右手，先由拇指开始，从左上角向下方拨起第一张，接着用食指、中指、无名指、小指依次从右上角向左下方拨起第二、三、四、五张，完成一次清点。然后再用拇指拨钞……反复循环操作，直至点完。

（3）记数。采用分组记数法，每次点五张为一组记一个数，点 20 组为一百张。

（4）扎把、盖章。与手持式单指单张点钞法相同，手持式五指拨动点钞法要求右手腕要灵活，五指动作要协调。

### 随堂测验

【判断】手持式五指拨动点钞法劳动强度最小、效率最高。（　　）

【答案】√

## 第 46 天　手按式单指单张点钞法

### 课堂精讲

运用手按式单指单张点钞法，看到的钞票面积大，便于剔除残破票和发现假票，缺点是点钞速度比手持式单指单张点钞慢，劳动强度相对来说也要大些。这种点钞方法多用于收款、付款和整点各种新旧、大小面额的钞票，特别适用于整点辅币及残破票多的钞票。具体操作程序如图 2-1 所示。

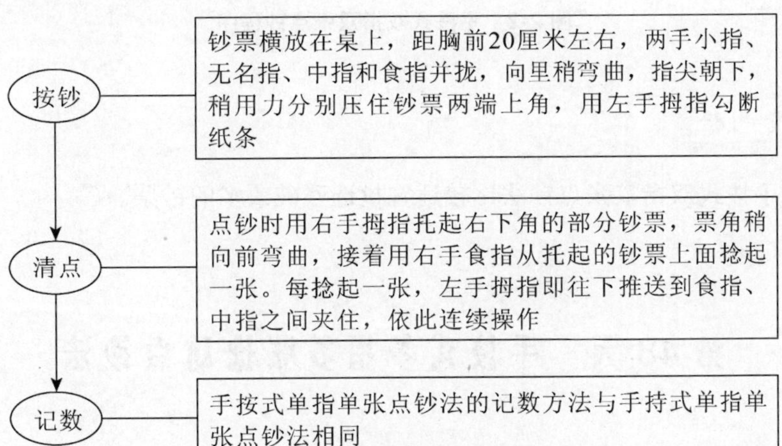


**图 2-1　手按式单指单张点钞程序**

### 随堂测验

【判断】手按式单指单张点钞法适用于整点辅币及残破票多的钞票。（　　）

【答案】√

# 第 47 天　手按式双指双张点钞法

## 课堂精讲

手按式双指双张点钞的速度比手按式单指单张点钞快些，缺点是挑残破票不方便，所以不适于整点残破票多的钞票，劳动强度也比较大。它适用于收款、付款和整点各种新旧钞票。具体操作程序如图 2-2 所示。

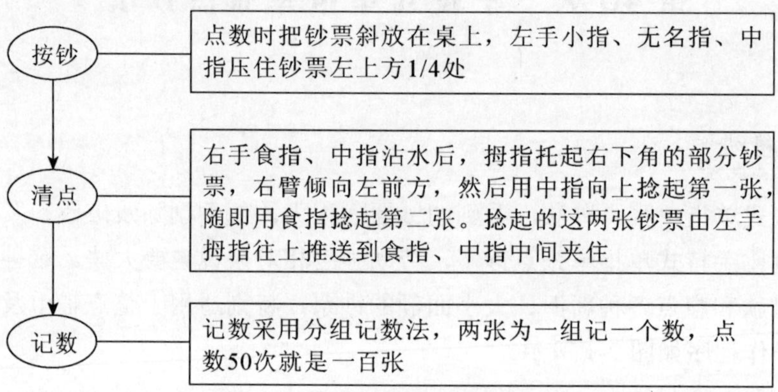


图 2-2　手按式双指双张点钞程序

## 随堂测验

【判断】手按式双指双张点钞法比较适宜挑选残破票多的钞票。（　　）

【答案】×

# 第 48 天　手按式多指多张捻动点钞法

## 课堂精讲

手按式多指多张捻动点钞要比手按式单指单张点钞速度快，只是在点钞时，除了第一张钞票之外，看到的其余各张钞票面积太小，不宜整点残破票多的钞票，也不易发现假币，劳动强度也较大。手按式多指多张捻动点钞法适用于收款、付款和整点各种新旧不同、大小面额不同的钞票。具体操作程序如图 2-3 所示。

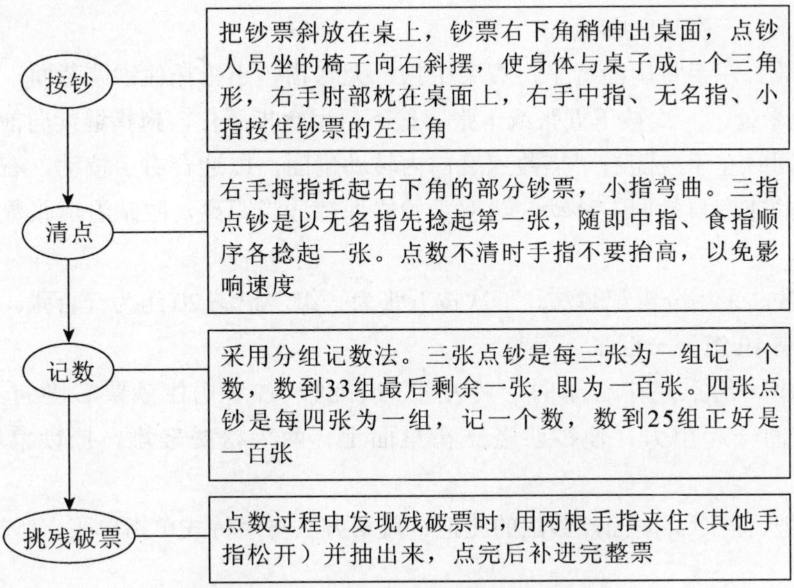


**图 2-3 手按式多指多张捻动点钞程序**

### 随堂测验

【判断】手按式多指多张捻动点钞法比较容易发现假钞。（　　）

【答案】×

## 第 49 天　扇面点钞法

### 课堂精讲

把钞票捻成扇面状进行清点的方法叫扇面点钞法。这种点钞方法速度快，是手工点钞中效率最高的一种。但它只适合清点新票币，不适于清点新、旧、破混合钞票。具体操作程序如下。

（1）持钞。首先将钞票竖拿，左手拇指在钞票下端（约占票面 1/4）。食指、中指在钞票后同拇指一起捏住钞票，无名指和小指朝向手心。右手拇指在左手拇指上端，用虎口从右侧卡住钞票并将其压成瓦形，食指、中指、无名指、小指均横在钞票背面，用拇指勾掉钞票上的捆钱条做开扇准备。

（2）开扇。作为扇面点钞法的一个重要环节，必须掌握扇面打开的幅度，目的是为点数做好准备。打开扇面时，双手一定要配合协调，不要将钞票捏得过紧，如果点数时采取一按十张的方法，则扇面要开小些，便于清点。开扇动作要快。拿、捻、抖三个动作要一气呵成，一次开扇成功。

（3）点数。左手将扇面持平，右手中指、无名指、小指托住钞票背面，拇指在钞票右上角 1 厘米处，一次按下五张或十张，按下后用食指压住，拇指继续向前按第二次，以此类推；同时左手应随右手点数速度向内转动扇面，以迎合右手按动，右手和肘部也要随着点数的速度自然向左移动，让双手始终保持适当距离，眼睛看清张数，直到点完一百张为止。

（4）记数。采用分组记数法。一次按五张为一组，记满 20 组为一百张。一次按十张为一组，记满 10 组为一百张。

（5）合扇。清点完毕合扇时，将左手向右倒，右手托住钞票右侧向左合拢，双手手指向中间一起用力，使钞票竖立在桌面上，两手松拢轻墩，把钞票墩齐，准备扎把。

（6）扎把、盖章。扇面点钞法的扎把、盖章方法与手持式单指单张点钞法相同。

### 随堂测验

【多选】扇面点钞法的操作程序为（　　）。

A. 持钞　　B. 开扇　　C. 点数　　D. 记数　　E. 扎把

【答案】ABCD

## 第 50 天　混合捻点法

### 课堂精讲

这种点钞方法是将不同票面的钞票经过分类，按票面面额大小顺序放在一起，一边点数一边心算，点完张数，计算出总数。具体操作程序如下。

（1）点数。从小额票开始单张捻点，此方法与单张捻点相同。

（2）计数。1 元以双张为主计，捻点后，成单的另计，然后点 2 元，点完后，再点 5 元……以此类推，以心算为主，加上余数即为所捻点之数。

### 随堂测验

【判断】混合捻点法可以一边点数一边心算。（　　）

【答案】√

# 第 51 天 机器点钞法

## 课堂精讲

使用机器整点钞票，可以减轻出纳人员的劳动强度，提高工作效率。

### 1．准备工作

（1）点钞机放在点钞人员的正前方，使用时先接通电源，检查各机件是否完好，运转是否正常，试验捻钞拉力是否合适，观察下钞是否流畅、整齐，计数是否准确。调试一般要求达到不松、不紧、不咬、不塞。

（2）待点的钞票整齐排放在点钞机的右侧，捆钱条和印章按固定位置放好，保证点钞过程的连续性，并要根据清点的票面调整好下钞斗。

（3）根据点钞的不同需要选择功能键。

### 2．操作程序

机器点钞法的具体操作程序如下。

（1）持钞。右手拇指在钞票下端，食指在钞票中间，中指、无名指、小指捏住钞票。

（2）拆把。右手食指将钞票从中间向外推，拇指与中指、无名指、小指同时将钞票捏成半弧形，左手将捆钱条抽去，右手拇指与食指夹在钞票上侧边，松开中指、无名指、小指，这时钞票下侧弹回原处，自然形成斜坡形，将钞票放入托钞板，便于下钞流畅，注意将数码管显示数字调整为“0”。

（3）清点。将钞票轻轻放入下钞斗内，切勿用力过大，造成塞钞，应使其自然下滑；目光迅速转向运钞带，如果发现有破损票、夹杂票、假钞或其他异物，则应立即剔出；钞票全部下到积钞台后，看清显示数字是否与持把时金额相符；确认金额无误后将钞票取出墩齐、扎把。在清查过程中要根据票面大小，随时调整积钞台大小档次，以适应大小不同的钞票，使其整齐；在整点整把钞票时，如果发现数码管显示不是 100 时则需要复点。在复点前必须首先将数码管显示数字还原为“0”后再复点，并注意保管好原捆钱条，不能混淆，以便分清责任。

（4）扎把。机器点钞法的扎把方法与手持式单指单张点钞法相同。

## 随堂测验

【多选】以下各项属于机器点钞准备工作的有（　　）。

A．检查各机件运转是否正常　　　　B．试验捻钞拉力是否合适

C．观察下钞是否流畅、整齐　　　　D．检查计数是否准确

E．根据需要选择功能键

【答案】ABCDE

# 第 52 天　手工清点硬币法

## 课堂精讲

### 1．摆放硬币

将要点数的硬币按面值大小挑选出来，将统一面值的硬币向横压放在一起，注意应多放一些。

### 2．点数

用左手拇指、食指把住硬币两端，中指起辅助作用，每次点数五枚或十枚，将硬币翻向左边，点完数的硬币向左横压放在一起，点数过程中，右手起辅助作用。

### 3．封卷

（1）封卷时双手的无名指、小指顶住硬币两端，用双手拇指与食指捏住折叠部分的纸，紧紧包住硬币，在桌面上往身体方向将硬币卷拉一下，拉时双手中指压住前面的纸，让纸紧紧裹住硬币卷，边向前滚动硬币卷，边用双手的食指、中指将折叠部分的纸边沿硬币卷掖压一下，可以挡住硬币卷顺势往前滚动，将纸边压住裹紧，包裹时双手拇指要顶住硬币卷的后面。

（2）左手从指尖到掌心在桌面上向前搓动硬币卷，同时右手手指边掖压封纸到硬币卷里面去，封好右边的封口后，再将硬币卷攥在右手中，开始封左边的封口。

（3）封口人员可以边搓边掖封纸，也可以先搓成卷，再压封纸。

## 随堂测验

【多选】手工清点硬币法的操作程序有（　　）。

A．摆放硬币　　B．封卷　　C．点数　　D．记数　　E．扎把

【答案】ABCD

# 第 53 天　工具清点硬币法

## 课堂精讲

目前使用比较普遍的有推动式和拉锁式两种硬币清点器。

### 1．推动式硬币清点器的操作程序

推动式硬币清点器的具体操作程序如图 2-4 所示。

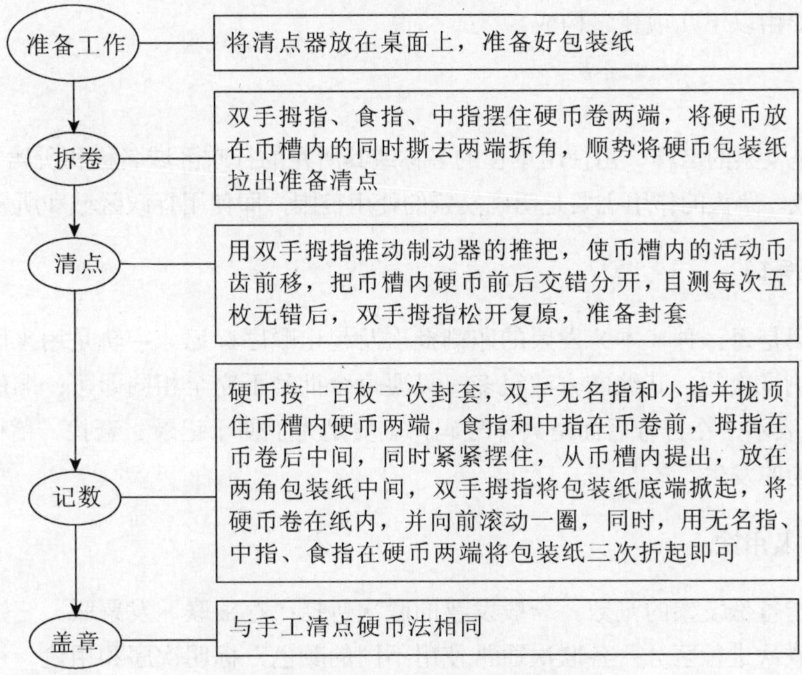


**图 2-4　推动式硬币清点器的操作程序**

### 2．拉锁式硬币清点器的操作程序

拉锁式硬币清点器与推动式硬币清点器的操作程序基本相同，不同的是制动器安装部位不一致，它的制动器安装在清点器的上部，并且是拉锁式的，要用手来回拉动，使币槽内的硬币呈交错分布进行清点。

## 随堂测验

【填空】使用比较普遍的两种硬币清点器是__________和__________。

【答案】推动式硬币清点器、拉锁式硬币清点器

# 第 54 天 发票的构成

## 课堂精讲

发票是在购销商品、提供或接受服务以及从事其他经营活动中，开具、收取的收款凭证、付款凭证。发票是消费购物凭证，是纳税人经济活动的重要凭证，也是财政、税收和审计部门进行检查的重要依据。

发票主要由以下几项要素构成。

### 1. 票头

票头就是发票的名称，由使用单位的名称或其所在的行政区域名称和所属行业及“发票”字样组成。票头的作用主要是明确发票的使用范围，即使用行政区域和所属行业。

### 2. 字轨号码

字轨号码是每一种（本）发票的印刷批次及起止顺序标记。字轨是用来区别每种发票不同的印刷批次的，其编制方法很多，只要每个批号不完全相同即可；顺序号一般用符号“No.”表示，在符号后面是具体号码，主要是为了便于记录、查找、稽核，防止伪造冒领等行为的发生。

### 3. 联次及用途

联次是指每份发票的张数。一般发票的联次包括：存根联、发票联、记账联和提货联等。为对联次进行区分，各联次通常使用不同的颜色，标明次序和用途。用途是指各联次的具体作用，在一式多联发票中，由于各联次的作用不同，各联次反映的要素也有差别，但在一份发票中，作为报销的凭证只能有一联。

### 4. 客户名称

发票中的客户名称是指购货或付款单位和个人，它反映了接受发票的单位或个人对外的法定全称，主要表明发生经济业务交往事项的主体，便于接受单位财务人员的审核，以防止冒认或出现差错等情况发生。

### 5. 开票日期

发票的开票日期反映经济交往事项发生的具体时间，作用是便于发票单位的财会人

员在核算时确定发票的归属期，以便准确核算各归属期的成本或费用。

#### 6．开户银行及账号

发票的开户银行和账号反映填制发票单位在经营所在地开户银行及其所排列的顺序号。它的作用是便于接受发票单位或个人划转结算款项。

#### 7．品名或经营项目

发票的品名或经营项目，主要反映的是填写发票单位的经营项目、销售的产品或提供的劳务服务等内容。

#### 8．计量单位

发票的计量单位反映销售产品和提供劳务服务的计数形式。比如吨、千克、件、辆、工时等。

#### 9．数量

发票的数量反映销售产品的规模，是指产品的总量或劳务服务计酬的数量。

#### 10．单价

发票的单价反映销售一个单位产品或提供一个单位劳务服务的价格，主要是为了便于接受发票单位的财务人员进行核算和监督。

#### 11．金额

发票的金额包括小写金额和大写金额，是用来反映产品所取得的每个品种或提供单项劳务服务的金额和总金额。

#### 12．开票单位及开票人

发票的开票单位及开票人是指开票单位（加盖公章）、复核人和具体填制发票的经手人，主要是用来明确开票单位和复核及经手人对发票的经济责任，便于事后查核。

**随堂测验**

【多选】发票的构成要素有（　　）。

A．票头　　B．字轨号码　　C．联次及用途

D．客户名称　　E．开票日期

【答案】ABCDE

# 第 55 天　普通发票的填写

## 课堂精讲

常见的普通发票有两种，一种是需要剪贴的“锯齿剪贴式”发票，另一种是不需要剪贴的发票。普通发票一般是一式三联，首联作为记账凭证，次联作为报销凭证，即发票联（交客户），末联作为存根。也有一式两联、四联的发票。具体格式如表 2-3 所示。

**表 2-3　普通发票**

××市商业企业发票

发　票　联

客户名称：　　　　　　　　　　　　　　　　年　月　日　　　　　　　　　　　　×国税

| 编号 | 商品名称 | 规格 | 单位 | 数量 | 单价 | 金额 | | | | | | | |
|---|---|---|---|---|---|---|---|---|---|---|---|---|---|
| | | | | | | 十 | 万 | 千 | 百 | 十 | 元 | 角 | 分 |
| | | | | | | | | | | | | | |
| | | | | | | | | | | | | | |
| | | | | | | | | | | | | | |
| | | | | | | | | | | | | | |
| 小写金额合计 | | | | | | | | | | | | | |
| 大写金额 | 佰　拾　万　仟　佰　拾　元　角　分 | | | | | | | | | | | | |

开票单位（盖章）　　　　　　　　　开票

填写普通发票时应注意以下几点。

（1）开具发票时应夹入复写纸后再填制。

（2）开具发票，字迹要规范、清晰、端正，不得删减、涂改。

（3）按各栏目要求填写，不得颠倒、漏填、错填。填写项目有：日期、购货单位（人）名称与纳税人识别号、销货单位与纳税人识别号、品名规格、单位、数量、单价、大写金额、小写金额等，最后由经手人（开票人）签字并加盖销货单位公章。

（4）开具发票时，为防止作假，应在金额最高位数前封口。大写金额前用“⊗”字符号封口，小写金额前用“¥”符号封口。

（5）填制锯齿剪贴式发票，发票联大写金额与“剪券”剪留的金额要相符，否则视为无效发票。总金额不足 10 元的，沿剪线将“剪券”部分全部剪下，使发票联留有“剪券”二字。发票联留下的锯齿部分，要对应粘贴于存根联的“贴券”上，发票联剪口处留存的数字及存根联粘口处的数字均与填写金额相一致。

**随堂测验**

【多选】发票填写的注意事项有（　　）。

A．使用复写纸　　B．字迹清晰　　C．填写购货日期
D．小写金额前需要封口　　E．大写金额前需要封口

【答案】ABCDE

## 第 56 天　普通发票的开具规定

**课堂精讲**

开具普通发票时应遵守以下几项规定。

（1）在销售商品、提供服务以及从事其他经营活动对外收取款项时，应向付款方开具发票。

（2）开具发票应当按照规定的时限、顺序，逐栏、全部联次一次性如实开具，并加盖单位财务印章或发票专用章。

（3）使用计算机开具发票，须经国税机关批准，并使用国税机关统一监制的机外发票，并要求开具后的存根联按顺序号装订成册。

（4）发票限于领购的单位和个人在本市、县范围内使用，跨市县范围的，应当使用经营地的发票。

（5）开具发票单位和个人的税务登记内容发生变化时，应相应办理发票和发票领购簿的变更手续；注销税务登记前，应当缴销发票领购簿和发票。

（6）所有单位和从事生产、经营的个人，在购买商品、接受服务，以及从事其他经营活动支付款项时，向收款方取得发票，不得要求变更品名和金额。

（7）对不符合规定的发票，不得作为报销凭证，任何单位和个人有权拒收。

**随堂测验**

【判断】任何发票单位都可以报销。（　　）

【答案】×

# 第 57 天　增值税专用发票的填写

## 课堂精讲

增值税专用发票是国家税务部门根据增值税管理需要而设定的，专门用于纳税人销售或提供增值税应税项目的一种发票。填制增值税专用发票的内容以及基本要求与普通发票相同。具体格式如表 2-4 所示。

表 2-4　增值税专用发票

××省增值税专用发票

开票日期：

<table>
<tr><td rowspan="4">购货单位</td><td colspan="4">名称：</td><td rowspan="4">密码区</td><td rowspan="4" colspan="3"></td></tr>
<tr><td colspan="4">纳税人识别号：</td></tr>
<tr><td colspan="4">地址、电话：</td></tr>
<tr><td colspan="4">开户行及账号：</td></tr>
<tr><td colspan="2">货物或应税劳务名称</td><td>规格型号</td><td>单位</td><td>数量</td><td>单价</td><td>金额</td><td>税率</td><td>税额</td></tr>
<tr><td colspan="2">合计</td><td></td><td></td><td></td><td></td><td></td><td></td><td></td></tr>
<tr><td colspan="2">价税合计（大写）</td><td colspan="7">（小写）</td></tr>
<tr><td rowspan="4">销货单位</td><td colspan="3">名称：</td><td rowspan="4">备注</td><td rowspan="4" colspan="4"></td></tr>
<tr><td colspan="3">纳税人识别号：</td></tr>
<tr><td colspan="3">地址、电话：</td></tr>
<tr><td colspan="3">开户行及账号：</td></tr>
</table>

收款人：　　复核：　　开票人：　　销货单位（章）

增值税专用发票在填写时比普通发票更严格，需要注意以下几点。

（1）增加的填写项目有：购货单位地址和电话、购货单位开户银行及账户、不含增值税金额（包括商品或劳务的单项金额和合计金额）、税额（包括商品或劳务的单项税额和合计金额）、增值税税率（17%）价税合计（包括大写、小写）、销货单位地址和电话、销货单位开户银行及账号，有的甚至包括结算方式（如支票、汇票、转账等）。

（2）增值税专用发票不允许有涂改现象。

（3）增值税专用发票必须填写购货方和销货方纳税人登记号。

（4）必须加盖开票单位公章。

**随堂测验**

【判断】将货物用于集体或个人福利时可以开具增值税专用发票。（　　）

【答案】×

## 第 58 天　增值税专用发票的开具规定

**课堂精讲**

纳税人有下列行为不得开具增值税专用发票：向消费者销售应税项目，销售免税项目，销售报关出口的货物，在境外销售应税劳务，将货物用于非应税项目，将货物用于集体福利和个人福利，将货物无偿赠送他人，提供非应税劳务转让无形资产或销售不动产。向小规模纳税人销售应税项目可以不开具增值税专用发票。

**随堂测验**

【多选】下列行为不得开具增值税专用发票的有（　　）。

A．向消费者销售应税项目　　B．销售免税项目

C．将货物用于非应税项目　　D．在境外销售应税劳务

E．销售报关出口的货物

【答案】ABCDE

## 第 59 天　发票的保管

**课堂精讲**

发票的保管应注意以下几点。

（1）单位和个人应当建立发票使用登记制度，设置发票登记簿，并定期向税务机关报告发票使用情况。

（2）单位和个人应当在办理变更或注销税务登记的同时办理发票和发票领购簿的变更缴销手续。

（3）使用发票的单位和个人应当妥善保管发票，不得丢失。发票丢失，应当于丢失当日向当地税务机关报送书面报告，并在报刊和电视等传播媒介上公告声明作废，并接受国家税务机关的处罚。

（4）开具发票的单位和个人应当按照国家税务机关的规定存放和保管发票，不得擅自损毁。已开具的发票存根联和发票登记簿应当保存 5 年。保存期满，报经主管国家税务机关查验后销毁。

**随堂测验**

【单选】已开具的发票存根联和发票登记簿应当保存（　　）年。

A. 10　　B. 20　　C. 15　　D. 5

【答案】D

## 第 60 天　发票缴销程序

**课堂精讲**

发票的缴销包括以下几个步骤。

（1）首先由用票单位和个人根据发票管理规定，说明缴销的依据和理由，从而编制详细的发票缴销清册，列清印制或购领发票的年限、种类、号码，已使用发票和未使用发票情况，缴销发票的类别、种类、号码等，经财务负责人或分管经理签章后，加盖用票单位公章，连同发票一并报送主管税务机关。

（2）主管税务机关在接到用票单位和个人报送的缴销发票申请报告及其要求缴销的发票后，应认真审查，分户分类登记，对符合规定者予以接受。发现问题应及时追查，依法处理。

（3）对依法应当缴销的发票，用票单位和个人既不能擅自销毁，也不能弃之不管、不报不缴，更不能违章使用或私自转让买卖。主管税务机关应当监督用票单位和个人及时按规定缴销发票，以保障发票管理工作有秩序地进行。

**随堂测验**

【多选】下列发票需要进行缴销的有（　　）。

A. 用票单位或个人超过规定的使用期限而未使用的发票

B. 用票单位或个人因某种原因暂时停业或歇业的

C. 用票单位或个人有严重违反税务管理和发票管理行为的

D. 单位里所有未使用的发票在每年年末都应进行缴销

【答案】ABC

# Part 3

Part 3

art 3

## 出纳不可不知的 40 个会计知识

# 第 61 天　会计的两个职能——反映和监督

## 课堂精讲

会计的基本职能包括进行会计核算和实施会计监督两个方面，即反映和监督，二者相辅相成、辩证统一。

### 1．会计的反映职能

会计的反映职能就好比一面镜子，如实地反映企业、单位的经济活动情况，做到真实准确，不隐瞒、不谎报。会计的反映主要是借助于会计凭证、账簿、成本核算和会计报表等资料，综合、连续、系统地反映企业、事业、行政单位的经济活动情况，为经济管理提供信息和数据。会计对经济活动的反映不是机械的反映，而是一种能动的反映。会计必须按照经济管理的要求，以货币为主要计量单位，记录、计算生产经营过程中的各种耗费以及利润的实现情况，并利用反映出来的有关资料，通过总结分析，指出经济管理中的问题，提出合理化建议，采取措施，改善经营管理，提高经济效益。

### 2．会计的监督职能

会计的监督职能就是把关。会计人员通过会计工作，在反映经济活动的同时，对经济活动的本身进行检查监督。监督的核心是干预经济活动，对每项经济活动进行事前、事中和事后监督，以评价经济活动是否真实、正确、合理与合法，是否符合国家的财政方针政策、制度、法令。例如，利用产品成本指标，对材料、动力、工资以及各项费用的定额消耗与实际支出进行分析比较，查明是节约还是浪费，把握事物变化的内在原因，向企业管理者反馈信息，从而采取措施，达到降低成本、提高经济效益的目的。

## 随堂测验

【想一想】会计的反映职能与监督职能之间有什么关系？

【答案】反映职能和监督职能的关系：会计的反映和监督两个基本职能是密切结合、相辅相成的。反映是监督的基础，只有反映出经济活动的真实情况，监督才有真实可靠的资料；监督是反映的继续，也只有做到严格监督，才能为经济管理提供可信的数据资料。会计这两个职能之间的关系，体现了会计对经济管理既要服务又要监督，反映之中有监督，监督之中有反映。只有把反映和监督有机结合起来，才能更好地发挥会计职能的作用。

# 第 62 天　会计的四个基本假设——会计主体

## 课堂精讲

会计主体假设的具体要求和内容如表 3-1 所示。

表 3-1　会计主体假设的具体要求和内容

| 会计假设 | 要求 | 内容 |
|---|---|---|
| 会计主体 | 企业应当对其本身发生的交易或事项进行会计确认、计量和报告 | 会计主体是指会计核算服务的对象或者说是会计人员进行核算采取的立场及空间活动范围界定。这里应该指出的是，会计主体与法人不是一个概念。作为一个法人，其经济上必然是独立的，因而法人一般应该是会计主体，但是构成会计主体的并不一定都是法人，也可以是不具备法人资格的合伙企业、私营企业或个人等 |

## 随堂测验

【判断】法人主体一定是会计主体，会计主体也一定是法人主体。（　　）

【答案】×

# 第 63 天　会计的四个基本假设——持续经营

## 课堂精讲

持续经营假设的具体要求和内容如表 3-2 所示。

表 3-2　持续经营假设的具体要求和内容

| 会计假设 | 要求 | 内容 |
|---|---|---|
| 持续经营 | 企业会计确认、计量和报告应当以持续经营为前提 | 持续经营是指在可以预见的将来，企业将会按当前的规模和状态继续经营下去，不会停业，也不会大规模削减业务。在这一前提下，企业才能正常经营，资金才能正常投放、循环与周转，并按既定的会计核算程序及方法进行会计核算 |

**随堂测验**

【单选】持续经营是建立在（　　）基础上的。

A．会计主体　　B．权责发生制　　C．持续经营　　D．货币计量

【答案】A

## 第 64 天　会计的四个基本假设——会计分期

**课堂精讲**

会计分期假设的具体要求和内容如表 3-3 所示。

表 3-3　会计分期假设的具体要求和内容

| 会计假设 | 要求 | 内容 |
| --- | --- | --- |
| 会计分期 | 企业应当划分会计期间，分期结算账目和编制财务会计报告 | 会计分期是在持续经营的基础上，将会计主体不断经营的活动划分成段落，确定每一个会计期间，以便定期核算经营活动、报告经营成果。会计期间分为年度、半年度、季度和月度。半年度、季度和月度属于中期，中期是指短于一个完整的会计年度的报告期间。年度、半年度、季度和月度均按公历起讫日确定 |

**随堂测验**

【多选】在会计核算的基本前提中，确立了会计核算的时间长度的是（　　）。

A．会计主体　　B．持续经营　　C．会计分期　　D．货币计量

【答案】BC

## 第 65 天　会计的四个基本假设——货币计量

**课堂精讲**

货币计量假设的具体要求和内容如表 3-4 所示。

表 3-4　货币计量假设的具体要求和内容

| 会计假设 | 要求 | 内容 |
| --- | --- | --- |
| 货币计量 | 企业会计应当以货币计量 | 货币计量是指限定会计核算所提供的会计信息主要以货币为统一计量尺度来记录和反映会计主体的经营情况。货币计量有两层含义：一是能够综合反映会计主体的经营活动状况；二是假定币值是稳定的 |
| | | 我国要求采用人民币作为记账本位币，这是对货币计量这一会计假设的具体化。考虑到一些企业的经营活动更多地涉及外币，因此规定业务收支以人民币以外的货币为主的单位，可以选定其中一种作为记账本位币。当然，提供给境内使用者的财务会计报告，应当折算为人民币 |

### 随堂测验

【填空】开展会计工作时同会计核算相关的最基本的环境条件，是从______和______以及计量尺度等方面所做的限定，这种限定即是会计核算得以进行的______，包括会计主体、持续经营、会计分期和货币计量。

【答案】空间范围、时间界限、基本前提

## 第 66 天　会计信息质量要求——客观性

### 课堂精讲

客观性要求的具体内容及其在会计工作中的实际运用如表 3-5 所示。

表 3-5　会计信息质量要求——客观性

| 会计信息质量要求 | 内容 | 实际运用 |
| --- | --- | --- |
| 客观性 | 企业应当以实际发生的交易或事项为依据进行会计确认、计量和报告，如实反映符合确认和计量要求的各项会计要素及其他相关信息，保证会计信息真实可靠、内容完整 | 客观性原则是对会计工作的基本要求。会计工作提供信息的目的是为了满足会计信息使用者的决策需要，因此，应该做到内容真实、数字准确、资料可靠。在会计核算中坚持客观性原则，就应当在会计核算时客观地反映企业的财务状况、经营成果和现金流量，保证会计信息的真实性；会计工作应当正确运用会计原则和方法，准确反映企业的实际情况；会计信息应当能够经受验证，以核实其是否真实 |

随堂测验

【填空】__________是对会计工作的基本要求。会计必须根据审核无误的原始凭证，采用特定的专门方法进行记账、算账、报账，保证会计核算的__________。

【答案】客观性原则、客观性

## 第 67 天 会计信息质量要求——相关性

课堂精讲

相关性要求的具体内容及其在会计工作中的实际运用如表 3-6 所示。

表 3-6 会计信息质量要求——相关性

| 会计信息质量要求 | 内容 | 实际运用 |
|---|---|---|
| 相关性 | 企业提供的会计信息应当与财务会计报告使用者的经济决策需要相关，有助于财务会计报告使用者对企业过去、现在或未来的情况作出评价或预测 | 在会计核算工作中坚持相关性原则，就要求会计人员在收集、加工、处理和提供会计信息过程中要充分考虑会计信息使用者的信息需求。特定用途的会计信息，不一定都能通过财务会计报告来提供，也可以采用其他形式加以提供。如果会计信息被提供以后没有满足会计信息使用者的需求，对决策没有作用，则不具有相关性 |

随堂测验

【填空】对事物的真实反映是__________的要求，而会计信息必须有用并满足有关各方的需要是__________的要求。

【答案】客观性、相关性

## 第 68 天 会计信息质量要求——明晰性

课堂精讲

明晰性要求的具体内容及其在会计工作中的实际运用如表 3-7 所示。

表 3-7　会计信息质量要求——明晰性

| 会计信息质量要求 | 内容 | 实际运用 |
| --- | --- | --- |
| 明晰性 | 企业提供的会计信息应当清晰明了，便于会计信息使用者理解和使用 | 在会计核算工作中坚持明晰性原则，会计记录应当准确、清晰，填制会计凭证、登记会计账簿必须做到依据合法、账户对应关系清楚、文字摘要完整；在编制会计报表时，项目勾稽关系清楚、项目完整、数字准确。如果企业的会计核算和编制的财务会计报告不能做到清晰明了、便于理解和使用，则不符合明晰性原则的要求，不能满足会计信息使用者的决策需求 |

### 随堂测验

【单选】会计记录应当清晰，账户对应关系应当明确，文字摘要应当清楚，数字金额应当准确，以便会计信息使用者能准确完整地掌握信息的内容，更好地加以利用。这体现了会计信息质量要求中的（　　）原则。

A．相关性　　B．可比性　　C．客观性　　D．明晰性

【答案】D

## 第 69 天　会计信息质量要求——可比性

### 课堂精讲

可比性要求的具体内容及其在会计工作中的实际运用如表 3-8 所示。

表 3-8　会计信息质量要求——可比性

| 会计信息质量要求 | 内容 | 实际运用 |
| --- | --- | --- |
| 可比性 | 企业提供的会计信息应当具有可比性：同一企业不同时期发生的相同或相似的交易或事项，应当采用一致的会计政策，不得随意变更，确需变更的，应当在附注中说明；不同企业发生的相同或相似的交易或事项，应当采用规定的会计政策，确保会计信息口径一致、相互可比 | 可比性原则要求企业的会计核算应当按照国家统一的会计制度的规定进行，使所有企业的会计核算都建立在相互可比的基础上。只要是相同的交易或事项，就应当采用相同的会计处理方法。会计处理方法的统一是保证会计信息相互可比的基础。不同的企业可能处于不同行业、不同地区，经济业务发生于不同时点，为了保证会计信息能够满足决策需要，便于比较不同企业的财务状况、经营成果和现金流量，企业应当遵循可比性原则的要求 |

### 随堂测验

【填空】可比性是指会计核算必须符合会计制度的统一规定，提供________的会计信息。

【答案】相互可比

## 第 70 天　会计信息质量要求——实质重于形式

### 课堂精讲

实质重于形式要求的具体内容及其在会计工作中的实际运用如表 3-9 所示。

表 3-9　会计信息质量要求——实质重于形式

| 会计信息质量要求 | 内容 | 实际运用 |
| --- | --- | --- |
| 实质重于形式 | 企业应当按照交易或事项的经济实质进行会计确认、计量和报告，不应仅以交易或事项的法律形式为依据 | 在实际工作中，交易或事项的外在法律形式或人为形式并不总能完全反映其实质内容。会计信息要想反映某些交易或事项，就必须根据交易或事项的实质和经济现实，而不能仅仅根据它们的法律形式进行核算和反映 |

### 随堂测验

【想一想】举例说明实质重于形式原则在实际工作中的运用。

【答案】例如，以融资租赁方式租入的资产，虽然从法律形式上来讲承租企业并不拥有其所有权，但是由于租赁合同中规定的租赁期相当长，接近于该资产的使用寿命；租赁期结束时承租企业有优先购买该资产的选择权；在租赁期内承租企业有权支配资产并从中受益。从其经济实质来看，企业能够控制其创造的未来经济利益，所以在会计核算上将以融资租赁方式租入的资产视为承租企业的资产。

## 第 71 天　会计信息质量要求——重要性

### 课堂精讲

重要性要求的具体内容及其在会计工作中的实际运用如表 3-10 所示。

表 3-10　会计信息质量要求——重要性

| 会计信息质量要求 | 内容 | 实际运用 |
| --- | --- | --- |
| 重要性 | 企业提供的会计信息应当反映与企业财务状况、经营成果和现金流量等有关的所有重要交易或事项 | 实际工作中，对于重要的交易或事项，应当单独、详细反映；对于不具重要性、不会导致投资者等有关各方决策失误或误解的交易或事项，可以合并、粗略反映，以节省提供会计信息的成本。对资产、负债、损益等有较大影响，并进而影响财务会计报告使用者据以作出合理判断的重要会计事项，必须按照规定的会计方法和程序进行处理，并在财务会计报告中予以充分、准确地披露；对于次要的会计事项，在不影响会计信息真实性和不误导财务会计报告使用者作出正确判断的前提下，可以适当简化 |

### 随堂测验

【判断】企业对于次要的交易或事项，在不影响会计信息真实性和不误导财务会计报告使用者正确理解企业财务状况和经营成果的前提下，可以适当简化，这就是重要性要求。（　　）

【答案】√

## 第 72 天　会计信息质量要求——谨慎性

### 课堂精讲

谨慎性要求的具体内容及其在会计工作中的实际运用如表 3-11 所示。

表 3-11　会计信息质量要求——谨慎性

| 会计信息质量要求 | 内容 | 实际运用 |
| --- | --- | --- |
| 谨慎性 | 企业对交易或事项进行会计确认、计量和报告应当保持应有的谨慎，不应高估资产或收益、低估负债或费用 | 企业的经营活动充满着风险和不确定性，在会计核算工作中坚持谨慎性原则，要求企业在面临不确定因素的情况下作出职业判断时，应当保持必要的谨慎，充分估计到各种风险和损失，既不高估资产或收益，也不低估负债或费用。例如，要求企业定期或至少每年年度终了，对可能发生的各项资产损失计提减值准备等，就充分体现了谨慎性原则对会计信息的修正 |

### 随堂测验

【多选】下列各种会计处理方法体现谨慎性要求的是（　　）。

A．固定资产采用直线法计提折旧

B．对存货计提跌价损失准备

C．对各项资产采用实际成本计价

D．短期投资期末计价采用成本与市价孰低法

【答案】BD

## 第 73 天　会计信息质量要求——及时性

### 课堂精讲

及时性要求的具体内容及其在会计工作中的实际运用如表 3-12 所示。

表 3-12　会计信息质量要求——及时性

| 会计信息质量要求 | 内容 | 实际运用 |
| --- | --- | --- |
| 及时性 | 企业对于已经发生的交易或事项，应当及时进行会计确认、计量和报告，不得提前或延后 | 在会计核算过程中坚持及时性原则，一是要求及时收集会计信息，即在经济业务发生后，及时收集整理各种原始单据；二是及时处理会计信息，即在国家统一的会计制度规定的时限内，及时编制出财务会计报告；三是及时传递会计信息，即在国家统一的会计制度规定的时限内，及时将编制出的财务会计报告传递给财务会计报告使用者 |

### 随堂测验

【单选】会计信息的价值在于帮助企业管理者作出经营决策，具有时效性。即使是客观、可比、相关的会计信息，如果不及时提供，那么对于会计信息使用者也没有任何意义，甚至可能误导会计信息使用者。这体现了会计信息质量要求中的（　　）原则。

A．相关性　　B．可比性

C．及时性　　D．重要性

【答案】C

# 第74天 会计的六个要素——资产

## 课堂精讲

### 1．资产的定义

资产是指企业过去的交易或事项形成的、由企业拥有或控制的、预期会给企业带来经济利益的资源。

“企业过去的交易或事项”包括购买、生产、建造行为或其他交易或事项。预期在未来发生的交易或事项不形成资产。

“由企业拥有或控制”是指企业享有某项资源的所有权，或者虽然不享有某项资源的所有权，但该资源能被企业所控制。

“预期会给企业带来经济利益”是指直接或间接导致现金和现金等价物流入企业的潜力。

### 2．资产的分类

按照流动性，资产可分为流动资产和长期资产。流动资产是指企业可以在一年或超过一年的一个营业周期内变现的资产，如现金、银行存款、应收账款、存货等。有些企业经营活动比较特殊，其经营周期可能长于一年，如造船、大型机械制造，从购买原材料到销售商品直到收回货款，周期比较长，往往超过一年，在这种情况下，就不能把一年内变现作为划分流动资产的标志，而应将经营周期作为划分流动资产的标志。

## 课外阅读

### 资产的确认条件和列示

#### 1．资产的确认条件

符合资产定义的资源，在同时满足以下条件时，确认为资产：

（1）与该资源有关的经济利益很可能流入企业；

（2）该资源的成本或价值能够可靠地计量。

**2．资产类项目在会计报表中的列示**

符合资产定义和资产确认条件的项目，应当列入资产负债表；符合资产定义、但不符合资产确认条件的项目，不应当列入资产负债表。

## 第 75 天　会计的六个要素——负债

### 课堂精讲

**1．负债的定义**

负债是指企业过去的交易或事项形成的、预期会导致经济利益流出企业的现时义务。“现时义务”是指企业在现行条件下已承担的义务。未来发生的交易或事项形成的义务不属于现时义务，不应当确认为负债。

**2．负债的分类**

负债按偿还期限的长短分为流动负债和长期负债。流动负债是指预期在一年内或超过一年的一个营业周期内到期应清偿的债务，如短期借款、应付票据、应付账款、应付职工薪酬、预收账款、应交税费等。长期负债是指偿还期在一年或一个营业周期以上的债务，包括长期借款、应付债券、长期应付款等。

### 课外阅读

**负债的确认条件和列示**

**1．负债的确认条件**

符合负债定义的义务，在同时满足以下条件时，确认为负债：

（1）与该义务有关的经济利益很可能流出企业；

（2）未来流出的经济利益的金额能够可靠地计量。

**2．负债类项目在会计报表中的列示**

符合负债定义和负债确认条件的项目，应当列入资产负债表；符合负债定义但不符合负债确认条件的项目，不应当列入资产负债表。

## 第 76 天 会计的六个要素——所有者权益

### 课堂精讲

#### 1. 所有者权益的定义

所有者权益是指企业资产扣除负债后由所有者享有的剩余权益。公司的所有者权益又称为股东权益。

#### 2. 所有者权益的来源

所有者权益的来源包括所有者投入的资本、直接计入所有者权益的利得和损失、留存收益等。

直接计入所有者权益的利得和损失是指不应计入当期损益、会导致所有者权益发生增减变动的、与所有者投入资本或向所有者分配利润无关的利得或损失。

#### 3. 利得和损失

利得是指由企业非日常活动所形成的、会导致所有者权益增加的、与所有者投入资本无关的经济利益的流入。

损失是指由企业非日常活动所发生的、会导致所有者权益减少的、与向所有者分配利润无关的经济利益的流出。

#### 4. 所有者权益的四个项目

所有者权益在性质上体现为所有者对企业资产的剩余利益，在数量上体现为资产减去负债后的余额，包括实收资本、资本公积、盈余公积、未分配利润四个项目。

（1）实收资本是指投资者投入企业的各种资产的价值，在一般情况下无须偿还，可以长期周转使用。

（2）资本公积是指由投资者投入但不能构成实收资本，或者从其他来源取得，由所有投资者共同享有的资金，它可以用于转增资本。

（3）盈余公积是指企业按照规定从净利润中提取的各种积累资金，主要用于发展生产和企业职工福利设施的支出。

（4）未分配利润是企业留待以后年度进行分配的结存利润，盈余公积和未分配利润统称为留存收益。

**课外阅读**

### 所有者权益的确认条件和列示

**1．所有者权益的确认**

所有者权益金额取决于资产和负债的计量。

**2．所有者权益类项目在会计报表中的列示**

所有者权益类项目应当列入资产负债表的右方。

## 第 77 天 会计的六个要素——收入

**课堂精讲**

**1．收入的定义**

收入是指企业在日常活动中形成的、会导致所有者权益增加的、与所有者投入资本无关的经济利益的总流入。一般情况下，收入有三个来源：一是对外销售商品，二是提供劳务，三是让渡资产的使用权。

**2．收入的分类**

收入包括主营业务收入和其他业务收入。主营业务收入是指企业在其主要的经营活动中所获得的收入，主要经营活动可根据企业营业执照上规定的主要业务范围来确定。其他业务收入是指主营业务以外的其他日常活动所取得的收入，如原材料销售、包装物出租等。

**课外阅读**

### 收入的确认条件和列示

**1．收入的确认条件**

收入只有在经济利益很可能流入从而导致企业资产增加或负债减少且经济利益的流入额能够可靠地计量时才能予以确认。

2．收入类项目在会计报表中的列示

符合收入定义和收入确认条件的项目，应当列入利润表。

# 第 78 天 会计的六个要素——费用

课堂精讲

1．费用的定义

费用是指企业在日常活动中发生的、会导致所有者权益减少的、与向所有者分配利润无关的经济利益的总流出。

2．费用的分类

费用按照与收入的关系分为营业（生产）成本和期间费用两部分。

（1）营业（生产）成本是指所销售商品的成本，或者所提供劳务的成本，包括主营业务成本和其他业务成本。

（2）期间费用包括管理费用、销售费用和财务费用。

① 管理费用是企业行政管理部门为组织和管理生产经营活动而发生的各种费用。

② 销售费用是企业在销售商品、提供劳务等日常活动中发生的除营业成本以外的各项费用以及专设销售机构的各项经费。

③ 财务费用是企业筹集生产经营所需资金而发生的费用。

课外阅读

**费用的确认条件和列示**

1．费用的确认

费用只有在经济利益很可能流出从而导致企业资产减少或负债增加且经济利益的流出额能够可靠地计量时才能予以确认。

企业为生产产品、提供劳务等发生的可归属于产品成本、劳务成本等的费用，应当在确认产品销售收入、劳务收入等时，将已销售产品、已提供劳务的成本等计入当期损益。

企业发生的支出不产生经济利益的，或者即使能够产生经济利益但不符合或不再符合资产确认条件的，应当在发生时确认为费用，计入当期损益。

企业发生的交易或事项导致其承担了一项负债而又不确认为一项资产的，应当在发生时确认为费用，计入当期损益。

**2．费用类项目在会计报表中的列示**

符合费用定义和费用确认条件的项目应当列入利润表。

## 第 79 天　会计的六个要素——利润

课堂精讲

利润是指企业在一定会计期间的经营成果，利润包括收入减去费用后的净额、直接计入当期利润的利得和损失等。企业利润集中反映生产经营活动各方面的业绩，表明企业经营盈亏的情况，是企业最终的财务成果，也是衡量企业生产经营管理的重要综合指标。

“直接计入当期利润的利得和损失”是指应当计入当期损益、会导致所有者权益发生增减变动的、与所有者投入资本或向所有者分配利润无关的利得或损失。

课外阅读

**利润的确认条件和列示**

**1．利润的确认条件**

利润金额取决于收入和费用、直接计入当期利润的利得和损失金额的计量。

**2．利润类项目在会计报表中的列示**

利润类项目应当列入利润表。

## 第 80 天　会计的五个计量属性——历史成本

课堂精讲

历史成本计量属性的定义及具体计量方法如表 3-13 所示。

表 3-13　会计的五个计量属性——历史成本

| 会计计量属性 | 定义 | 计量方法 |
| --- | --- | --- |
| 历史成本 | 历史成本是指企业的各种资产应按其取得或购建时发生的实际成本进行核算 | 在历史成本计量下，资产按照购置时支付的现金或者现金等价物的金额，或者按照购置资产时所付出的对价的公允价值计量。负债按照因承担现时义务而实际收到的款项或资产的金额，或者承担现时义务的合同金额，或者按照日常活动中为偿还负债预期需要支付的现金或者现金等价物的金额计量 |

随堂测验

【多选】下列计价方法中，反映历史成本计量属性的有（　　）。

A．发出存货计价所使用的个别计价法　　B．期末存货计价所使用的市价法

C．发出存货计价所使用的先进先出法　　D．发出存货计价所使用的移动平均法

E．可供出售金融资产期末账面价值的调整

【答案】ACD

# 第 81 天　会计的五个计量属性——重置成本

课堂精讲

重置成本计量属性的定义及具体计量方法如表 3-14 所示。

表 3-14　会计的五个计量属性——重置成本

| 会计计量属性 | 定义 | 计量方法 |
| --- | --- | --- |
| 重置成本 | 重置成本又称现行成本，是指按照当前市场条件，重新取得同样一项资产所需支付的现金或现金等价物金额 | 在重置成本计量下，资产按照现在购买相同或相似资产所需支付的现金或现金等价物的金额计量。负债按照现在偿付该项债务所需支付的现金或现金等价物的金额计量 |

随堂测验

【单选】资产按照现在购买相同或相似资产所需支付的现金或现金等价物的金额计量的会计计量属性是（　　）。

A．历史成本　　B．重置成本　　C．公允价值　　D．现值

【答案】B

# 第 82 天 会计的五个计量属性——可变现净值

### 课堂精讲

可变现净值计量属性的定义及具体计量方法如表 3-15 所示。

表 3-15 会计的五个计量属性——可变现净值

| 会计计量属性 | 定义 | 计量方法 |
| --- | --- | --- |
| 可变现净值 | 可变现净值又称结算价值，是指在正常生产经营过程中，以预计售价减去进一步加工成本和销售所需的预计税金、费用后的净值 | 在可变现净值计量下，资产按照其正常对外销售所能收到现金或现金等价物的金额扣减该资产至完工时估计将要发生的成本、估计的销售费用以及相关税费后的金额计量 |

### 随堂测验

【单选】2012 年 3 月 8 日，甲公司购入一批服装，总成本为 100 万元，则库存商品的历史成本为 100 万元；2012 年 12 月 31 日，该批服装预计售价为 98 万元，预计相关销售费用和相关税金为 5 万元，则可变现净值为（ ）万元。

A．93　　B．95　　C．98　　D．100

【答案】A。可变现净值＝98-5＝93（万元）

# 第 83 天 会计的五个计量属性——现值

### 课堂精讲

现值计量属性的定义及具体计量方法如表 3-16 所示。

表 3-16 会计的五个计量属性——现值

| 会计计量属性 | 定义 | 计量方法 |
| --- | --- | --- |
| 现值 | 现值是指未来现金流量按照一定方法折成的当前价值 | 在现值计量下，资产按照预计从其持续使用和最终处置中所产生的未来净现金流入量的折现金额计量。负债按照预计期限内需要偿还的未来净现金流出量的折现金额计量 |

**随堂测验**

【多选】以下业务或事项中，应使用未来现金流量现值计量属性的有（　　）。

A．出售固定资产

B．确定资产可收回金额

C．盘盈的固定资产，同类或类似固定资产不存在活跃市场的，其入账价值的确定

D．接收捐赠的固定资产，捐赠方没有提供有关凭据、同类或类似固定资产不存在活跃市场的，其入账价值的确定

E．接收捐赠的无形资产，捐赠方没有提供有关凭据、同类或类似无形资产不存在活跃市场的，其入账价值的确定

【答案】BCDE

# 第 84 天　会计的五个计量属性——公允价值

**课堂精讲**

公允价值计量属性的定义及具体计量方法如表 3-17 所示。

表 3-17　会计的五个计量属性——公允价值

| 会计计量属性 | 定义 | 计量方法 |
| --- | --- | --- |
| 公允价值 | 公允价值是指熟悉市场情况的双方都能够接受的价格 | 在公允价值计量下，资产和负债按照在公平交易中，熟悉情况的交易双方自愿进行资产交换或债务清偿的金额计量 |

**随堂测验**

【多选】下列各项负债中，不应按公允价值进行计量的有（　　）。

A．交易性金融负债

B．因产品质量保证而确认的预计负债

C．根据暂时性差异确认的递延所得税负债

D．从境外采购原材料形成的外币应付账款

E．为筹集资金发行债券形成的应付债券

【答案】BCDE

# 第 85 天　会计记账基础——权责发生制

**课堂精讲**

会计记账基础包括权责发生制和收付实现制。我国《企业会计准则》中规定，会计应当以权责发生制为基础进行核算。

### 1．权责发生制

权责发生制也称应计制，是指在收入和费用实际发生时确认，不必等到实际收到或支付现金时才确认。权责发生制的具体要求包括以下两个方面：

（1）凡是在本期取得的收入或本期负担的费用，无论款项是否收付，都应当作为本期的收入或费用；

（2）凡是不属于本期的收入或费用，即使款项已在本期收到或支付，也不能作为本期的收入或费用。

### 2．收付实现制

收付实现制与权责发生制相对应，以实际收到或支付现金为依据确认收入和费用。

**随堂测验**

【单选】根据权责发生制原则，以下属于本期的收入和费用的是（　　）。

A．支付明年的房屋租金　　B．本期已经收款，但商品尚未制造完成

C．当期按照《税法》规定预缴的税费　　D．商品在本期销售，但货款尚未收到

【答案】D

# 第 86 天　会计等式的三种形式

**课堂精讲**

### 1．静态的会计等式

自有资金和外来资金构成企业经营的全部资金来源。这些资金或投入物（机器、设

备）形成企业的资产；来源于债权人（如银行）的资金，形成负债；来源于投资者的资金形成所有者权益。这之间就存在一个基本的恒等式：

**资产＝负债＋所有者权益（等式 1）**

这个等式反映了资产、负债、所有者权益之间的平衡关系，这种关系也表现为一种静态的关系，表现出企业在经营过程中的某一时点，资产、负债、所有者权益的对等关系。这个基本等式也是编制“资产负债表”的基本依据。

### 2．动态的会计等式

开办企业的目的是为了赚钱，等式 1 并不能反映企业在经营过程中是盈利还是亏损，因此我们给出下面的等式，可以充分反映企业的盈利状况：

**收入–费用＝利润（或亏损）（等式 2）**

如果：利润＞0，则表现为企业盈利；利润＜0，则表现为企业亏损。

之所以将这一等式称为动态指标，是因为我们可以从不同阶段企业利润的变化中分析企业的盈利状况。动态的会计等式也是编制“利润表”的主要依据。

### 3．动静结合的会计等式

从等式 1 只能看出企业资金运动的静态情况，即某一个时点的状况；而等式 2 只能反映企业资金运动的动态情况，即赚了多少钱，无法反映企业的规模。再仔细思考一下，我们会发现资产运用会取得收入，同时也产生了费用，而利润的增加一方面增加了所有者权益，另一方面增加了企业资产或减少了企业负债，企业的经营总是如此持续下去，因此产生了等式 3：

**资产＋利润＝负债＋所有者权益＋（收入–费用）（等式 3）**

由于企业的利润最终要归入新的资产中，减少负债或增加所有者权益，等式 3 最终可以转化成等式 1。

### 随堂测验

【多选】下列业务或事项中，能够引起资产和负债同时发生增减变动的有（　　）。

A．发放股票股利

B．计提固定资产折旧

C．发行公司债券，款项已存入银行

D．用银行存款支付融资租入固定资产的租金

E．固定资产尚未达到预定可使用状态，符合资本化条件时计提的借款利息

【答案】CDE

# 第 87 天　会计记账方法——复式记账

## 课堂精讲

所谓记账方法，就是在账户中登记各项经济业务的方法。

### 1. 单式记账法

单式记账法是对所发生的经济业务只进行单方面的登记，即只进行单方核算。一般只对现金的收与付和往来账户中的应收与应付作登记，而不登记实物的增加和减少。

### 2. 复式记账法

复式记账法是在单式记账的基础上发展而来的。所谓复式记账法，就是对于任何一项经济业务所引起的会计要素及其项目的增减变动，都要以相等的金额在两个或两个以上的账户中相互联系地进行登记的方法。

### 3. 复式记账原理

复式记账原理是建立在会计恒等式的基础之上的，它是以会计等式为依据设计的一种记账方法。它以记账内容之间所表现出的数量上的平衡关系作为记账基础，而这个基础则是会计基础等式，即资产=权益，或者资产=负债+所有者权益，它从会计等式的平衡关系开始，经过经济业务的千变万化，最终仍以会计等式的平衡而结束。

下面举例说明复式记账的基本原理：假设某企业以现金 10 000 元存入银行。这项经济业务的发生，一方面使企业的库存现金减少了 10 000 元，另一方面使企业的银行存款增加了 10 000 元。根据复式记账方法，这项经济业务应以相等的金额在“库存现金”和“银行存款”这两个账户上相互联系地进行登记，即一方面在“库存现金”账户上登记减少 10 000 元，另一方面在“银行存款”账户上登记增加 10 000 元。

## 课外阅读

### 借贷记账法

借贷记账法是以“借”、“贷”作为记账符号的一种复式记账法。其基本原理包括记账符号、账户结构、记账规则和试算平衡方法。具体内容如表 3-18 所示。

表3-18 借贷记账法

| 基本原理 | 具体内容 |
|---|---|
| 记账符号 | 以“借”、“贷”为记账符号 |
| 账户结构 | 将所有账户的左方定为“借”方，右方定为“贷”方，并用一方登记增加数，另一方登记减少数。其中，资产类、成本类和损益支出类账户用借方登记增加数，贷方登记减少数，期末余额在借方；负债类、所有者权益类和损益收入类账户用贷方登记增加数，借方登记减少数，期末余额在贷方 |
| 记账规则 | 有借必有贷，借贷必相等 |
| 试算平衡 | 在借贷记账法下，进行试算平衡的方法是通过编制总分类账户余额试算平衡表或总分类账户本期发生额试算平衡表来实现的。<br>期末余额＝期初余额＋本期增加发生额－本期减少发生额<br>资产类：<br>期末借方余额＝期初借方余额＋本期借方发生额－本期贷方发生额<br>负债、所有者权益类：<br>期末贷方余额＝期初贷方余额＋本期贷方发生额-本期借方发生额 |

# 第88天 会计科目及其分类

## 课堂精讲

### 1. 会计科目的概念

会计科目是指按照经济内容对各个会计要素进行分类所形成的项目。每一个项目都规定一个名称，每一个会计科目都明确地反映一定的经济内容，不同的会计科目反映会计事项不同的特点。通过设置会计科目，能够使企业各不相同的经济业务按照既定的标准进行科学的分类，将各自独立的经济事项转化为规范的具有可比性的经济信息。

### 2. 会计科目的分类

从会计要素的角度分类，可以将会计科目分为：资产、负债、共同类、所有者权益、成本、损益六大类。

（1）资产类科目包括：流动资产类科目，这类科目的特点是资产的变现周期在一年以内或不超过一个营业周期；非流动资产类科目，这类科目的特点是变现周期超过一年或一个营业周期。

（2）负债类科目包括：流动负债类科目，这类科目的特点是负债的偿还期在一年以内；非流动负债类科目，这类科目的特点是负债的偿还期超过一年以上。

（3）共同类科目。

（4）所有者权益类科目包括：投入资本类科目、非经营因素形成的所有者权益类科目、经营因素形成的所有者权益类科目。

（5）成本类科目包括：直接记入产品成本类科目、分配记入产品成本类科目。

（6）损益类科目包括：反映收益类科目、反映费用类科目。这类科目的特点是其项目均是形成利润的要素。

参照我国《企业会计准则——应用指南》，企业会计科目的设置如表3-19所示。

**表3-19　会计科目**

| 编号 | 名称 | 编号 | 名称 |
|---|---|---|---|
| 一、资产类 | | 1511 | 长期股权投资 |
| 1001 | 库存现金 | 1512 | 长期股权投资减值准备 |
| 1002 | 银行存款 | 1521 | 投资性房地产 |
| 1012 | 其他货币资金 | 1531 | 长期应收款 |
| 1101 | 交易性金融资产 | 1532 | 未实现融资收益 |
| 1121 | 应收票据 | 1601 | 固定资产 |
| 1122 | 应收账款 | 1602 | 累计折旧 |
| 1123 | 预付账款 | 1603 | 固定资产减值准备 |
| 1131 | 应收股利 | 1604 | 在建工程 |
| 1132 | 应收利息 | 1605 | 工程物资 |
| 1221 | 其他应收款 | 1606 | 固定资产清理 |
| 1231 | 坏账准备 | 1701 | 无形资产 |
| 1321 | 代理业务资产 | 1702 | 累计摊销 |
| 1401 | 材料采购 | 1703 | 无形资产减值准备 |
| 1402 | 在途物资 | 1711 | 商誉 |
| 1403 | 原材料 | 1801 | 长期待摊费用 |
| 1404 | 材料成本差异 | 1811 | 递延所得税资产 |
| 1405 | 库存商品 | 1901 | 待处理财产损溢 |
| 1406 | 发出商品 | 二、负债类 | |
| 1407 | 商品进销差价 | 2001 | 短期借款 |
| 1408 | 委托加工物资 | 2101 | 交易性金融负债 |
| 1411 | 周转材料 | 2201 | 应付票据 |

（续表）

| 编号 | 名称 | 编号 | 名称 |
|---|---|---|---|
| 1471 | 存货跌价准备 | 2202 | 应付账款 |
| 1501 | 持有至到期投资 | 2203 | 预收账款 |
| 1502 | 持有至到期投资减值准备 | 2211 | 应付职工薪酬 |
| 1503 | 可供出售金融资产 | 2221 | 应交税费 |
| 2231 | 应付利息 | 4201 | 库存股 |
| 2232 | 应付股利 | 五、成本类 | |
| 2241 | 其他应付款 | 5001 | 生产成本 |
| 2314 | 代理业务负债 | 5101 | 制造费用 |
| 2401 | 递延收益 | 5201 | 劳务成本 |
| 2501 | 长期借款 | 5301 | 研发支出 |
| 2502 | 应付债券 | 六、损益类 | |
| 2701 | 长期应付款 | 6001 | 主营业务收入 |
| 2702 | 未确认融资费用 | 6051 | 其他业务收入 |
| 2711 | 专项应付款 | 6101 | 公允价值变动损益 |
| 2801 | 预计负债 | 6111 | 投资收益 |
| 2901 | 递延所得税负债 | 6301 | 营业外收入 |
| 三、共同类 | | 6401 | 主营业务成本 |
| 3101 | 衍生工具 | 6402 | 其他业务成本 |
| 3201 | 套期工具 | 6403 | 营业税金及附加 |
| 3202 | 被套期项目 | 6601 | 销售费用 |
| 四、所有者权益类 | | 6602 | 管理费用 |
| 4001 | 实收资本（或股本） | 6603 | 财务费用 |
| 4002 | 资本公积 | 6701 | 资产减值损失 |
| 4101 | 盈余公积 | 6711 | 营业外支出 |
| 4103 | 本年利润 | 6801 | 所得税费用 |
| 4104 | 利润分配 | 6901 | 以前年度损益调整 |

**随堂测验**

【多选】下列项目中，属于会计科目的有（　　）。

A．固定资产　　　　B．运输设备
C．原材料　　　　D．未完工产品
【答案】AC

# 第 89 天　会计账户及其分类

## 课堂精讲

### 1．会计账户的概念

会计账户是根据会计科目设置的，具有一定格式和结构，用来分类、连续地记录经济业务，反映会计要素增减变动及其结果的载体。

### 2．会计账户的分类

会计账户的分类如表 3-20 所示。

表 3-20　会计账户的分类

| 分类依据 | 会计账户的分类 |
| --- | --- |
| 按会计要素分 | 资产类账户分为：反映流动资产的账户、反映非流动资产的账户 |
| | 负债类账户分为：反映流动负债的账户、反映非流动负债的账户 |
| | 共同类账户 |
| | 所有者权益账户分为：反映所有者投入资本的账户、反映所有者资本积累的账户 |
| | 成本类账户 |
| | 损益类账户分为：反映收入的账户、反映费用支出的账户 |
| 按其所提供会计信息的详细程度分 | 总分类账户是指根据总分类科目设置的，用于对会计要素具体内容进行总括分类核算的账户，简称总账账户或总账 |
| | 明细分类账户是指根据明细分类科目设置的，用来对会计要素具体内容进行明细分类核算的账户，简称明细账 |

## 课外阅读

### 会计科目与会计账户的关系

会计科目与会计账户的关系如表 3-21 所示。

表3-21　会计科目与会计账户的关系

| | |
|---|---|
| 联系 | 都是对会计对象具体内容的科学分类，两者口径一致，性质相同 |
| | 会计科目是账户的名称，也是设置账户的依据 |
| | 账户是会计科目的具体运用 |
| 区别 | 会计科目只是一个名称，表明的是某种经济内容 |
| | 账户既有名称又有结构，可以记录和反映某类经济内容的增减变动情况及其反映的结果 |

# 第90天　会计账户的结构和内容

## 课堂精讲

### 1. 会计账户的结构

会计账户的结构是指账户的格式。为了全面、清晰地记录各项经济业务，每一个会计账户既要有明确的经济内容，又要有一定的结构。根据资金平衡原理，资金变动不外乎增加和减少两种情况。因此，账户的结构也相应地划分为两个基本部分：一部分反映数额的增加，另一部分反映数额的减少。通常情况下，会计账户分为左右两方，分别记录增加额和减少额，增减相抵后的差额称为余额。

### 2. 会计账户的内容

一般来说，会计账户应包括的内容有：账户名称（即会计科目）、日期（用以说明经济业务记录的日期）、凭证编号（表明账户记录所依据的凭证）、摘要（概括说明经济业务的内容）、增加额、减少额和余额（说明经济业务的数量）。具体格式如表3-22所示。

表3-22　会计账户

账户名称（会计科目）

| 年 | | 凭证编号 | 摘要 | 发生额 | | 借或贷 | 余额 |
|---|---|---|---|---|---|---|---|
| 月 | 日 | | | 借方 | 贷方 | | |
| | | | | | | | |
| | | | | | | | |

为了简化起见，账户格式通常采用“T”字型。

| 借方 | 账户名称 | 贷方 |
| --- | --- | --- |
| | | |

**随堂测验**

【多选】账户的结构包括（　　）。

A．账户的名称　　B．日期　　C．摘要　　D．金额

【答案】ABCD

# 第 91 天　借贷记账法的账户结构

**课堂精讲**

在复式借贷记账法下，我们把会计账户的左方称为借方，右方称为贷方。“借”、“贷”是记账符号，分别反映资产、负债、所有者权益的增减变化。凡是属于资产类账户的，增加数记入借方，减少数记入贷方，余额在借方；凡是属于负债及所有者权益类账户的，减少数记入借方，增加数记入贷方，余额在贷方。

在一定期间内，每个账户的借方金额合计称为借方发生额，贷方金额合计称为贷方发生额，两个发生额相抵后的余额称为期末余额。

**1．资产类账户**

资产类账户

| 借方 | 贷方 |
| --- | --- |
| 期初余额： | |
| 本期增加额 | 本期减少额 |
| 本期发生额合计： | 本期发生额合计： |
| 期末余额： | |

**资产类账户期末余额＝期初余额＋本期借方发生额-本期贷方发生额**

**2．负债类账户**

负债类账户

| 借方 | 贷方 |
|---|---|
| | 期初余额： |
| 本期减少额 | 本期增加额 |
| 本期发生额合计： | 本期发生额合计： |
| | 期末余额： |

**负债类账户期末余额＝期初余额＋本期贷方发生额-本期借方发生额**

**3．所有者权益类账户**

所有者权益类账户

| 借方 | 贷方 |
|---|---|
| | 期初余额： |
| 本期减少额 | 本期增加额 |
| 本期发生额合计： | 本期发生额合计： |
| | 期末余额： |

**所有者权益类账户期末余额＝期初余额＋本期贷方发生额-本期借方发生额**

**4．成本类账户**

成本类账户

| 借方 | 贷方 |
|---|---|
| 本期增加额 | 本期减少额 |
| 本期发生额合计： | 本期发生额合计： |

成本类账户期末余额一般要转入产品成本及期间费用的相关科目中，所以期末无余额。

**5．损益类账户**

损益类账户

| 借方 | 贷方 |
|---|---|
| 木期减少额 | 本期增加额 |
| 本期发生额合计： | 本期发生额合计： |

收益类账户期末余额一般要转入本年利润等账户中，所以期末无余额。

**随堂测验**

【多选】借贷记账法的贷方表示（　　）。

A．所有者权益增加　　B．负债增加　　C．收入增加　　D．资产增加

【答案】ABC

# 第 92 天　会计核算的四道程序

**课堂精讲**

会计核算工作是一个连续、系统和完整的过程，包括会计确认、会计计量、会计记录和会计报告四道前后衔接的程序。具体内容如图 3-1 所示。

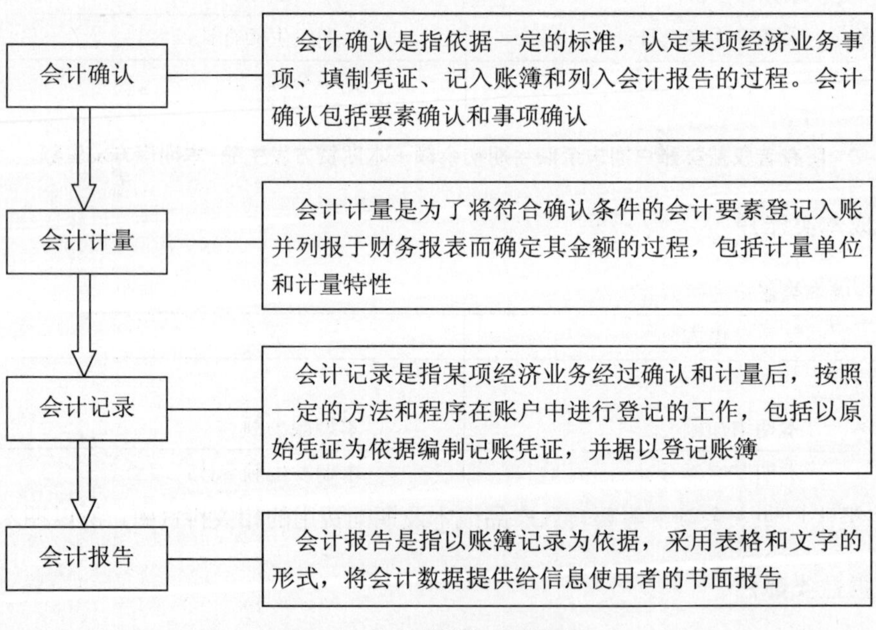


**图 3-1　会计核算的四道程序**

**随堂测验**

【想一想】经济业务发生后，会计人员应如何进行核算？

【答案】经济业务发生后，会计人员首先要进行确认和计量，然后运用会计凭证和会

计账簿进行记录，最后对账前对记录结果进行汇总、整理，编制会计报告。

## 第 93 天　会计核算的七种方法

### 课堂精讲

会计核算方法主要包括设置会计科目和账户、复式记账、填制和审核凭证、登记账簿、成本计算、财产清查、编制会计报表七种。具体内容如图 3-2 所示。

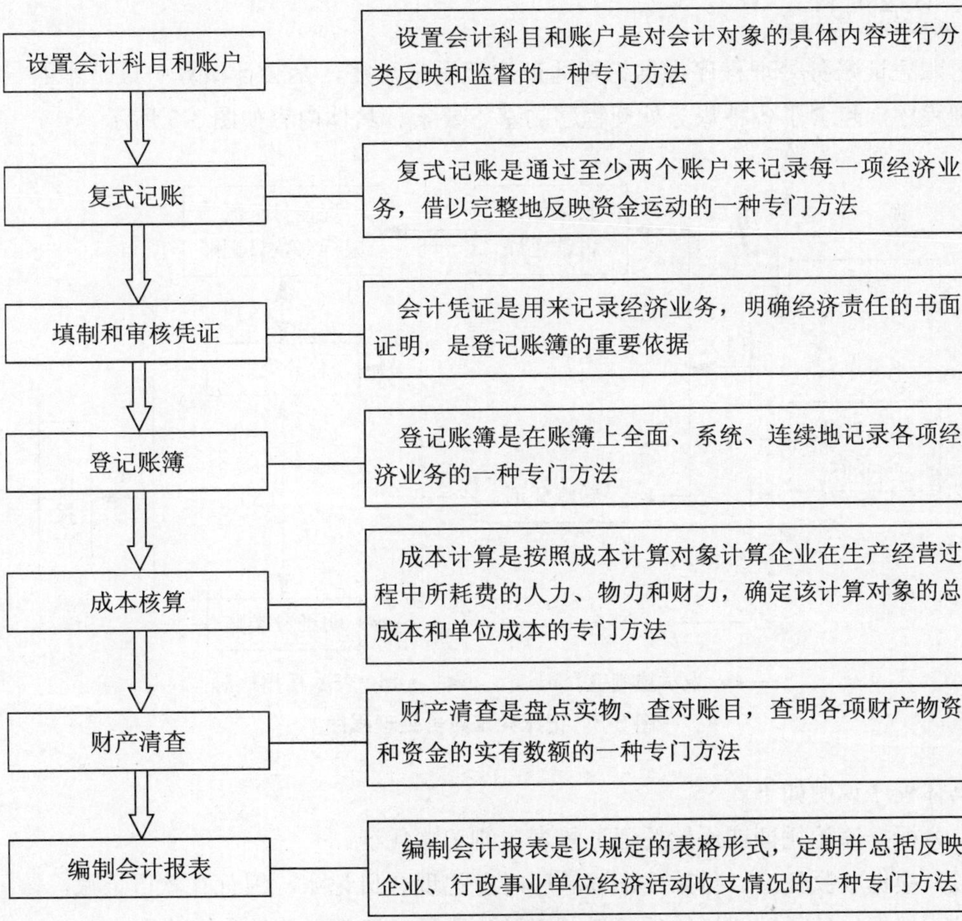


图 3-2　会计核算的七种方法

### 随堂测验

【想一想】在实际工作中，会计核算方法是如何运用的？

【答案】会计人员对日常发生的每一笔经济业务进行分类，并应用复式记账方法在有关账簿中进行登记；对经营过程中所发生的各项费用进行成本计算；定期或不定期进行财产清查，将财产物资实际结存数额与账簿的记录加以核对；在做到账实相符的基础上，根据账簿记录编制各种会计报表。

## 第 94 天　账务处理的四道程序——记账凭证账务处理程序

### 课堂精讲

记账凭证账务处理程序根据记账凭证逐笔登记总账，是会计核算中最基本的一种账务处理程序，包含了各种账务处理程序的基本要素。具体内容如图 3-3 所示。

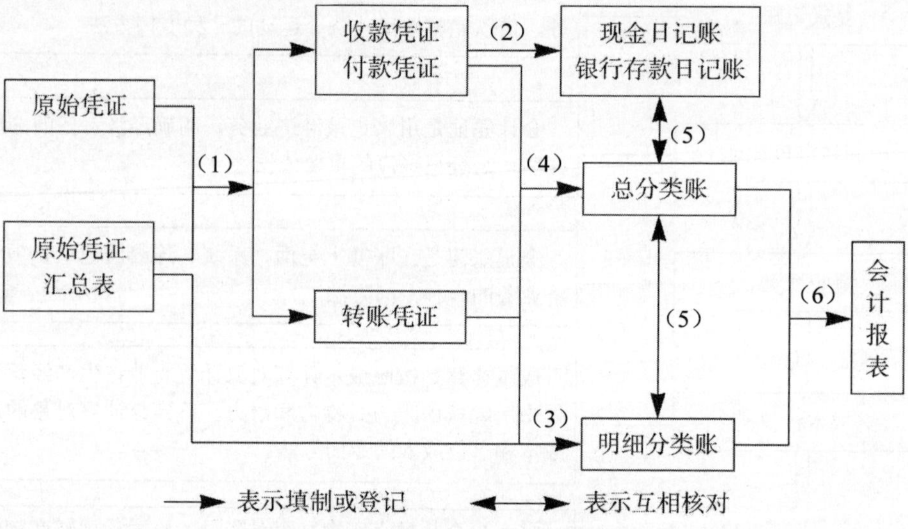


图 3-3　记账凭证账务处理程序

具体程序说明如下。

（1）根据原始凭证或原始凭证汇总表填制记账凭证。

（2）根据收款凭证、付款凭证逐笔序时登记现金日记账、银行存款日记账。

（3）根据原始凭证或原始凭证汇总表及记账凭证逐笔登记明细分类账。

（4）根据记账凭证逐笔登记总分类账。

（5）月末，将现金日记账、银行存款日记账的余额和各种明细分类账余额的合计数，分别与总分类账相互核对。

（6）月末，根据总分类账与明细分类账资料编制会计报表。

课外阅读

### 记账凭证账务处理程序的优缺点及其适用范围

记账凭证账务处理程序的优缺点及其适用范围如表 3-23 所示。

表 3-23 记账凭证账务处理程序的优缺点及其适用范围

| 账务处理程序 | 优点 | 缺点 | 适用范围 |
|---|---|---|---|
| 记账凭证账务处理程序 | 账务处理程序比较简单，总分类账的记录可以比较详细地反映经济活动情况，总分类账同明细分类账容易核对，便于算账、用账和查账 | 登记总分类账的工作量较大 | 规模较小、经济业务较少的企业或单位 |

## 第 95 天 账务处理的四道程序——汇总记账凭证账务处理程序

课堂精讲

汇总记账凭证账务处理程序根据记账凭证编制科目汇总表并据以登记总账。具体如图 3-4 所示。

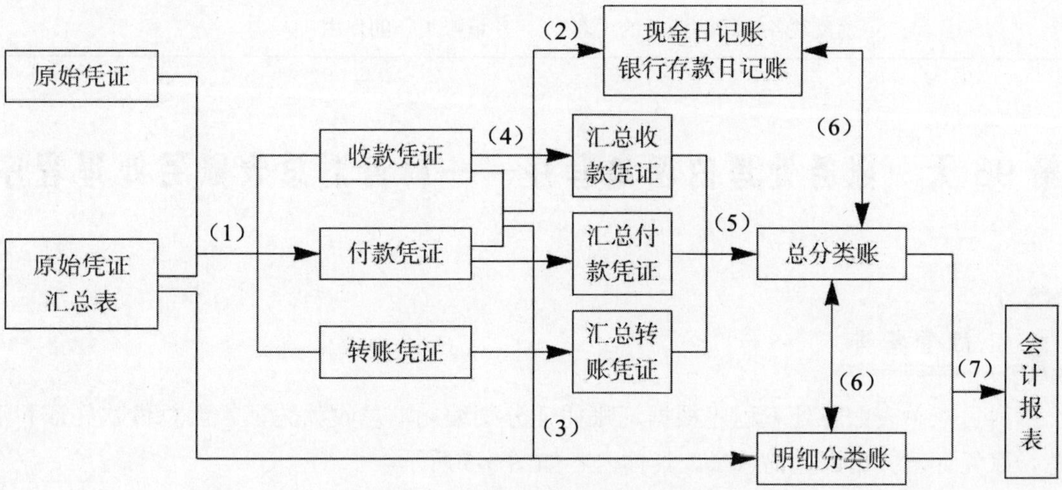


图 3-4 汇总记账凭证账务处理程序

具体程序说明如下。

（1）根据原始凭证或原始凭证汇总表编制收款凭证、付款凭证和转账凭证。

（2）根据现金、银行存款的收款凭证和付款凭证逐笔登记现金日记账和银行存款日记账。

（3）根据原始凭证或原始凭证汇总表登记各种明细分类账。

（4）根据收、付、转三种凭证定期编制汇总收款凭证、汇总付款凭证和汇总转账凭证。

（5）根据汇总收款凭证、汇总付款凭证、汇总转账凭证登记总分类账。

（6）月末，现金日记账和银行存款日记账的余额及各种明细分类账的余额合计数应与总分类账有关账户的余额核对。

（7）月末，根据总分类账与明细分类账资料编制会计报表。

### 课外阅读

**汇总记账凭证账务处理程序的优缺点及其适用范围**

汇总记账凭证账务处理程序的优缺点及其适用范围如表 3-24 所示。

**表 3-24　汇总记账凭证账务处理程序的优缺点及其适用范围**

| 账务处理程序 | 优点 | 缺点 | 适用范围 |
|---|---|---|---|
| 汇总记账凭证账务处理程序 | 通过汇总记账凭证，月末（或定期）登记总分类账，简化了总分类账的登记工作，并且汇总记账凭证中科目间的对应关系清楚，使据以登记的总分类账能明确反映各类经济业务的内容 | 由于增加了汇总记账凭证的工作，使核算手续进一步复杂，同时，在经济业务比较少，同一贷方科目有对应关系的转账凭证为数不多时，起不到简化记账工作的作用 | 规模较大、经济业务较多的企业或单位 |

## 第 96 天　账务处理的四道程序——科目汇总表账务处理程序

### 课堂精讲

科目汇总表账务处理程序根据记账凭证分别编制汇总收款凭证、汇总付款凭证和汇总转账凭证，并据以登记总账。具体内容如图 3-5 所示。

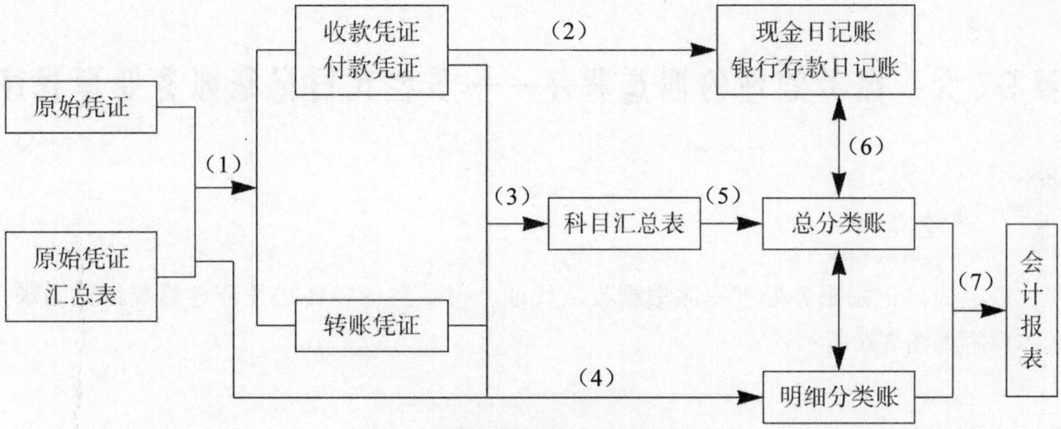


**图 3-5　科目汇总表账务处理程序**

具体程序说明如下。

（1）根据原始凭证或原始凭证汇总表编制记账凭证。

（2）根据收款凭证、付款凭证逐笔登记现金和银行存款日记账。

（3）根据记账凭证和原始凭证或原始凭证汇总表逐笔登记各种明细分类账。

（4）根据记账凭证定期编制科目汇总表。

（5）定期根据科目汇总表登记总分类账。

（6）月末，将现金、银行存款日记账和各种明细分类账余额同总分类余额核对相符。

（7）月末，根据总分类账和明细分类账及其他有关资料编制会计报表。

### 课外阅读

**科目汇总表账务处理程序的优缺点及其适用范围**

科目汇总表账务处理程序的优缺点及其适用范围如表 3-25 所示。

**表 3-25　科目汇总表账务处理程序的优缺点及其适用范围**

| 账务处理程序 | 优点 | 缺点 | 适用范围 |
|---|---|---|---|
| 科目汇总表账务处理程序 | 既可以简化总分类账的登记工作，又可以对本期发生额试算平衡，并且对记账凭证的填制和总分类账登记的正确性起着一定的作用 | 由于科目汇总表的结构和编制方法与汇总记账凭证不同，它只能反映各科目汇总后的借方和贷方本期发生额，不能反映各科目之间的对应关系，因而难以通过总分类账了解企业经济业务内容，不便于对经济业务进行分析和检查 | 经济业务繁多，管理上又不要求总分类账各科目之间反映相互对应关系的企业或单位 |

# 第 97 天　账务处理的四道程序——多栏式日记账账务处理程序

## 课堂精讲

多栏式日记账账务处理程序根据收款凭证、付款凭证和转账凭证逐笔登记日记账。具体内容如图 3-6 所示。

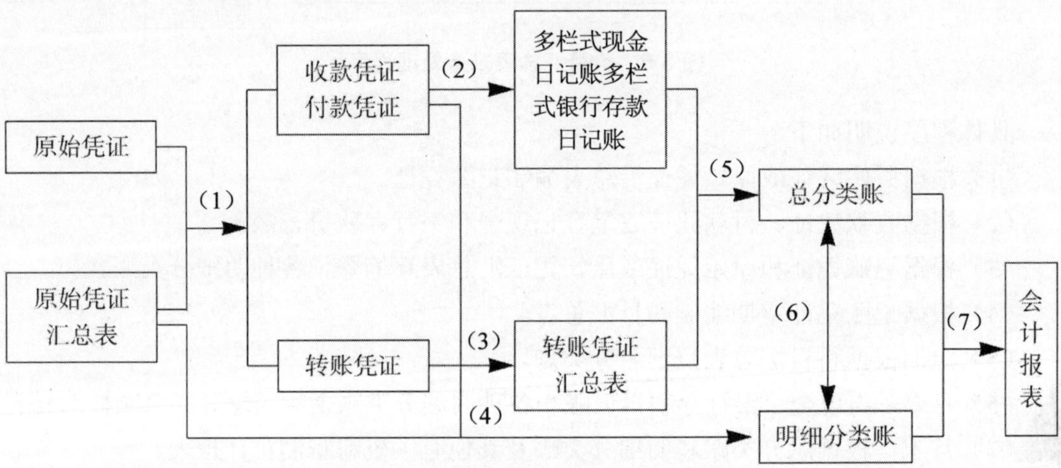


图 3-6　多栏式日记账账务处理程序

具体程序说明如下。

（1）根据原始凭证或原始凭证汇总表编制收款凭证、付款凭证和转账凭证。

（2）根据现金、银行存款的收款凭证和付款凭证登记多栏式现金日记账和多栏式银行存款日记账。

（3）根据转账凭证定期编制转账凭证科目汇总表。

（4）根据原始凭证或原始凭证汇总表和各种记账凭证登记明细分类账。

（5）月终，根据多栏式现金日记账、多栏式银行存款日记账和转账凭证科目汇总表或转账凭证登记总分类账。

（6）月末，根据对账要求，将总分类账和明细分类账相核对。

（7）月末，根据总分类账和明细分类账编制会计报表。

## 课外阅读

### 多栏式日记账账务处理程序的优缺点及其适用范围

多栏式日记账账务处理程序的优缺点及其适用范围如表 3-26 所示。

表3-26 多栏式日记账账务处理程序的优缺点及其适用范围

| 账务处理程序 | 优点 | 缺点 | 适用范围 |
| --- | --- | --- | --- |
| 多栏式日记账账务处理程序 | 程序简单，操作方便，可以全面、直观地反映各科目之间的对应关系，便于了解经济业务的来龙去脉 | 所有会计科目集中在一张账页上，账页过大，不便于登记和保管，也不便于会计人员分工 | 业务简单、会计科目设置不多的小型企业或单位 |

# 第98天 结账的方法

## 课堂精讲

针对不同的账户、账簿，结账方法分为以下几种。

（1）对于不需要按月结计本期发生额的账户，如各项应收款明细账和各项财产物资明细账等，每次记账以后，都要随时结出余额，每月最后一笔余额即为月末余额。也就是说，月末余额就是本月最后一笔经济业务记录的同一行内的余额。月末结账时，只需要在最后一笔经济业务记录之下划一条单红线，不需要再结计一次余额。

（2）现金、银行存款日记账和需要按月结计发生额的收入、费用等明细账，每月结账时，要在最后一笔经济业务记录下面划一条单红线，结出本月发生额和余额，在摘要栏内注明“本月合计”字样，在下面再划一条单红线。

（3）需要结计本年累计发生额的某些明细账户，如产品销售收入明细账、成本明细账等，每月结账时，应在“本月合计”行下结计自年初起至本月末止的累计发生额，登记在月份发生额下面，在摘要栏内注明“本年累计”字样，并在下面划一条单红线。12月月末的“本年累计”就是全年累计发生额，并在全年累计发生额下划一条双红线。

（4）总账账户平时只需结计月末余额。年终结账时，为了反映全年各项资产、负债及所有者权益增减变动的全貌，便于核对账目，要将所有总账账户结计全年发生额和年末余额，在摘要栏内注明“本年合计”字样，并在合计数下划一条双红线。采用棋盘式总账和科目汇总表代替总账的单位，年终结账时应当汇编一张全年合计的科目汇总表和棋盘式总账。

（5）需要结计本月发生额的某些账户，本月只发生一笔经济业务，由于这笔记录的金额就是本月发生额，结账时只要在此行记录下划一条单红线，表示与下月的发生额分开，不需另结出“本月合计”数。

结账划线的目的是为了突出本月合计数及月末余额，表示本会计期间的会计记录已经截止或结束，并将本期与下期的记录明显分开。根据《会计基础工作规范》的规定，月结划单线，年结划双线。划线时，应划红线。划线应划通栏线，不应只在本账页中的金额部分划线。

### 随堂测验

【判断】费用明细账在月末结账时要结出本月发生额和余额，在摘要栏内注明“本月合计”字样，并在下面划通栏单红线。（　　）

【答案】√

## 第 99 天　年终结账的步骤

### 课堂精讲

年终清理完毕，在账目核对相符的基础上即可进行年终结账。年终结账工作一般分为三个步骤，即年终转账、结清旧账和记入新账。

#### 1. 年终转账

年终转账的程序如下：

（1）计算出各账户的借方和贷方的 12 月份合计数和全年累计数，结出 12 月月末的余额；

（2）编制结账前的“资产负债表”，并确保试算平衡；

（3）按年终转账办法填制 12 月 31 日的记账凭证，并记入有关账户。

#### 2. 结清旧账

结清旧账的做法如下：

（1）将转账后无余额的账户结出全年累计数，然后在下面划双红线，表示本账户全部结清；

（2）对年终有余额的账户，在“全年累计数”下行的摘要栏内注明“结转下年”字样，再在下面划双红线，表示年终余额转入新账，结束旧账。

#### 3. 记入新账

根据本年度各账户余额，编制年终决算的“资产负债表”和有关明细表，按表列出各账户的年终余额数，不编制记账凭单，直接记入新年度相应的各有关账户，并在摘要栏注明“上年结转”字样，以区别新年度发生数。

### 随堂测验

【单选】下列说法正确的是（　　）。

A．结账前，应将本期全部经济业务入账　　B．可以提前或推后结账

C．必须结出期末余额，本期发生额可结可不结　　D．在最后一笔账下面划双红线

【答案】A

## 第 100 天　年终账户余额的结转

### 课堂精讲

年末终了结账时有余额的账户，其余额直接记入新账余额栏内即可，不需要编制记账凭证，也不必将余额再记入本年账户的借方或贷方。因为，既然年末是有余额的账户，余额就应当如实地在账户中加以反映，这样更显得清晰、明了。否则，就无法体现有余额的账户和无余额的账户的区别。

对于新的会计年度建账问题，一般来说，总账、日记账和多数明细账应每年更换一次。但有些财产物资明细账和债权债务明细账，材料品种、规格和往来单位较多，更换新账、重抄一遍的工作量较大，因此可以跨年度使用，不必每年更换一次。各种备查簿也可以连续使用。

实际工作中，结转账户余额的做法如下。

（1）将本账户年末余额以相反的方向记入最后一笔账下的发生额内。例如，某账户年末为借方余额，在结账时，将此项余额填列在贷方发生额栏内（余额若为贷方，则做相反记录），在摘要栏填明“结转下年”字样，在借或贷栏内填“平”字并在余额栏的“元”位上填列“0”符号，表示账目已经结平。

（2）在“本年累计”发生额的次行，将年初余额按其同方向记入发生额栏内，并在摘要栏内填明“上年结转”字样。在次行登记年末余额，若为借方余额，则填入贷方发生额栏内，反之记入借方，并在摘要栏填明“结转下年”字样。同时，在该行的下端加计借、贷各方的总计数，并在该行摘要栏内填列“总计”两字，在借或贷栏内填“平”字，在余额栏的“元”位上填列“0”符号，表示账目已结平。

### 随堂测验

【多选】下列会计科目年末应无余额的有（　　）。

A．主营业务收入　　B．营业外收入　　C．本年利润　　D．利润分配

【答案】ABC

# Part 4

Part 4

rt 4

# 出纳日常工作——现金收支业务处理

# 第 101 天　现金出纳的工作内容

## 课堂精讲

### 1．现金的定义

现金有狭义和广义之分。狭义的现金是指库存现金，广义的现金包括库存现金以及银行存款和其他视同现金的有价证券。

我们通常所说的现金都是狭义的现金，也就是库存现金。

### 2．现金出纳的工作内容

（1）办理现金收付结算业务。

（2）登记现金日记账。

（3）保管库存现金和各种有价证券。

（4）保管有关印章、空白收据。

## 随堂测验

【多选】现金出纳的工作内容包括（　　）。

A．报销　　B．登记现金日记账

C．盘点现金　　D．保管空白收据

【答案】ABCD

# 第 102 天　现金管理的基本原则

## 课堂精讲

现金管理就是对现金的收、付、存等各环节进行管理。根据《中华人民共和国现金管理暂行条例》（以下简称《现金管理暂行条例》）的规定，现金管理的基本原则如下。

（1）开户单位库存现金一律实行限额管理。

（2）不准擅自坐支现金。坐支现金容易打乱现金收支渠道，不利于开户银行对企业的现金进行有效的监督和管理。

（3）企业收入的现金不准作为储蓄存款存储。

（4）收入现金应及时送存银行，企业的现金收入应于当天送存开户银行，确有困难的，应由开户银行确定送存时间。

（5）严格按照国家规定的开支范围使用现金，结算金额超过起点的，不得使用现金。

（6）不准编造用途套取现金。企业在国家规定的现金使用范围和限额内需要现金，应从开户银行提取，提取时应写明用途，不得编造用途套取现金。

（7）企业之间不得相互借用现金。

### 随堂测验

【判断】出纳甲在 2 月 3 日收到销售人员交来的现金款项，因时间较晚没有及时存入银行，次日领导因报销现金，而出纳甲手中可报销现金不足，遂将 2 月 3 日销售人员交来的部分现金用来给领导报销，请问出纳甲的做法是否正确。（　　）

【答案】×

## 第 103 天　现金管理的“八不准”

### 课堂精讲

按照《中华人民共和国现金管理暂行条例》（以下简称《现金管理暂行条例》）及其实施细则的规定，企事业单位和机关、团体现金管理应遵守“八不准”。

（1）不准用不符合财务制度的凭证顶替库存现金。

（2）不准单位之间相互借用现金。

（3）不准谎报用途套取现金。

（4）不准利用银行账户代其他单位和个人存入或支取现金。

（5）不准将单位收入的现金以个人名义存入银行。

（6）不准保留账外公款（即“小金库”）。

（7）不准变相发行货币。

（8）不准以任何票券代替人民币在市场上流通。

开户单位如有违反现金管理“八不准”中的任何一种情况，开户银行可按照《现金管理暂行条例》的规定，责令其停止违法活动，并根据情节轻重给予警告或罚款。

### 随堂测验

【单选】下列做法中符合现金管理规定的是（　　）。

A．乙公司领导将收入的现金交给出纳人员，要求其以个人名义存入银行

B．A 收到支票一张，但是 A 没有银行账户，因此找到甲公司将款项存入甲公司后，甲公司在收取一定手续费用后将剩余款项支付给 A

C．丙到出纳处报销 560 元单位车辆修理费用，修车费用发票内容填写齐全，并且已由领导签字同意，出纳人员予以报销

D．B 将销售废旧材料款项交到公司出纳人员处，出纳人员根据领导的要求并未将此笔款项计入现金日记账

【答案】C

# 第 104 天　现金保管制度

## 课堂精讲

现金保管制度一般应包括如下内容。

（1）超过库存限额以外的现金应在下班前送存银行。

（2）为加强对现金的管理，除了工作时间需要的少量备用金可放在出纳人员的抽屉内之外，其余现金应放入出纳人员专用的保险柜内，不得随意存放。

（3）限额内的库存现金当日核对清楚后，一律放在保险柜内，不得放在办公桌内过夜。

（4）单位的库存现金不准以个人名义存入银行，以防止有关人员利用公款私存取得利息收入，也可以防止单位利用公款私存形成账外“小金库”。银行一旦发现公款私存，可以对单位处以罚款，情节严重的，可以冻结单位现金支付。

（5）库存现金包括纸币和铸币，应实行分类保管。各单位的出纳人员应对库存票币分别按照纸币的票面金额和铸币的币面金额，以及整数（即大数）和零数（即小数）分类保管。

纸币一定要打开铺平存放，并按照纸币的票面金额，以每一百张为一把、每十把为一捆扎好。凡是成把、成捆的纸币即为整数（即大数），均应放在保险柜内保管，随用随取；凡不成把的纸币为零数（或小数），也要按照票面金额，每十张为一把，分别用曲别针别好，放在传票箱内或抽屉内，一定要存放整齐。铸币也是按照币面金额，以每一百枚为一卷、每十卷为一捆，同样将成卷、成捆的铸币放在保险柜内保管，随用随取；不成卷的铸币，应按照不同币面金额，分别存放在特别的卡数器内。

## 随堂测验

【多选】按照现金保管制度的要求，出纳人员应该（　　）。

A. 超过库存限额以外的现金应在下班前送存银行

B. 限额内的库存现金当日核对清楚后，一律放入保险柜内，不得放在办公桌内过夜

C. 单位的库存现金不准以个人名义存入银行

D. 库存的纸币和铸币应实行分类保管

【答案】ABCD

## 第 105 天 出纳工作的日清月结制度

### 课堂精讲

日清月结是出纳人员办理现金出纳工作的基本原则和要求，也是避免出现长款、短款的重要措施。所谓日清月结，就是出纳人员办理现金出纳业务，必须做到按日清理、按月结账。这里所说的按日清理，是指出纳人员应对当日的经济业务进行清理，全部登记日记账，结出库存现金账面余额，并与库存现金实地盘点数核对相符。按日清理的内容包括以下几点。

（1）清理各种现金收付款凭证，检查单证是否相符，也就是说各种收付款凭证所填写的内容与所附原始凭证反映的内容是否一致；同时还要检查每张单证是否已经盖齐“收讫”、“付讫”的戳记。

（2）登记和清理现金日记账。将当日发生的所有现金收付业务全部登记入账，在此基础上，看看账证是否相符，即现金日记账所登记的内容和金额与收款凭证、付款凭证的内容和金额是否一致。清理完毕后，结出现金日记账的当日库存现金账面余额。

（3）现金盘点。出纳人员应按券别分别清点其数量，然后加总，即可得出当日现金的实存数。将盘存得出的实存数和账面余额进行核对，看两者是否相符。如果发现有长款或短款，则应进一步查明原因，及时进行处理。所谓长款，是指现金实存数大于账存数；所谓短款，是指实存数小于账面余额。如果经查明长款属于记账错误、丢失单据等，则应及时更正错账或补办手续；如果属少付他人，则应查明并退还原主，如果确实无法退还，经过一定审批手续可以作为单位的收益。对于短款，如果查明属于记账错误，则应及时更正错账；如果属于出纳人员工作疏忽或业务水平问题，则一般应按规定由过失人赔偿。

（4）检查库存现金是否超过规定的现金限额。如果实际库存现金超过规定库存限额，则出纳人员应将超过部分及时送存银行；如果实际库存现金低于库存限额，则应及时补提现金。

### 随堂测验

【多选】出纳人员日清月结的工作制度内容包括（　　）。

A．清理各种现金收付款凭证，检查单证是否相符

B．登记和清理现金日记账

C．现金盘点

D．检查库存现金是否超过规定的现金限额

【答案】ABCD

# 第 106 天　现金清查制度

## 课堂精讲

在坚持日清月结制度，由出纳人员对库存现金进行清查的基础上，为了加强对出纳工作的监督，及时发现可能发生的现金差错或丢失，防止贪污、盗窃、挪用公款等违法行为的发生，确保库存现金安全完整，各单位应建立库存现金清查制度，由有关领导和专业人员组成清查小组，定期或不定期地对库存现金情况进行清查盘点，重点放在账款是否相符、有无白条抵库、有无私借公款、有无挪用公款、有无账外资金等违纪违法行为上。

一般来说，现金清查多采用突击盘点法，不预先通知出纳人员，以防其预先做手脚。盘点时间最好在一天业务没有开始之前或一天业务结束之后，由出纳人员将截止清查时现金收付款项全部登记入账，并结出账面余额。这样可以避免干扰正常的工作。清查时出纳人员应始终在场，并给予积极配合。清查结束后，应由清查人员填制“现金清查盘点报告表”，填列账存、实存以及溢余或短缺金额，并说明原因，上报有关部门或负责人进行处理。

“现金清查盘点报告表”格式如表 4-1 所示。

**表 4-1　现金清查盘点报告表**

单位名称：　　　　　　　　　　　　　　　　　　　　　　　　　＿＿年＿月＿日

| 账面余额 | 实存金额 | 清查结果 | 说明 |
| --- | --- | --- | --- |
| | | 盘盈 | |
| | | 盘亏 | |

财务负责人：　　　　出纳：　　　　监盘人：　　　　盘点人：

## 随堂测验

【单选】对库存现金的清查应采用的方法是（　　）。

A．实地盘点法　　B．检查现金日记账　　C．倒挤法　　D．抽查现金

【答案】A

# 第 107 天 现金提取——签发现金支票

## 课堂精讲

现金支票是专门用于支取现金的一种支票，由存款人签发，委托开户银行向收款人支付一定数额的现金。开户单位应按现金的开支范围签发现金支票，现金支票的金额起点为 100 元，其付款方式是见票即付。

签发现金支票应认真填写支票的有关内容，包括款项用途，取款金额，签发单位账号，收款人名称（开户单位签发现金支票支取现金，是以自己为收款人），盖财务章和人名章等。

现金支票的具体填写要求如下。

（1）出纳人员使用钢笔，用碳素墨水或蓝黑色墨水按照支票已有的号码顺序填写。

（2）签发日期为实际出票日期。

（3）收款人名称的填写与预留印鉴名称保持一致。

（4）按照规定书写大小写金额。

（5）如果在填写过程中出现错误，则作废重填。

（6）用途栏应填写真实用途。

（7）签章与银行预留的签章保持一致。

（8）现金支票的背面要由取款单位或取款人背书（即签章）。

填写现金支票的“四不准”包括：

（1）不准使用圆珠笔或蓝色、红色墨水。

（2）不准补填或预填日期，签发日期应该写实际出票日期。

（3）填写错误不准更改，需作废重填。

（4）签章不准缺漏，必须与银行预留签章相符。

## 随堂测验

【多选】下列关于现金支票说法正确的有（　　）。

A．现金支票的金额起点为 100 元

B．现金支票的付款方式是见票即付

C．现金支票可以使用圆珠笔填写

D．现金支票取款时无需背书

【答案】AB

# 第 108 天　现金提取——取款

## 课堂精讲

取款人持出纳人员签发的现金支票到银行取款时，一般要遵从以下几个步骤：

（1）将现金支票交银行有关人员审核；

（2）审核无误后将支票交给经办单位结算业务的银行经办人员，等待取款；

（3）银行经办人员对支票进行审核，核对密码及预留印鉴后，办理规定的付款手续；

（4）取款人应根据银行经办人员的要求回答应提取的数额，回答无误后银行经办人员即照支票付款；

（5）取款人收到银行经办人员付给的现金时应当面清点现金数量，清点无误后方能离开柜台。

## 随堂测验

【填空】银行经办人员对支票进行__________审核后才可以办理规定的付款手续。

【答案】密码及预留印鉴

# 第 109 天　现金提取——清点

## 课堂精讲

现金清点的具体要求如下。

（1）清点现金时，最好有两人或两人以上同时进行。

（2）在清点现金之前，如果条件允许，那么最好先进行现金整理，把不同面值的纸币或铸币按照面值进行分类整理，从而方便现金的清点。

（3）如果所取现金的面值种类比较多，那么可以在取款前自制现金清点表，以便记录。

（4）在清点时，如果发现有残缺、损伤的票币等，那么应向银行进行调换。

（5）在回到本单位以后进行复核时，如果发现确实存在差错，那么应该保持票币的原状，并通知银行经办人员进行处理。

### 随堂测验

【多选】现金清点的要求包括（　　）。

A．现金清点过程中发现的残缺或损伤的票币应当去银行进行调换

B．清点现金时，最好有两人或两人以上同时进行

C．回到单位进行复核时，如果发现确实存在差错，那么应该保持票币的原状，并通知银行经办人员

D．如果所取现金的面值种类比较多，那么可以在取款前自制现金清点表，以便记录

【答案】ABCD

## 第 110 天　现金收款的流程和内容

### 课堂精讲

**1．现金收款的具体流程**

从数额上来说，现金的收款主要是指金额在 1 000 元以下的业务，如果业务的金额在 1 000 元以上，那么只能通过银行存款进行办理。

现金收款的具体流程如下。

（1）出具现金收款原始凭证。

（2）编制现金收款记账凭证。

（3）送存现金。

（4）登记现金日记账。

（5）复核现金日记账。

**2．现金收款业务的主要内容**

（1）经营业务收入。

（2）非经营业务收入。

（3）预收现金款项。

（4）其他现金收款业务。

### 随堂测验

【多选】现金收款的流程包括（　　）。

A．出具现金收款原始凭证　　　　B．编制现金收款记账凭证

C．送存现金　　　　D．登记现金日记账

【答案】ABCD

## 第 111 天　现金支付的范围

### 课堂精讲

按照国务院发布的《现金管理暂行条例》的规定，开户单位可以在下列范围内使用现金。

（1）职工工资、津贴。

（2）个人劳务报酬。

（3）根据国家规定颁发给个人的科学技术、文化艺术、体育等各种奖金。

（4）各种劳保、福利费用以及国家规定的对个人的其他支出。

（5）向个人收购农副产品和其他物资的价款。

（6）出差人员必须随身携带的差旅费。

（7）结算起点以下的零星支出。

（8）中国人民银行确定需要支付现金的其他支出。

### 随堂测验

【多选】现金支付的范围包括（　　）。

A．职工工资、津贴

B．出差人员必须随身携带的差旅费

C．结算起点以下的零星支出

D．根据国家规定颁发给个人的科学技术、文化艺术、体育等各种奖金

【答案】ABCD

## 第 112 天　现金支付的原则

### 课堂精讲

**1．现金支付的原则**

出纳人员必须以严谨的态度处理现金支付业务，因为一旦发生失误，将会造成

不可追补的经济损失。现金支付主要有以下几个原则。

（1）必须以真实、合法、准确的付款凭证为依据。

（2）必须以严肃谨慎的态度来处理支付业务，宁可慢些，也不能疏忽大意。

（3）必须以手续完备、审核无误的付款凭证为最终付款依据。

（4）现金支付时，当面点清，双方确认无误。

（5）不得套取现金用于支付。套取现金是指逃避现金审查，采用不正当手段支取现金的违法行为。

### 2. 套取现金的方式

（1）利用私人或其他单位的账户支取现金。

（2）用公款转存个人储蓄账户支取现金。

（3）用转账方式通过银行、邮局汇兑，异地支取现金。

（4）用转账凭证换取现金。

（5）虚报冒领工资、奖金和津贴补助。

### 随堂测验

【多选】下列属于现金支付原则的有（　　）。

A．以真实、合法、准确的付款凭证为依据

B．以手续完备、审核无误的付款凭证为最终付款依据

C．现金支付时，当面点清，双方确认无误

D．不得套取现金用于支付

【答案】ABCD

## 第 113 天　现金支付的程序

### 课堂精讲

### 1. 现金付款业务的基本程序

（1）填制原始凭证。出纳人员应认真填制现金支出原始凭证，经有关人员签字盖章，对原始凭证进行认真审核，确认原始凭证真实、合法、准确。

（2）编制记账凭证。出纳人员根据审核无误的原始凭证编制记账凭证。

（3）登记现金日记账。根据审核无误的收、付款记账凭证登记现金日记账。

### 2. 不同情形下现金支付的程序

现金支付有主动支付和被动支付两种情形。

（1）主动支付。主动支付是指出纳人员主动将现金付给收款单位和个人，如发放工资、奖金、薪金、津贴以及福利等现金支出。支付程序如下。

① 根据有关的资料编制付款单，并计算出付款金额。

② 根据付款金额清点现金（不足应从银行提取），按单位或个人分别装袋。

③ 现金发放时，如果是直接发给收款人的，则要当面清点并由收款人签收（签字或盖章）；如果是他人代为收款的，则应由代收人签收。

④ 根据付款单等资料编制记账凭证。

⑤ 根据记账凭证登记现金日记账。

（2）被动支付。被动支付是指收款单位或个人持有关凭据到出纳人员处领报现金。支付程序如下。

① 受理原始凭证，如报销单据、借据、其他单位和个人的收款收据等。

② 审核原始凭证。

③ 在审核无误的付款凭证上加盖“现金付讫”印章。

④ 支付现金并进行复点，要求收款人当面点清。

⑤ 根据原始凭证编制记账凭证。

⑥ 根据记账凭证登记现金日记账。

**随堂测验**

【多选】现金付款业务的基本程序包括（　　）。

A. 填制原始凭证　　　　B. 原始凭证的审核

C. 记账凭证的编制　　　D. 登记现金日记账

【答案】ABCD

## 第 114 天　现金支付的两种方式

**课堂精讲**

在出纳工作中，现金支付有直接支付现金和支付现金支票两种基本方式。

### 1．直接支付现金

直接支付现金方式是指出纳人员根据有关支出凭证直接支付现金，减少库存现金的数量。使用这种方式支付现金，出纳人员要事先做好现金储备，在不超过库存现金限额的情况下保障现金的支付。

### 2．支付现金支票

支付现金支票方式是指出纳人员根据审核无误的有关凭证，将填好的现金支票交给收款人，由收款人直接到开户银行提取现金的支付方式。这种方式主要适用于大宗的现金付款业务。

**随堂测验**

【填空】现金支付的方式有________和________。

【答案】直接支付现金、支付现金支票

## 第115天 工资的发放

**课堂精讲**

### 1．发放现金工资

（1）编制工资发放明细表。

（2）按照工资表中的实发金额填写现金支票，从银行中提取现金。

（3）按照工资表中的人员名称，将实际发放的工资放入个人的工资袋中。

（4）将工资发放到员工本人手中。因故没能在当天领取的工资，出纳人员应将其放入保险柜中妥善保管，以免丢失。

### 2．通过银行发放工资

（1）计算实际应发放的工资。

（2）将发放人员的名称、账号、金额送交指定银行，由银行进行转账。

**随堂测验**

【判断】员工工资的发放必须通过银行转账。（　）

【答案】×

# 第 116 天　差旅费的预付和报销

## 课堂精讲

### 1. 预付差旅费

（1）因公出差需要预借差旅费时，首先到财务部门根据用途以及金额填写借款单。

（2）借款单由相关领导审批签字。

（3）财务部门根据借款单编制现金付款凭证。

（4）出纳人员首先审核借款单和相应的凭证，如果符合规定则根据借款单上注明的金额支付现金。

### 2. 报销差旅费

（1）出差人员首先根据出差实际发生的费用以及时间填写差旅费报销单。

（2）将报销单交由所在部门领导和财务部门领导签字。

（3）财务部门相关人员根据报销单据以及领导审批情况对差旅费进行会计核算，编制会计凭证。

（4）出纳人员根据差旅费报销单以及财务部门编制的会计凭证办理现金支付。

## 随堂测验

【判断】甲出差前向领导申请预借差旅费 2 000 元，得到领导批准。甲出差回来后拿着出差时开具的发票 1 600 元及 400 元现金直接找到出纳人员要求报销并消除借款，出纳人员直接将现金收回并将发票入账，请问此种做法是否正确。（　　）

【答案】×

# 第 117 天　现金送存——整理现金

## 课堂精讲

按照规定，各单位在其日常现金收支业务中，除了按规定可以坐支的现金和非业务性零星收入收取的现金可以用于补足库存现金限额的不足之外，其他业务活动取得的现金以及超过库存现金限额的现金都必须按规定于当日送存银行。当日送存银行确有困难的，由开户银行确定送存时间。

出纳人员在将现金送存银行之前，为了便于银行柜台清查现金，提高工作效率，应对送存现金进行分类整理。现金整理的方法如下。

纸币应按照票面金额（即券别）分类整理。纸币可分为主币和辅币，主币包括 100 元、50 元、10 元、5 元和 1 元，辅币包括 5 角和 1 角。出纳人员应将各种纸币打开铺平，然后按币别每一百张为一把，用纸条和橡皮筋箍好，每十把扎成一捆，比如 100 元券的纸币一把即为 10 000 元，一捆即为 100 000 元；10 元券一把即为 1 000 元，一捆即为 10 000 元。不满一百张的，从大到小平摊摊放。

铸币包括 1 元、5 角、1 角、5 分和 1 分（分币也可暂不送银行，作流通用）。铸币也应按币别整理，同一币别每一百枚为一卷，用纸包紧卷好，每十卷为一捆，比如 5 角的铸币每一卷即为 50 元，每一捆即为 500 元。不满五十枚的硬币，可用纸包好另行存放。

残缺破损的纸币和已经穿孔、裂口、破缺、变形以及正面的国徽、背面的数字模糊不清的铸币，应单独剔出，另行包装，整理方法与前同。

### 随堂测验

【判断】企业业务活动取得的现金以及超过库存现金限额的现金都必须按规定于当日送存银行。当日送存银行确有困难的，由开户银行确定送存时间。（　　）

【答案】√

## 第 118 天　现金送存——填写现金送（缴）款单

### 课堂精讲

现金整理完后，出纳人员应根据整理后的金额填写现金送款（缴）单。现金送（缴）款单一般一式四联，第一联为回单，由银行签章后作为送款单位的记账依据；第二联为银行收入传票，第三联为收账通知，第四联由银行出纳留存作为底联备查。出纳人员在填写现金送款单时，要按格式规定如实填写有关内容，包括收款单位名称、款项来源、开户银行、送款日期、科目账号、送款金额的大、小写及各券别的数量等。现金送（缴）款单示例如图 4-1 所示。

出纳人员在填写现金送（缴）款单时应注意以下几点。

（1）必须如实填写现金送（缴）款单的各项内容，特别是其中的款项来源。

（2）交款日期应当填写送存银行当日的日期。

（3）券别的明细账的张数和金额必须与各券别的实际数一致，1 元、5 角、1 角等既有纸币又有铸币的，应填写纸币、铸币合计的张数和金额。

### 现金送（缴）款单

年　　月　　日

| | | | | | |
|---|---|---|---|---|---|
| 客户填写 | 单位名称 | | 开户银行 | | 第二联<br>客户回单 |
| | 银行账号 | | 款项来源 | | |
| | 币种及金额（大写） | | 千 百 十 万 千 百 十 元 角 分 | | |
| 银行专用栏 | | | 电话：<br>银行签章： | | |

会计主管　　　　复核（授权）人　　　　柜员

**图 4-1　现金送（缴）款单示例**

（4）在填写现金送（缴）款单时必须采用双面复写纸，字迹必须清楚、规范，不得涂改。

**随堂测验**

【多选】现金送（缴）款单包含的内容有（　　）。

A．单位名称　B．款项来源　C．开户银行　D．款项金额　E．银行账号

【答案】ABCDE

## 第 119 天　现金送存——送存交款

**课堂精讲**

出纳人员按规定整理现金并填写现金送（缴）款单后，应将现金连同现金送（缴）款单一起送交银行柜台收款员。在交款时，送款人必须同银行柜台收款员当面交接清点。经柜台收款员清点无误后，银行按规定在现金送（缴）款单上加盖印章，并将回单联退还给送款人，送款人在接到回单联后应当立即进行检查，确认为本单位交款回单且银行有关手续已经办妥后即可离开柜台。

有的单位因交款数额较大，或者辅币较多，银行当面清点确有困难的，可事先与银行协商，双方规定有关条件，并签订协议书，采取“封包交款”的办法交款。

在送存现金时应注意以下事项。

（1）凡经整理好准备送存银行的现金，在填好现金送（缴）款单后，一般不宜再行调换票面，如确需调换的，应重新复点，同时重新填写银行送（缴）款簿。

（2）交款人最好是现金整理人，这样可以避免发生差错时责任不明的情况。

（3）送存途中必须注意安全，送存金额较大的款项时，最好用专车，并派人护送。

（4）临柜交款时，交款人必须与银行柜台收款员当面交接清点，做到一次交清，不得边清点边交款。

（5）交款人交款时如果遇到柜台较为拥挤的情况，则应按次序等候。等候过程中，应做到钞票不离手，不能置于柜台之上，以防发生意外。

**随堂测验**

【判断】银行按规定需要在现金送（缴）款单上加盖印章，并将“回单联”退还给送款人，送款人在接到“回单联”后应当立即进行检查，确认为本单位交款回单且银行有关手续已经办妥后方能离开。这种说法是否正确。（　　）

【答案】√

# 第 120 天　备用金的管理

**课堂精讲**

备用金是指付给单位内部各部门或工作人员用于零星开支、零星采购、信贷找零或差旅费用的款项。

### 1．备用金的领用

单位内部人员需领用备用金时，一般由经办人填写借款单据。借款单一式三联：第一联为付款凭证，财务部门作为记账依据；第二联为结算凭证，借款期间由出纳人员留存，报销时作为核对依据，报销后随同报销单据作为记账凭证的附件；第三联交借款人保存，报销时由出纳人员签字后作为借款结算及交回借款的收据。

### 2．备用金的保管

（1）备用金收支应设置“备用金”账户，并编制收、支日报表送公司经理审阅。

（2）出纳人员定期根据取得的发票编制备用金支出一览表，及时反映备用金支出情况。

（3）备用金账户应做到逐月结清。

（4）出纳人员应妥善保管与备用金相关的各种票据。

**随堂测验**

【判断】备用金账户需要做到逐月结清，并且需要编制收、支日报表送公司经理审阅。（　　）

【答案】√

# 第 121 天　备用金的报销

## 课堂精讲

备用金报销的处理因企业备用金管理制度的不同而有所区别。备用金管理制度可以分为定额备用金制度和非定额备用金制度两种。

### 1. 定额备用金

定额备用金是指单位根据内部经常使用备用金的各部门或工作人员的零星开支、零星采购等的实际需要而核定一个现金数额，并保证其经常保持核定的数额。实行定额备用金制度，使用定额备用金的部门或工作人员应按核定的定额填写借款凭证，一次性领出全部定额现金，用后凭发票等有关凭证报销，出纳人员将报销金额补充原定额，从而保证该部门或工作人员经常保持核定的现金定额。只有等到撤销定额备用金或调换经办人时才全部交回备用金。

实行定额备用金的单位，其内部各部门或有关工作人员使用备用金购买货物或用于零星开支后，所购买的货物应交由仓库保管员验收入库，凭验收入库单和发票到财务部门报销，用于其他开支的凭发票或其他原始凭证到财务部门报销。

有关部门或工作人员报销时，会计人员应编制现金付款凭证，出纳人员再依据付款凭证将报销的金额用现金补给报销的部门或工作人员。这样报销后有关部门或工作人员手中的现金又达到了核定的限额。

### 2. 非定额备用金

非定额备用金是指单位内部非经常使用备用金的各部门或工作人员，根据每次业务所需备用金的数额填制借款凭证，向出纳人员预借现金，使用后凭发票等原始凭证一次性到财务部门报销，多退少补，一次结清，下次再用时重新办理领借手续。

报销时财务部门编制转账凭证，其借方科目与定额备用金报销时相同，其贷方科目则为“其他应收款”科目。对于实际支出额小于预借金额的，应编制现金收款凭证，收回多借的现金；对于实际支出大于预借金额的，应编制现金付款凭证，补给经办人员垫付的款项。

## 随堂测验

【例 1】某公司维修部使用定额备用金制度，金额为 2 000 元。8 月 21 日用现金购买零配件 1 200 元，其备用金只剩下 800 元，次日到财务部报销，会计编制付款凭证，出纳人员补给现金 1 200 元，这样维修部的备用金又达到 2 000 元。会计分录为：

借：管理费用　　1 200

　贷：现金　　1 200

如果 8 月 21 日维修部购买零配件实际支付了 2 300 元，由经办人员垫付现金 300 元，则 8 月 22 日报销时，出纳人员应付给的现金就是 2 300 元，维修部备用金在支付给经办人员垫付款 300 元后又恢复到 2 000 元。

【例 2】某公司对行政部采用非定额备用金制度，行政部为购买办公用品预借备用金 3 000 元，预借时，财务部门根据借款凭证编制现金付款凭证。会计分录为：

借：其他应收款——备用金（行政部）　　3 000

　贷：现金　　3 000

行政部购买办公用品 2 680 元后凭发票和验收入库单到财务部门报销，交回多余现金 320 元，财务部门编制转账凭证一张。会计分录为：

借：管理费用　　2 680

　　现金　　320

　贷：其他应收款——备用金（行政部）　　3 000

出纳人员收回多借的未用现金 320 元。

行政部实际购买办公用品 3 370 元，经办人员垫付现金 370 元，报销时，财务部门按规定编制转账凭证一张。会计分录为：

借：管理费用　　3 370

　贷：其他应收款——备用金（行政部）　　3 000

　　现金　　370

出纳人员付给行政部现金 370 元，行政部退还经办人员垫付的现金 370 元。

## 第 122 天　库存现金限额的核定原则和方法

### 课堂精讲

库存现金限额是指为保证各单位日常零星支付按规定允许留存的现金的最高数额。库存现金的限额由开户行根据开户单位的实际需要和距离银行远近等情况核定，其限额一般按照单位 3～5 天日常零星开支所需现金确定。远离银行机构或交通不便的单位可依据实际情况适当放宽天数，但最高不得超过 15 天。

一个单位在几家银行开户的，由一家开户银行核定开户单位库存现金限额。

凡在银行开户的独立核算单位都要核定库存现金限额；独立核算的附属单位，由于没有在银行开户，但需要保留现金，也要核定库存现金限额，其限额可以包括在其上级单位库存限额内；商业企业的零售门市部需要保留找零备用金，其限额可根据业务经营需要核定，但不包括在单位库存现金限额之内。

库存现金限额的计算公式为：

**库存现金 = 前一个月的平均每天支付的数额（不含每月平均工资数额）×限定天数**

### 随堂测验

【单选】远离银行机构或交通不便的单位可依据实际情况适当放宽库存现金使用天数，但最高不得超过（　　）天。

A. 5　　　B. 10　　　C. 15　　　D. 20

【答案】C

## 第 123 天　办理库存现金限额的程序

### 课堂精讲

核定库存现金限额是现金管理的一项重要制度。办理库存现金限额的一般程序为：首先，填制现金库存限额申请批准书（如表 4-2 所示）；然后，报送开户银行签署审查批准意见和核定数额。

库存现金限额经银行核定批准后，开户单位应当严格遵守，每日现金的结存数不得超过核定的限额。库存现金不足限额时，可向银行提取现金，不得在未经开户银行准许的情况下坐支现金。库存现金限额一般每年核定一次，单位因生产和业务发展、变化需要增加或减少库存限额时，可向开户银行提出申请，经批准后方可进行调整，单位不得擅自超出核定限额增加库存现金。

**表 4-2　现金库存限额申请批准书**

填制单位：　　　开户银行：　　　账号：　　　　　　　单位：元

| 库存限额\项目 | 申请数 | 核定数 | 说明 |
| --- | --- | --- | --- |
| 出纳 | | | |
| 总务 | | | |
| 采购 | | | |
| 财务部门每天平均零星开支的现金 | | | |

申请单位（盖章）　　____年__月__日

主管部门意见（盖章）　　____年__月__日

银行审查意见（盖章）　　____年__月__日

### 随堂测验

【判断】库存现金限额一般每年核定一次，单位因生产和业务发展、变化需要增加或减少库存限额时，可向开户银行提出申请，经批准后方可进行调整，单位不得擅自超出核定限额增加库存现金。此种说法是否正确。（　　）

【答案】√

## 第 124 天　保险柜的使用

### 课堂精讲

为了保护国家财产的安全，各单位应配备专用保险柜，专门用于库存现金、各种有价证券、银行票据、印章及其他出纳票据等的保管。一般来说，保险柜的使用应注意以下几点。

（1）保险柜的管理。保险柜一般由总会计师或财务处（科、股）长授权，由出纳人员负责管理使用。

（2）保险柜钥匙的配备。保险柜要配备两把钥匙，一把由出纳人员保管，供出纳人员日常工作开启使用；另一把交由保卫部门封存，或由单位总会计师或财务处（科、股）长负责保管，以备特殊情况下经有关领导批准后开启使用。出纳人员不能将保险柜钥匙交由他人代为保管。

（3）保险柜密码。出纳人员应将自己保管使用的保险柜密码严格保密，不得向他人泄露，以防被他人利用。出纳人员调动岗位，新接任的出纳人员应更换使用新的密码。

（4）财物的保管。每日终了后，出纳人员应将使用的空白支票（包括现金支票和转账支票）、收据、印章等放入保险柜内。保险柜内存放的现金应登记现金日记账，其他有价证券、存折、票据等应按种类造册登记，贵重物品应按种类设置备查簿并登记其质量、重量、金额等，所有财物应与账簿记录核对相符。按规定，保险柜内不得存放私人财物。

（5）保险柜的开启。保险柜只能由出纳人员开启使用，非出纳人员不得开启保险柜。如果单位总会计师或财务处（科、股）长需要对出纳人员工作进行检查，如检查库存现金限额、核对实际库存现金数额，或有其他特殊情况需要开启保险柜的，则应按规定的程序由总会计师或财务处（科、股）长开启，在一般情况下不得任意开启由出纳人员掌管使用的保险柜。

（6）保险柜的维护。保险柜应放置在隐蔽、干燥之处，注意通风、防湿、防潮、防虫和防鼠；保险柜外要经常擦抹干净，保险柜内财物应保持整洁卫生、存放整齐。一旦保险柜发生故障，应到公安机关指定的维修点进行修理，以防泄密或被盗。

（7）保险柜被盗的处理。出纳人员发现保险柜被盗后应保护好现场，迅速报告公安机关（或保卫部门），待公安机关勘查现场时才能清理财物被盗情况。节假日满两天以上或出纳人员离开两天以上没有派人接替工作的，应在保险柜锁孔处贴上封条，出纳人员到位工作时再揭封。发现封条被撕掉或锁孔处被弄坏时，应迅速向公安机关或保卫部门报告，以便公安机关或保卫部门及时查清情况，防止不法分子进一步作案。

### 随堂测验

【多选】下列关于保险柜的管理要求说法正确的有（　　）。

A．出纳人员调动岗位，新接任的出纳人员应更换使用新的密码

B．保险柜一般情况下只能由出纳人员开启使用，非出纳人员不得开启保险柜

C．保险柜内不得存放私人财物

D．出纳人员发现保险柜被盗后应保护好现场，迅速报告公安机关（或保卫部门）

【答案】ABCD

# Part 5

# 出纳日常工作——银行业务处理

# 第 125 天 银行结算的基本要求

## 课堂精讲

### 1. 银行结算起点

银行结算起点是指办理每一笔银行转账结算业务的最低金额。凡是不足结算起点金额的款项收付，通常需用现金进行结算，银行不予办理转账结算。国家规定银行结算起点既要有利于控制现金结算，同时也不能影响各单位之间资金收付和经济往来的正常进行。结算起点过低，则银行结算的业务量将大为增加，既会给银行增加压力，同时也会妨碍各单位之间的经济业务的开展；而结算起点过高，则会扩大现金结算范围，不利于国家对现金流通量的控制。因此银行结算起点必须适度。按照《现金管理暂行条例》的规定，现行银行结算起点为 1 000 元。当然各种具体的银行结算方式的结算起点是不同的，比如，银行汇票汇款金额起点为 500 元，不定额银行本票的金额起点为 100 元。

### 2. 办理银行结算的基本要求

各单位办理银行结算，必须了解并遵守下列基本要求。

（1）各单位办理结算必须遵守国家法律、法规和银行结算办法的各项规定。

（2）各项经济往来，除了按照国家现金管理的规定可以使用现金之外，都必须办理转账结算。

（3）在银行开立账户的单位办理转账结算，账户内须有足够的资金保证支付。

（4）各单位办理结算必须使用银行统一规定的票据和结算凭证，并按照规定正确填写。

（5）银行、单位办理结算应遵守“恪守信用，履约付款，谁的钱进谁的账，由谁支配，银行不垫款”的结算原则。

（6）银行按照结算办法的规定审查票据和结算凭证。收付双方发生的经济纠纷应由其自行处理，或向仲裁机关、人民法院申请司法解决或裁决。

（7）银行依法为单位、个人的存款保密，维护其资金的自主支配权。除了国家法律规定和国务院授权中国人民银行总行的监督项目之外，其他部门和地方委托监督的事项，各银行均不受理，不代任何单位查询、扣款，不得停止单位存款的正常支付。

（8）各单位办理结算，必须严格遵守银行结算纪律，不准签发空头支票和远期支票，不准套取银行信用。

（9）各单位办理结算，因填写结算凭证有误而影响资金使用，票据和印章丢失而造成资金损失的，由其自行负责。

### 随堂测验

【多选】下列属于单位办理银行结算基本要求的有（　　）。

A．遵守国家法律、法规和银行结算办法的各项规定

B．各项经济往来，除了按照国家现金管理的规定可以使用现金之外，都必须办理转账结算

C．应遵守“恪守信用，履约付款，谁的钱进谁的账，由谁支配，银行不垫款”的结算原则

D．不准签发空头支票和远期支票，不准套取银行信用

【答案】ABCD

## 第 126 天　银行账户的分类及规定

### 课堂精讲

一个企业可能在多家银行中开户，但这些账户的功能不尽相同，因此有必要了解一下银行账户的知识。

根据我国《银行账户管理办法》的规定，银行账户一般分为基本存款账户、一般存款账户、临时存款账户和专用存款账户。

**1．基本存款账户**

该账户是存款人办理日常转账结算和现金收付的账户。企业的工资、资金等现金的支出，只能通过基本存款账户办理。

一家企业只能开立一个基本存款账户，开户时必须要有中国人民银行当地分支机构核发的开户许可证。

**2．一般存款账户**

该账户是企业在基本存款账户以外的银行借款转存，与基本存款账户的存款人不在同一地点的附属非独立核算单位开立的账户。

该账户可以办理转账结算和现金的缴存，但不能办理现金的支取。

**3．临时存款账户**

该账户是企业因临时经营活动需要开立的账户。企业可以通过该账户办理转账结算和现金收付。

### 4．专用存款账户

该账户是存款人按照法律、行政法规和规章，对其特定用途资金进行专项管理和使用而开立的银行结算账户。

特定用途资金主要包括以下三部分：

（1）基本建设资金；

（2）更新改造资金；

（3）特定用途，需要专户管理的资金。

**随堂测验**

【多选】下列属于单位银行账户的有（　　）。

A．基本存款账户　　B．一般存款账户

C．临时存款账户　　D．专用存款账户

【答案】ABCD

## 第 127 天　银行存款账户的开设

**课堂精讲**

### 1．填写开户申请书

（1）开户证明文件日期。

（2）申请开户单位的性质。

（3）工商行政管理局批文号。

（4）单位地址、电话。

（5）生产经营范围等内容。

各单位在申请开户时，应详细填写申请表上的各项内容。填写完毕后，要加盖本单位全称公章。

### 2．提交有关的证明文件

开户申请人在填好开户申请表后，将其报送有关单位审查，审查同意后，审查单位要出具证明文件，并加盖证明公章。

（1）全民所有制和集体所有制工商企业到银行办理开户，必须向银行提交其主管部门出具的证明和当地工商行政管理机关核发的《企业法人营业执照》或《营业执照》。

（2）机关、医院、学校、社会团体与单位办理开户，必须向银行提交拨款的财政部门或上一级主管部门出具的或经过审查的证明。

（3）三资企业由注册会计师事务所出具审查证明。

（4）个体工商户办理开户，应提交由城市街道办事处或农村乡政府出具的证明和工商行政管理部门发给的《营业执照》。

（5）外地单位常驻（派出）机构办理开户，要提交主管部门和驻地有关部门的审查文件。

（6）各单位的附属机构办理开户，应提交其管辖单位的审查证明，若开设基本存款账户，则须向开户银行提交由中国人民银行当地分支机构核发的开户许可证。

### 3．填制并提交印鉴卡片

开户单位在提交开户申请书和有关单位证明的同时，应填写开户银行的印鉴卡片。印鉴卡片上填写的户名必须与单位名称一致，在卡片上要加盖单位公章，单位负责人或财务机构负责人两枚印章。

印鉴卡片是开户单位与银行事先约定的一种具有法律效力的付款依据。银行在为开户单位办理结算业务时，凭开户单位预留的印鉴审核支付凭证的真假。若支付凭证上的印章与预留印鉴不符，银行则拒绝办理付款业务，以保证开户单位银行存款的安全。同时，卡片上的印鉴也明确了开户行的责任，保障了银行的权利不受侵犯。

### 4．开户银行审查

开户银行对开户单位提交的开户申请书、有关证明、印鉴卡片、会计人员的《会计证》等文件根据有关规定进行审查。经银行审查同意后，银行确定账号、登记开户、发给各种结算凭证。

**随堂测验**

【多选】单位开立银行账户的步骤有（　　）。

A．填写开户申请书　　B．提交有关证明文件

C．填制并提交印鉴卡片　　D．开户银行审查

【答案】ABCD

## 第128天　更户、并户、迁户、销户

**课堂精讲**

随着市场经济的发展和管理体制、经营规模的变化，企业和个人往往提出变更、合并、迁移或撤销银行账户等要求，这是经济发展的正常现象。为了搞好银行存款新旧账

户的衔接，不影响结算工作的顺利进行，出纳人员应勇于承担起更户、并户、迁户、销户的全部或部分“跑腿”工作。

**1．更户**

更户是指更换银行账户的名称。它分为以下两种情况。

（1）变更账户名而不变更账号

变更账户名而不变更账号是在资金来源或所有制性质未发生变化的前提下变更账户名称，不必变更账号。但是，营业执照的名称必须变，印章名称也要变更。

出纳人员持新变更的营业执照与印章去开户银行要回《开户许可证》副本，连同保存的正本一起带到当地银行，银行即可更改《开户许可证》名称。然后，再将更改后的副本送交开户银行，并据此预留新印鉴。

（2）账户名与账号都变更

账户名与账号都变更是在单位资金来源或性质发生变化，所有制也随之变更时，如体制改革中某些事业单位变成了企业，某些个体经营户经过联合变成了合伙经营户，这时，不仅要变更账户名称，还要变更账号，银行需撤销原账户，重新开立新账户，并为其编列账号。开户和销户的程序按有关规定进行。

**2．并户**

并户是指企业向银行申请合并其相同资金来源和相同资金性质的账户，或是两家企业合并后随之合并银行存款账户。合并账户要做以下四项工作。

（1）依据并户理由向开户银行出示有关证件。

（2）主动与银行核对账目，包括存款账户余额与贷款余额。

（3）经过银行撤销被并账户，并将被并账户余额划转到保留账户。

（4）整理被并账户所剩转账支票、现金支票等重要空白凭证，该交回开户银行的交回开户银行，该经开户银行同意继续使用的，更改凭证账号后继续使用（只限一开户银行并户）。

**3．迁户**

迁户是指企业因地址迁移等原因，向原开户银行提出申请，要求将账号迁往另地或他行。迁户分为以下两种情况。

（1）在同城内迁户，要经原开户银行同意，撤销原开户银行账户，交回原《开户许可证》正、副本；再领取新的《开户许可证》，在新选择的银行开立账户。

（2）异地迁户，应由单位按规定程序到迁入地银行重新办理开户手续。待新账户开立，并且单位已在当地开始生产经营后，原账户应在一个月内结清，并注销。

**4．销户**

销户是指开户单位因关、停、并、转等原因，向银行提出撤销账户申请。

销户申请经银行审查，并核对其存、贷款账户后，予以办理销户手续。开户银行在7日内向中国人民银行当地分支机构申报，并交回销户者的《开户许可证》正、副本。现行《银行账户管理办法》还规定，开户银行对一年（按对月对日计算）未发生收付活动的账户，应通知存款人自发出通知起30日内来行办理销户手续，逾期视同自愿销户。

**随堂测验**

【判断】异地迁户，应由单位按规定程序到迁入地银行重新办理开户手续。待新账户开立，并且单位已在当地开始生产经营后，原账户应在一个月内结清并注销。（ ）

【答案】√

## 第129天 银行账户的管理原则

**课堂精讲**

根据《银行账户管理办法》的规定，银行账户管理遵守以下基本原则。

（1）一个基本账户原则，即存款人只能在银行开立一个基本存款账户。存款人在银行开立基本存款账户，实行由中国人民银行当地分支机构核发开户许可制度。

（2）自愿选择原则，即存款人可以自主选择银行开立账户，银行也可以自愿选择存款人开立账户。任何单位和个人不得强制干预存款人和银行开立或使用账户。

（3）存款保密原则，即银行必须依法为存款人保密，维护存款人资金的自主支配权。除国家法律规定和国务院授权中国人民银行总行监督的项目外，银行不代任何单位和个人查询、冻结、扣划存款人账户内的存款。

**随堂测验**

【判断】每个单位可以同时开立两个或两个以上的基本存款账户。（ ）

【答案】×

## 第130天 银行账户的使用与管理

**课堂精讲**

银行账户是各单位与其他单位通过银行办理结算和现金收付的重要工具。为了维护金融秩序，保证各项经济业务的正常开展，各单位应加强对银行账户的使用和管理。依据《银行账户管理办法》，开户单位通过银行账户办理资金收付时，必须做到以下几点。

（1）认真贯彻执行国家的政策、法令，遵守银行关于信贷、结算和现金管理等方面的规定。在银行对单位账户进行检查时，必须提供账户使用情况的有关资料。

（2）单位在银行开立的账户，只供本单位业务经营范围内的资金收付，不许出租、出借或转让给其他单位或个人使用。

（3）各种收、付款凭证，必须如实填明款项来源或用途，不得巧立名目、弄虚作假；不得套取现金、套购物资；严禁利用账户搞非法活动。

（4）各单位在银行的账户必须有足够的资金保证支付，不准签发空头的付款凭证和远期的支付凭证。

（5）及时、正确地记载银行往来账务，并与银行寄送的对账单进行核对，若发现不符，则应尽快查清楚。

### 随堂测验

【多选】开户单位通过银行账户办理资金收付时，必须做到（　　）。

A. 认真贯彻执行国家的政策、法令，遵守银行关于信贷、结算和现金管理等方面的规定

B. 单位在银行开立的账户不允许出租、出借或转让给其他单位或个人使用

C. 不准签发空头的付款凭证和远期的支付凭证

D. 及时与银行寄送的对账单进行核对

【答案】ABCD

## 第 131 天　银行结算的基本原则

### 课堂精讲

银行转账结算是一个复杂的收付程序，每一笔款项的结算都涉及付款单位、收款单位、付款银行、收款银行等几个单位的多个环节的业务活动和资金增减变动。如果其中的任何单位和任何一个环节不按统一的规定办理，则会给结算业务的进行带来困难。因此，为保证银行结算的顺利进行，付款单位、收款单位、付款银行和收款银行应当严格遵循银行结算的基本原则。银行结算的基本原则包括以下几点。

（1）恪守信用，履约付款。在市场经济条件下，存在着多种交易形式，相应地存在着各种形式的商业信用。收付双方在经济往来过程中，在相互信任的基础上，根据双方

的资信情况自行协商约期付款。一旦交易双方达成了协议，那么交易的一方就应当根据事先的约定行事，及时提供货物或劳务，而另一方则应按约定的时间、方式支付款项。

（2）谁的钱进谁的账，由谁支配。银行作为结算的中介机构，在办理结算过程中，必须保护客户资金的所有权和自主支配权不受侵犯。各单位在银行的存款，受法律保护；客户委托银行把钱转给谁，银行就让钱进谁的账。银行维护开户单位存款的自主支配权，谁的钱就由谁来自主支配使用。除国家法律规定外，银行不代任何单位查询、扣款，不得停止任何单位存款的正常支付。

（3）银行不垫款。银行在办理结算过程中，只提供结算服务，起中介作用，负责将款项从付款单位账户转到收款单位账户，不给任何单位垫支款项。因为银行给其他单位垫支款项，事实上已不属于结算范围，而属于信贷范畴，会扩大信贷规模和货币投放。因此《支付结算办法》规定银行不垫款。付款单位在办理结算过程中只能用自己的存款余额支付其他单位款项，收款单位也只能在款项已通过银行办妥收款手续，进入本单位账户后才能支配使用。

### 随堂测验

【多选】银行结算的基本原则包括（　　）。

A．恪守信用，履约付款　　B．谁的钱进谁的账，由谁支配

C．银行不垫款　　D．银行可以代单位查询、扣款

【答案】ABC

## 第 132 天　银行结算纪律

### 课堂精讲

银行结算纪律是指通过银行办理转账结算的各单位或个人，在办理具体结算业务过程中，应当遵守的行为规范。《支付结算制度汇编》中对此做了统一的规定。

（1）单位和个人办理支付结算“四不准”

① 不准签发没有资金保证的票据或远期支票，套取银行信用。

② 不准签发、取得和转让没有真实交易和债权债务的票据，套取银行和他人的资金。

③ 不准无理拒绝付款，任意占用他人资金。

④ 不准违反规定开立和使用账户。

（2）银行办理支付结算“八不准”

① 不准以任何理由压票，任意退票、截留、挪用用户和他行的资金。

② 不准无理由拒绝支付应由银行支付的票据款项。

③ 不准受理无理拒付，不扣少扣滞纳金。

④ 不准签发空头银行汇票、银行本票和办理空头汇款。

⑤ 不准在支付结算制度之外规定附加条件，影响汇路畅通。

⑥ 不准违反规定为单位和个人开立账户。

⑦ 不准拒绝受理、代理他行正常结算业务。

⑧ 不准放弃对违反结算纪律行为的制裁。

### 随堂测验

【多选】下列属于单位和个人办理支付结算“四不准”的是（　　）。

A．不准签发没有资金保证的票据或远期支票，套取银行信用

B．不准签发、取得和转让没有真实交易和债权债务的票据

C．不准无理拒绝付款，任意占用他人资金

D．不准违反规定开立和使用账户

【答案】ABCD

## 第 133 天　支票结算——现金支票的签发与办理

### 课堂精讲

现金支票有两种，一种是支票上印有“现金”字样的现金支票，现金支票只能用于支取现金；一种是未印有“现金”或“转账”字样的普通支票，普通支票可以用于支取现金，也可以用于转账。各单位使用现金支票或普通支票（以下均称“现金支票”）时，必须按《现金管理暂行条例》中的现金使用范围及有关要求办理。

(1) 签发现金支票必须写明收款单位名称或收款人姓名，并只准收款方或签发单位持票向银行提取现金或办理转账结算，不得将现金支票流通。

（2）签发现金支票首先必须查验银行存款是否有足够的余额，签发的支票金额必须在银行存款账户余额以内，不准超出银行存款账户余额签发空头支票。对签发空头支票或印章与预留印鉴不符的支票，银行除退票外并按票面金额处以 5%但不低于 1 000 元的罚款。持票人有权要求出票人赔偿支票金额 2%的赔偿金。对屡次签发的，银行可根据情节给予警告、通报批评，直至停止其向收款人签发支票。

（3）签发现金支票不得低于银行规定的金额起点，起点以下的用库存现金支付。支票金额起点为 100 元，但结清账户时，可不受其起点的限制。

（4）要严格执行支票有效期限的规定。支票付款的有效期限为 10 天。有效期限从签发支票的次日算起，到期日遇节假日顺延。过期支票作废，银行不予受理。签发支票必须填写当日日期，不得签发远期支票。

（5）支票的持票人应当自出票日起 10 日内提示付款，异地使用的支票，其提示付款的期限由中国人民银行另行规定。超过提示付款期限的，付款人可以拒绝付款。

（6）在填写现金支票时，应按有关规定认真填写支票中的有关栏目。现金支票需填写的内容有收款人和开户银行名称、支票号码、签发日期、签发人账号、大小写金额、用途等项目，填写时必须要素齐全、内容真实、数字正确、字迹清晰，不潦草、不错漏，做到标准、规范，防止涂改。

### 随堂测验

【单选】支票付款的有效期限为（　　）天。有效期限从签发支票的次日算起，到期日遇节假日顺延。过期支票作废，银行不予受理。

A. 3　　B. 5　　C. 10　　D. 20

【答案】C

## 第 134 天　支票结算——转账支票的签发与办理

### 课堂精讲

转账支票的签发及办理与现金支票基本相同。不同的是经中国人民银行总行批准的地区，转账支票可以背书转让。同时，转账支票的收账手续也不一样，一般来说，有以下两种方式。

**1. 收款单位转账**

（1）审查支票

收款单位出纳人员收到付款单位交来的支票后，首先应对支票进行审查，以免收进假支票或无效支票。

对支票的审查应包括以下内容。

① 支票填写是否清晰，是否用墨汁或碳素墨水填写。

② 支票的各项内容是否填写齐全，是否在签发单位盖章处加盖单位印鉴，大小写金额和收款人有无涂改，其他内容如有改动是否加盖了预留银行印鉴。

③ 支票收款单位是否为本单位。

④ 支票大小写金额填写是否正确，两者是否相符。

⑤ 支票是否在付款期内。

⑥ 背书转让的支票其背书是否正确，是否连续。

（2）办理进账

收款单位出纳人员对受理的转账支票审查无误后，即可填制一式两联进账单，连同支票一并送交其开户银行。开户银行审核无误后即可在进账单第一联上加盖“转讫”章退回收款单位。收款单位根据银行盖章退回的进账单第一联编制银行存款收款凭证。

#### 2. 付款单位签发支票并划拨款项

付款单位签发支票直接送开户银行办理款项划拨的，出纳人员应填制一式两联进账单，在进账单上，本单位为付款人，对方单位为收款人。填制完后连同转账支票一并送本单位开户银行。银行接到转账支票和进账单后按规定进行审查，审查无误后在支票和两联进账单上加盖“转讫”章，将进账单第一联作为收账通知送收款单位，收款单位收到银行转来的进账单第一联后，编制银行存款收款凭证。

### 随堂测验

【多选】支票的审查应包括以下内容（　　）。

A．支票填写是否清晰，是否用墨汁或碳素墨水填写

B．支票的各项内容是否填写齐全，是否在签发单位盖章处加盖单位印鉴

C．支票大小写金额填写是否正确，两者是否相符

D．支票是否在付款期内

【答案】ABCD

## 第 135 天　支票结算——银行退票与挂失的处理

### 课堂精讲

#### 1. 退票的处理

按照规定，银行对于签发人或收款人提交的现金支票和转账支票必须进行严格的审查，对于付款单位存款数额不足以支付票款（空头支票）或支票填写不合规定等情况，银行将按规定予以退票。所谓退票，就是指银行认为该支票的款项不能进入收款人账户而将支票退回。银行将出具“退票理由书”，连同支票和进账单一起退给签发人或收款人。

收款人收到银行退回的支票后，应立即与付款人进行联系，并作相应的账务处理。

如果银行退票是由于签发人签发空头支票或签发不规范，如印鉴缺失、密码缺失、账号错误、密码错误、印鉴不符、账号账户不符等，则银行按规定对签发人给予处罚。付款人据此应编制银行存款付款凭证。

**2．支票挂失的处理**

已经签发的普通支票和现金支票，因遗失、被盗等原因而丧失的，应立即向银行申请挂失。

(1) 出票人将已经签发内容齐备的可以直接支取现金的支票遗失或被盗等，应当出具公函或有关证明，填写两联挂失申请书（可以用进账单代替），加盖预留银行的签名式样和印鉴，向开户银行申请挂失止付。银行查明该支票确未支付，收取一定的挂失手续费后受理挂失，在挂失人账户中用红笔注明支票号码及挂失日期。

（2）收款人将收受的可以直接支取现金的支票遗失或被盗等，应当出具公函或有关证明，填写两联挂失止付申请书，经付款人签章证明后，到收款人开户银行申请挂失止付。其他有关手续同上。

**随堂测验**

【多选】银行退票的原因有（　　）。

A．印鉴缺失　　　　B．密码错误

C．印鉴不符　　　　D．空头支票

【答案】ABCD

## 第136天　汇票管理

**课堂精讲**

汇票是出票人签发的，委托付款人在见票时或在指定日期无条件支付确定金额给收款人或持票人的票据。在我国，汇票分为银行汇票和商业汇票。

**1．汇票的当事人**

汇票关系中有三个基本当事人，即出票人、付款人和收款人。

（1）出票人，即依法定方式签发汇票委托他人付款者。其对付款人来说是债权人，而对收款人来说是债务人。

（2）付款人，即按照出票人的付款委托，无条件支付汇票金额的人。汇票一经付款承兑，付款人就成为主债务人，出票人就是从债务人。

（3）收款人，即汇票上记载的收取票款的人。出票人和付款人为票据义务人，收款人为票据权利人。

### 2．汇票的特征

（1）汇票属于委付证券，而不是自付证券。汇票是由出票人委托他人支付的票据，汇票的出票人只是签发票据的人，不是票据的付款人，出票人必须另行委托付款人支付票据金额。

（2）汇票的付款方式有四种，即见票即付、定日付款、出票后定期付款、见票后定期付款。

（3）汇票是付款人无条件支付票据金额给持票人（包括收款人、被背书人或受让人）的票据。

### 随堂测验

【填空】汇票关系中有三个基本当事人，即__________、__________和__________。

【答案】出票人、付款人、收款人

## 第 137 天　银行汇票结算

### 课堂精讲

银行汇票可以用于转账，填明“现金”字样的银行汇票也可用于支取现金。单位和个人在异地、同城或统一票据交换区域的各种款项结算，包括商品交易、劳务供应和其他经济活动及债权、债务等各种款项的结算，均可使用银行汇票。

### 1．银行汇票的结算要求

（1）签发和解付。银行汇票的签发和解付只能由中国人民银行和商业银行参加“全国联行往来”的银行机构办理。跨系统银行签发的转账银行汇票的解付，应通过同城票据交换，将银行汇票和解讫通知提交同城的有关银行审核支付后抵用。省、自治区、直辖市内和跨省、市的经济区域内，按照有关规定办理。在不能签发银行汇票的银行开户的汇款人需要使用银行汇票时，应将款项转交附近能签发银行汇票的银行办理。

（2）银行汇票一律记名。记名是指在汇票中指定某一特定人为收款人，其他任何人都无权领款；但如果指定收款人以背书方式将领款权转让给其指定的收款人，那么其指定的收款人就有领款权。

（3）金额起点。银行汇票的汇票金额起点为 500 元，500 元以下款项银行不予办理银行汇票结算。

（4）付款期限。银行汇票的付款期为一个月。这里所说的付款期，是指从签发之日起到办理兑付之日止的时期。这里所说的一个月，是指从签发日开始，不论月大月小，统一到下月对应日期止的一个月。比如签发日为 4 月 5 日，则付款期到 5 月 5 日止。到期日遇节假日可以顺延。逾期的汇票，兑付银行将不予办理。

（5）办理手续。汇款人申请办理银行汇票时，应根据需要确定是否支付现金和允许转汇，如需支取现金，可在填写“银行汇票委托书”汇款金额前注明“现金”字样，银行受理后签发带有“现金”字样的银行汇票；如明确不得转汇，可在“银行汇票委托书”备注栏注明“不得转汇”字样，银行将根据要求在签发的银行汇票用途栏注明“不得转汇”字样，这样汇票便不能办理转汇了。汇款人持银行汇票可以向填明的收款单位或个体经济户直接办理结算，收款人为个人的也可以持转账的银行汇票（经背书）向兑付地的单位或个体经济户办理结算。在银行开立账户的收款人或被背书人受理银行汇票后，在汇票背面加盖预留银行印鉴，连同解讫通知、进账单一并送交开户银行办理转账。

（6）审核内容。收款人受理银行汇票时，要审核收款人或被背书人是否确为本收款人；银行汇票是否在付款期内；日期、金额是否填写正确；印章是否清晰；是否有用压数机压印的金额；银行汇票与解讫通知是否齐全，是否相符；汇款人与背书人的证明或证件是否真实，是否与背书相符。

（7）未在银行开立账户。未在银行开立账户的收款人持银行汇票向银行支取款项时，必须交验本人身份证或兑付地有关单位足以证实收款人身份的证明，并在银行汇票背面盖章或签字，注明证件名称、号码、发证机关后，才能办理支取手续。

（8）现金支取规定。收款人需要在兑付地支取现金的，汇款人在填写“银行汇票委托书”时，须在汇款金额前注明“现金”字样，然后填写汇款金额。

（9）分次支取规定。收款人持银行汇票向银行支取款项时，如需分次支取，应以收款人的姓名开立临时存款账户来办理支付，该账户只付不收，付完后清户，期间不计任何利息。

（10）转汇规定。银行汇票可以转汇，可委托兑付银行重新签发银行汇票，但转汇的收款人和用途不能变，必须是原收款人和用途，兑付银行必须在银行汇票上加盖“转汇”字样的戳记，已经转汇的银行汇票，必须全额兑付。

（11）退汇规定。汇款人因在银行汇票超过付款期或因其他原因要求退款时，可持银行汇票或解讫通知到签发银行办理退汇。

（12）挂失规定。持票人如果遗失了填明“现金”字样的银行汇票，持票人则应当立即向兑付银行或签发银行请求挂失。在银行受理挂失之前（包括对方行收到挂失通知之前），银行汇票如果被冒领，则银行概不负责。遗失了已经填明收款单位或个体经济户名称的银行汇票，银行不予挂失，遗失单位可通知收款单位或个体经济户、兑付银行、签发银行协助防范。遗失的银行汇票在付款期满后一个月内确未冒领的，可以办理退汇手续。

### 2．银行汇票的结算程序

银行汇票结算要经过承汇、结算、兑付和结清余额四个步骤。具体内容如图 5-1 所示。

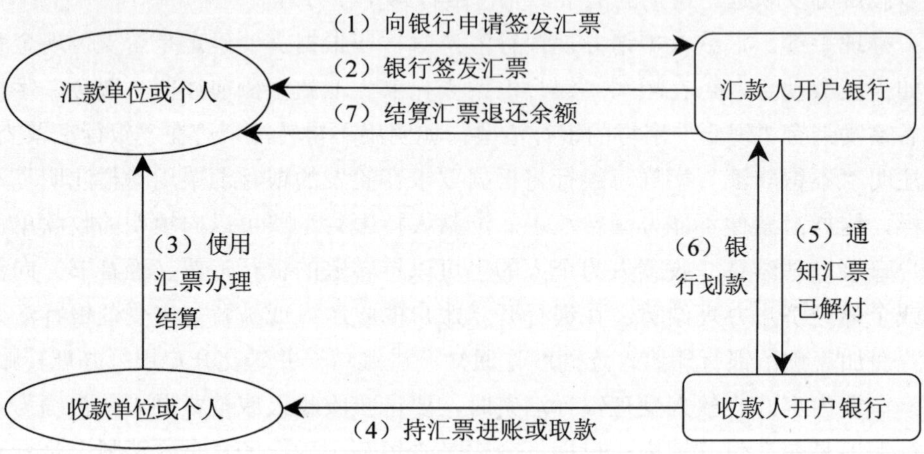


**图 5-1　银行汇票的结算程序**

### 3．银行汇票的申请

企业在使用银行汇票时应填写银行汇票请领单，注明领用银行汇票的部门、经办人、汇款用途、收款单位名称、开户银行、账号等，由请领人签章，单位领导审批同意后，由财务部门具体办理银行汇票手续。

### 4．银行汇票的使用

使用银行汇票办理结算业务的企业，财务部门应按规定向签发银行提交“银行汇票委托书”，逐项写明汇款人名称和账号、收款人名称和账号、兑付地点、汇款金额、汇款用途等内容，并在“汇款委托书”上加盖汇款人预留银行印鉴，由银行审查后签发银行汇票。如果汇款人未在银行开立存款账户，则可以交存现金办理汇票。

汇款人办理银行汇票，能确定收款人的，须详细填明单位、个体经济户名称或个人姓名；确定不了收款人的，则应填写汇款人指定人员的姓名。

交存现金办理的汇票，或者需要在汇入银行支取现金的，汇款人应在汇票委托书上的汇款金额前注明“现金”字样，后填写汇款金额。这样，银行可签发现金汇票，方便汇款人在兑付银行支取现金。企事业单位办理的汇票，需要在兑付银行支取现金的，由兑付银行按照现金管理有关规定审查支付现金。

**5．银行汇票的签发**

签发银行受理“银行汇票委托书”，经过验对“银行汇票委托书”内容和印鉴，并在办妥转账或收妥现金之后，即可向汇款人签发转账或支取现金的银行汇票。对个体经济户和个人需要支取现金的，在汇票的汇款金额前注明“现金”字样，后填写汇款金额，再加盖印章并用压数机压印汇款金额，将汇票和解讫通知交汇款人。

**随堂测验**

【单选】银行汇票的付款期限为（　）。

A．10 天　　B．15 天

C．1 个月　　D．3 个月

【答案】C

# 第 138 天　商业承兑汇票结算

**课堂精讲**

**1．商业承兑汇票的概念**

商业承兑汇票：由银行以外的企事业单位承兑的汇票。商业承兑汇票适用于在银行开立账户的法人之间。根据购销合同进行的商品交易，无论在同城和异地均可使用。

**2．商业承兑汇票的结算**

（1）商业承兑汇票的特点。商业承兑汇票的特点包括无金额起点的限制，付款人为承兑人，出票人可以是收款人也可以是付款人，可以贴现也可以背书转让。

（2）商业承兑汇票的承兑。商业承兑汇票按购销双方约定签发。由收款人签发的商业承兑汇票，应交付款人承兑；由付款人签发的商业承兑汇票，应经本人承兑。承兑时，付款人须在商业承兑汇票下面签署“承兑”字样，并加盖预留银行印鉴，再将商业承兑汇票交给收款人。办理商业承兑汇票收款时，均需填制委托收款凭证，并在“委托收款货物名称”栏注明“商业承兑汇票”及汇票号码，将汇票同托收凭证一并送交开户银行。承兑期限由交易双方确定。关于最长承兑期限，《银行汇票结算办法》规定为九个月，而《商业汇票办法》则修定为六个月。如属分期付款，应一次签发若干不同期限的汇票，也可按供货进度分次签发汇票。

（3）商业承兑汇票的结算程序。商业承兑汇票的结算程序如图 5-2 所示。

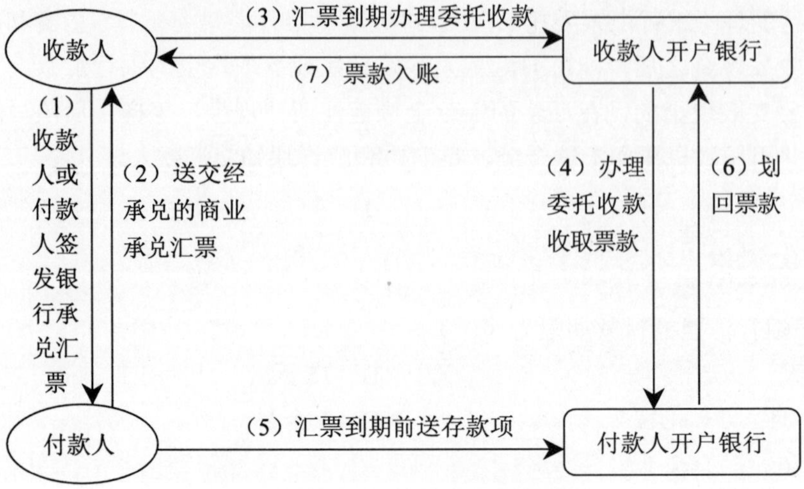


**图 5-2 商业承兑汇票的结算程序**

（4）商业承兑汇票到期无款支付的处理。商业承兑汇票到期，付款人账户存款不足以支付票款时，如属异地办理委托收款的，由付款人开户银行在委托收款凭证“备注”栏注明“付款人无款支付”字样，按照委托收款无款支付手续处理，将委托收款凭证和商业承兑汇票退回收款人开户银行；如属同城用进账单划款的，比照空头支票退票处理；同时，银行按照商业承兑汇票的票面金额处以 5%但不低于 1 000 元的罚款，同时处以 2%的赔偿金给收款人。

（5）审查商业承兑汇票应注意的问题如表 5-1 所示。

**表 5-1 审查商业承兑汇票应注意的问题**

| 应注意的问题 | 解释 |
|---|---|
| 是否为中国人民银行统一印制的商业承兑汇票 | 汇票的签发和到期日期、收款单位的名称必须是全称；账户及开户银行、大小写金额等栏目是否填写齐全正确；汇票上的签章（签发银行加盖签发单位的法人印章，承兑人盖章处盖付款人预留银行印鉴并填写承兑的日期）是否齐全；汇票是否超过有效承兑期限（最长为六个月，但应注意有效期是从承兑日开始计算，而不是从汇票的签发日开始计算） |
| 汇票上有无注明“不得转让”字样 | 经转让的汇票，背书是否连续（每一手的背书人是否为前一手的被背书人或收款人），背书的签章是否正确（是否为单位公章、财务专用章） |

（6）同城或异地的收款人或背书人承兑日期的区别。商业承兑汇票的收款人或被背书人，对在同一城市的付款人承兑的汇票，应于汇票到期日将汇票交银行办理收款；对在异地的付款人承兑的汇票，应于汇票到期日次日起 10 天内将汇票送交开户银行办理收款，超过期限银行不予受理。

随堂测验

【单选】对在异地的付款人承兑的汇票，应于汇票到期日次日起（　　）天内，将汇票送交开户银行办理收款，超过期限银行不予受理。

A．3　　B．5　　C．10　　D．15

【答案】C

# 第 139 天　银行承兑汇票结算

课堂精讲

**1．银行承兑汇票的概念**

银行承兑汇票：由银行承兑的汇票。银行承兑汇票适用于国有企业、股份制企业、集体所有制工业企业以及三资企业之间根据购销合同进行的商品交易。其他法人和个人之间不得使用银行承兑汇票。

**2．银行承兑汇票的结算**

（1）银行承兑汇票的特点。银行承兑汇票的特点包括无金额起点限制，第一付款人是银行，出票人必须在承兑（付款）银行开立存款账户，可以贴现和背书转让。

（2）银行承兑汇票的签发与兑付程序如图 5-3 所示。

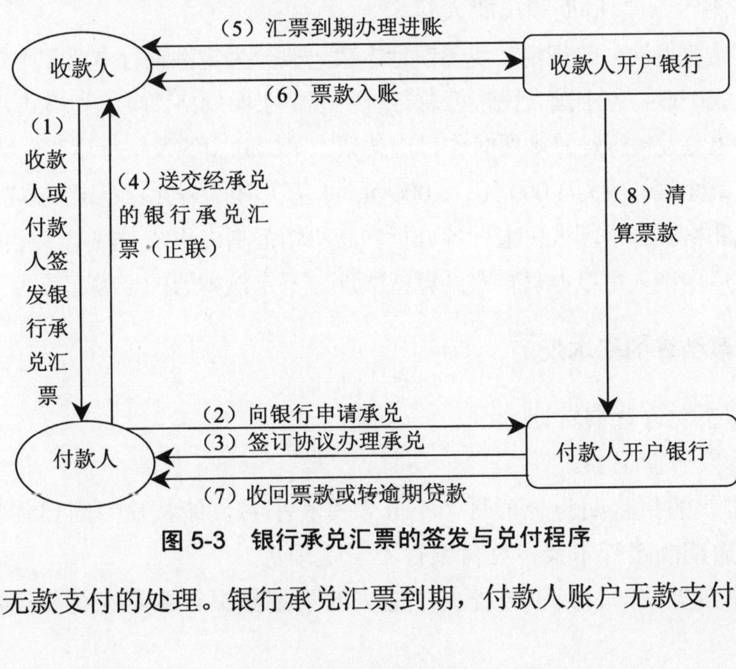


图 5-3　银行承兑汇票的签发与兑付程序

（3）汇票无款支付的处理。银行承兑汇票到期，付款人账户无款支付或不足支付时，银行除凭票向收款人无条件支付款项外，还将根据承兑协议对付款人执行扣款。对尚未收回的款项划入付款人的逾期贷款账户，并按每日0.5%计收罚息。

### 随堂测验

【判断】对尚未收回的款项划入付款人的逾期贷款账户，应按每日0.5%计收罚息。（　）

【答案】√

# 第140天　银行本票结算

### 课堂精讲

**1．银行本票的概念、特点和分类**

本票是由出票人签发的，承诺自己在见票时无条件支付确定的金额给收款人或持票人的票据。本票的当事人涉及出票人和收款人。因为本票的出票人就是付款人，所以无须承兑。我国《票据法》的本票仅指银行本票。

银行本票适用于同城范围内的所有商品交易、劳务供应以及其他款项的结算。收款单位或个人带银行本票可以办理转账结算、支取现金以及背书转让。银行本票见票即付，结算迅速。银行本票的内容包括表明“银行本票”的字样、无条件支付的承诺、确定的金额、收款人名称、出票日期和出票人签章。

根据《支付结算办法》的规定，我国银行本票一般分为定额银行本票和不定额银行本票。定额银行本票一式一联，由中国人民银行总行统一规定票面规格、颜色和格式并统一印制，一式两联，第一联为签发银行结算本票时作付出传票，第二联由签发银行留存，结算本票时作传票附件。定额本票面额一般为1 000元、5 000元、1万元和5万元。不定额本票只有一联，其具体规格、颜色和格式由中国人民银行各分行在其所辖范围内作统一规定，并由各银行印制，由签发银行盖章后申请人用以办理转账结算或取现。不定额本票的金额起点为100元。

**2．银行本票结算的基本规定**

（1）银行本票允许背书转让。

（2）银行本票一律记名。

（3）银行本票的付款期为一个月（不分大月和小月，统按次月对日计算，到期日遇节假日顺延）。逾期的银行本票，兑付银行不予受理。

（4）银行本票见票即付，不予挂失。遗失的不定额银行本票在付款期满后一个月确未冒领，可以办理退付手续。

（5）不定额本票的金额起点为 100 元，定额本票的面额分为 1 000 元、5 000 元、1 万元和 5 万元。

（6）银行本票需支取现金的，付款人应在“银行本票申请书”上填明“现金”字样。银行受理签发本票时，在本票上划去“转账”字样并盖章，收款人凭此本票即可支取现金。

### 3. 银行本票的结算程序

银行本票的结算程序如图 5-4 所示。

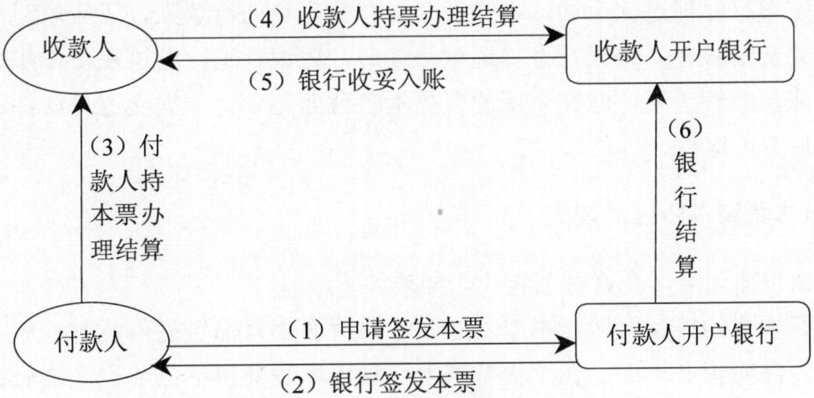


**图 5-4 银行本票的结算程序**

具体程序说明如下。

（1）申请签发本票。付款人使用银行本票应填写“银行本票申请书”，详细填明收款人名称、金额、日期等内容，并加盖银行印鉴，如果个体经济户和个人需要支取现金，则还应填明“现金”字样，然后送本单位开户银行。

（2）银行签发本票。出票银行受理“银行本票申请书”后应认真审查申请书填写的内容是否正确。审查无误后，收妥款项签发银行本票。需支付现金的，签发银行应在银行本票上划去“转账”字样并盖章，不定额银行本票用压数机压印金额，将银行本票交给申请人。

（3）付款人持本票办理结算。付款人持银行本票可以向填明的收款单位或个体经济户办理结算。

（4）收款人持票办理结算。收款人收到付款人交来的银行本票，经审查后，填写一式两联的进账单连同收到的银行本票交本单位开户银行办理收款入账手续。收款人为个人的也可以持转账的银行本票经背书向被背书人的单位或个体经济户办理结算，写有“现金”字样的银行本票可以向银行支取现金。

### 4. 银行本票的受理与退款

（1）银行本票的受理

受理银行本票指的是接受本票付款。受理时应审查下列事项：

① 收款人或被背书人是否的确为本票收款人；

② 背书是否连续；

③ 银行本票付款期是否在规定的付款期内；

④ 签发的内容是否符合规定，有无涂改，印章是否清晰、有效；

⑤ 不定额本票是否有压数机压印的金额；

⑥ 持票人身份查验，摘录身份查验，摘录身份证号码。

（2）银行本票退款

申请人因银行本票超过付款期或其他原因未使用可要求退款。要求退款时，可持银行本票到签发银行办理退款手续。在银行开立存款账户的持票人，还应填写一式两联的进账单，一并交给银行。待银行办妥退款手续后，凭银行退回的进账单作账务处理。未在银行开立账户的持票人，应在未用的银行本票背面签章，并提交有关证件，经银行审核没有问题后方可退款。

### 5. 银行本票背书转让的规定

银行本票一律记名，允许背书转让，要求如下。

（1）银行本票的持有人转让本票，应在本票背面“背书”栏内背书，加盖本单位预留银行印鉴，注明背书日期，在“被背书人”栏内填写受票单位名称，之后将银行本票直接交给被背书单位，同时向被背书单位交验有关证件，以便被背书单位查验。

（2）被背书单位对收受的银行本票应认真审查，其审查内容与收款单位审查内容相同。

（3）银行本票的背书必须连续，也就是说银行本票上的任意一个被背书人就是紧随其后的背书人，并连续不断。

（4）如果本票的签发人在本票的正面注明“不准转让”字样，则该本票不得背书转让。

（5）背书人也可以在背书时注明“不准转让”字样，以禁止本票背书转让后再转让。

**随堂测验**

【单选】银行本票的付款期限为（　　）。

A．1个月　　B．2个月　　C．3个月　　D．6个月

【答案】A

## 第141天　托收承付结算

**课堂精讲**

托收承付结算是指根据购销合同由收款人发货后委托银行向异地购货单位收取货

款，购货单位根据合同核对单证或验货后，向银行承认付款的一种结算方式。

#### 1．托收

托收是指销货单位（即收款单位）委托其开户银行收取款项的行为。办理托收时,必须具有符合《合同法》规定的经济合同，并在合同上注明使用托收承付结算方式和遵守发货结算的原则。所谓发货结算，是指收款方按照合同发货，并取得货物发运证明后，方可向开户银行办理托收手续。

托收金额的起点为 10 000 元。款项划转方式有邮划和电划两种，电划比邮划速度快，托收方可以根据缓急程度选用。

#### 2．承付

承付是指购货单位（即付款单位）在承付期限内向银行承认付款的行为。承付方式有两种，即验单承付和验货承付。

（1）验单承付

验单承付是指付款方接到其开户银行转来的承付通知和相关凭证，并与合同核对相符后，就必须承认付款的结算方式。验单承付的承付期为 3 天，从付款人开户银行发出承付通知的次日算起，遇节假日顺延。

（2）验货承付

验货承付是指付款单位除了验单外，还要等商品全部运达并验收入库后才承付货款的结算方式。验货承付的承付期为10天，从承运单位发出提货通知的次日算起，遇节假日顺延。

#### 3．异地托收承付的结算程序

（1）收款人发出商品。

（2）收款人委托银行收款。

（3）收款人开户银行将托收凭证传递给付款人开户银行。

（4）付款人开户银行通过付款人承付。

（5）付款人承认付款。

（6）银行间划拨款项。

（7）通知收款人货款收妥入账。

### 随堂测验

【单选】托收金额的结算起点为（　　）元。

A．500　　B．1 000

C．5 000　　D．10 000

【答案】D

# 第 142 天　委托收款结算

## 课堂精讲

委托收款是收款人委托银行向付款人收取款项的结算方式。委托收款的结算程序如图 5-5 所示。

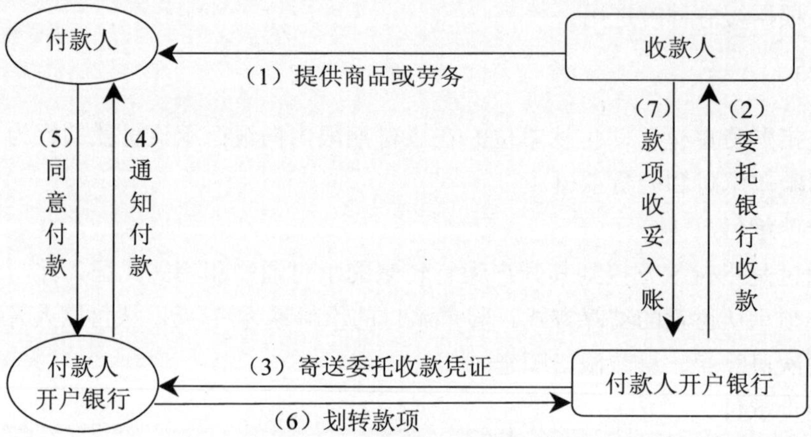


**图 5-5　委托收款的结算程序**

### 1．如何办理托收

收款人办理委托收款，应向开户银行填写委托收款凭证。认真填写清楚以下事项：

（1）金额；

（2）付款人名称；

（3）收款人名称；

（4）委托收款凭据名称及附寄单证张数；

（5）委托日期；

（6）收款人章。

### 2．如何办理拒付手续

付款单位审查有关单证后，认为所发货物的品种、规格、质量等与双方签订的合同不符或因其他原因对收款单位委托收取的款项需要全部或部分拒绝付款的，应在付款期内出具“委托收款结算全部或部分拒绝付款理由书”(以下简称“拒绝付款理由书”)，连同开户银行转来的有关单证送开户银行。

付款单位出纳人员在填写“拒绝付款理由书”时，除认真填写收款单位的名称、账号、开户银行，付款单位的名称、账号、开户银行，委托收款金额，附寄单证张数等外，对于全部拒付的，“拒付金额”栏填写委托收款金额，“部分付款金额”栏的大小写都为零，并具体说明全部拒绝付款的理由；若部分拒付的，“拒付金额”栏填写实际拒绝付款金额，“部分付款金额”栏填写委托收款金额减去拒绝付款金额后的余额，即付款单位实际支付的款项金额，说明部分拒付的理由，并出具拒绝付款部分商品清单。填完后，在“付款人盖章”处加盖本单位公章，并注明拒付日期。

按照规定，银行对收到的付款单位的“拒绝付款理由书”连同委托收款凭证第五联及所附有关单证，不审查拒绝付款理由，只对有关内容进行核对，核对无误即办理有关手续。实行部分拒付的，将部分付款款项划给收款单位，“在拒绝付款理由书”第一联上加盖业务专用章后退还给付款单位，将“拒绝付款理由书”第四联寄给收款单位开户银行由其转交收款单位。

### 随堂测验

【单选】下列关于委托收款的表述中，不符合规定的是（　　）。

A．委托收款以银行以外的单位为付款人的，凭证上必须记载付款人开户银行的名称

B．办理委托收款应向银行提交委托收款凭证和有关的债务证明

C．以单位为付款人的，银行应当在当日将款项主动支付给收款人

D．付款人审查有关债务证明后，需要拒绝付款的，可以办理拒绝付款

【答案】C

## 第 143 天　汇兑结算

### 课堂精讲

汇兑就是企业（汇款人）委托银行将其款项支付给收款人的结算方式。这种方式便于汇款人向异地的收款人主动付款，适用范围十分广泛。

#### 1．汇兑的结算程序

汇兑的结算程序如图 5-6 所示。

#### 2．汇兑的方式选择

汇兑一般分为信汇和电汇两种，信汇是以邮寄方式将汇款凭证转给外地收款人指定的汇入行；而电汇则是以电报方式将汇款凭证转发给收款人指定的汇入行。一般来说，电汇的速度要比信汇的速度快，收费稍贵一些。

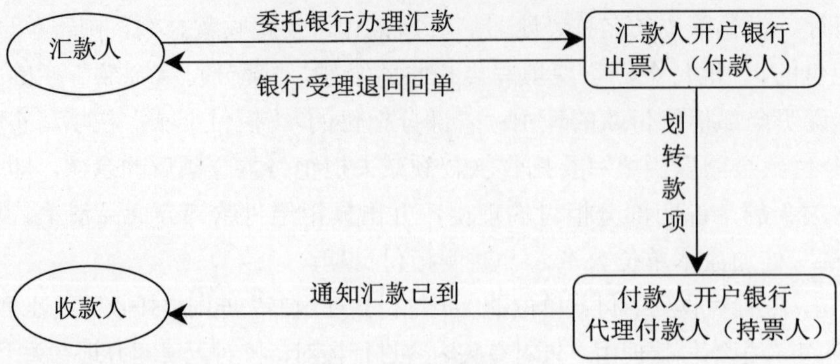


图 5-6　汇兑的结算程序

### 3．出纳人员如何办理汇兑

根据《支付结算办法》的规定，企业出纳人员办理汇兑必须填写汇兑凭证，一定要完整填写以下事项：

（1）注明“信汇”或“电汇”字样；

（2）无条件支付的委托；

（3）确定的金额；

（4）收款人名称；

（5）汇款人名称；

（6）汇入地点、汇入行名称；

（7）汇出地点、汇出行名称；

（8）委托日期；

（9）汇款人签章。

凡汇兑凭证上欠缺以上汇款事项之一的，银行不予受理。汇兑凭证记载的汇款人名称、收款人名称，其在银行开立存款账户的，必须记载其账号。欠缺记载的，银行不予受理。

如果收款人为个人，收款人需要到汇入银行领取汇款，则汇款人就应在汇兑凭证上注明“留行待取”字样。留行待取的汇款，需要指定单位的收款人领取汇款的，应注明收款人的单位名称，信汇凭收款人签章支取的，应在信汇凭证上预留其签章。

汇款人和收款人均为个人，必须在汇入银行支取现金的，应在信、电汇凭证上的“汇款金额”大写栏先填写“现金”字样，后填写汇款金额。

**随堂测验**

【填空】汇兑一般分为______和______。

【答案】信汇、电汇

# Part 6

Part 6

rt 6

# 出纳日常工作——凭证及账簿业务处理

# 第 144 天　原始凭证及其分类

## 课堂精讲

### 1. 原始凭证的概念

原始凭证亦称单据，是在经济业务发生时由经办人员直接取得或填制的，用以载明经济业务的具体内容，表明某项经济业务已经发生和完成，明确有关经济责任，具有法律效力的书面证明。原始凭证是填制记账凭证和登记账簿的依据，是重要的会计核算资料。

### 2. 原始凭证的内容

每种原始凭证都必须具备以下几项基本内容：（1）原始凭证的名称；（2）填制凭证的日期及凭证的号码；（3）经济业务的内容、数量、单价和金额等；（4）有关人员的签字或盖章；（5）填制凭证单位的名称或填制人姓名；（6）接受原始凭证的单位名称，（7）凭证的附件。上述基本内容，除最后一条外，一般都不能缺少。

### 3. 原始凭证的分类

原始凭证种类较多，按取得的来源不同可以分为外来原始凭证和自制原始凭证。具体内容如表 6-1 所示。

表 6-1　原始凭证的分类

<table>
<tr><th>分类</th><th colspan="2">定义</th><th>举例</th></tr>
<tr><td>外来原始凭证</td><td colspan="2">外来原始凭证是指在同外单位发生经济业务往来时，由业务经办人员在业务发生或完成时从外单位取得的凭证</td><td>供应单位的增值税专用发票、普通发货票、银行收账通知等</td></tr>
<tr><td rowspan="3">自制原始凭证</td><td rowspan="3">自制原始凭证是指在经济业务发生或完成时，由本单位内部经办人员或部门填制的凭证</td><td>一次性原始凭证是指对一项或若干项同类经济业务，一次完成填制手续，不能重复使用的原始凭证</td><td>所有的外来原始凭证和大部分自制原始凭证都属于一次性原始凭证，如收料单、入库单、收款收据等</td></tr>
<tr><td>累计原始凭证是指对某些在一定时期内不断重复发生的同类经济业务，在规定期限内多次、连续地加以记录的原始凭证</td><td>限额领料单、费用限额卡等</td></tr>
<tr><td>汇总原始凭证是指会计人员为简化核算手续，将同一时期多张同一类业务凭证加以整理后重新编制的原始凭证</td><td>发出材料汇总表、工资汇总表等</td></tr>
</table>

常见的几种原始凭证如表 6-2、表 6-3、表 6-4、表 6-5 和表 6-6 所示。

**表 6-2　收料单**

____年__月__日

| 材料编号 | 材料名称 | 材料规格 | 单位 | 数量 | 实际价格 | 计划价格 | 备注 |
|---|---|---|---|---|---|---|---|
| | | | | | | | |
| | | | | | | | |
| 合计（大写） | | | | | | | |

记账联

材料会计：　　　　保管：　　　　制单：

**表 6-3　领料单**

____年__月__日

<table>
<tr><th rowspan="2">材料类别</th><th rowspan="2">材料编号</th><th rowspan="2">材料名称</th><th rowspan="2">计量单位</th><th colspan="2">数量</th><th rowspan="2">单价</th><th rowspan="2">金额</th></tr>
<tr><th>请领</th><th>实发</th></tr>
<tr><td></td><td></td><td></td><td></td><td></td><td></td><td></td><td></td></tr>
<tr><td></td><td></td><td></td><td></td><td></td><td></td><td></td><td></td></tr>
</table>

记账联

领料人：　　　　领料部门主管：　　　　发料：　　　　记账：

**表 6-4　限额领料单**

____年__月__日

<table>
<tr><th rowspan="2">材料编号</th><th rowspan="2">材料名称</th><th rowspan="2">规格</th><th rowspan="2">计量单位</th><th rowspan="2">计划投产量</th><th rowspan="2">单位消耗定额</th><th rowspan="2">领用限额</th><th colspan="3">实领</th></tr>
<tr><th>数量</th><th>单价</th><th>金额</th></tr>
<tr><td></td><td></td><td></td><td></td><td></td><td></td><td></td><td></td><td></td><td></td></tr>
<tr><th rowspan="2">领料日期</th><th colspan="3">领用</th><th colspan="3">退料</th><th rowspan="2">限额结余</th></tr>
<tr><th>数量</th><th>领料人</th><th>发料人</th><th>数量</th><th>退料人</th><th>收料人</th></tr>
<tr><td></td><td></td><td></td><td></td><td></td><td></td><td></td><td></td></tr>
<tr><td></td><td></td><td></td><td></td><td></td><td></td><td></td><td></td></tr>
<tr><td></td><td></td><td></td><td></td><td></td><td></td><td></td><td></td></tr>
</table>

**表 6-5　发料凭证汇总表**

____年__月__日

| 领料单位 | 材料名称 | 用途 | 单位 | 数量 | 单价（元） | 总成本（元） |
|---|---|---|---|---|---|---|
| | | | | | | |
| | | | | | | |
| | | | | | | |

（续表）

| 领料单位 | 材料名称 | 用途 | 单位 | 数量 | 单价（元） | 总成本（元） |
|---|---|---|---|---|---|---|
| | | | | | | |
| | | | | | | |
| 合计 | | | | | | |

主管：　　　　审核：　　　　保管：　　　　制表：

**表 6-6　产成品入库单**

____年__月__日

| 产品编号 | 产成品名称 | 型号规格 | 计量单位 | 送检数量 | 检查结果 | | 实收数量 | 备注 |
|---|---|---|---|---|---|---|---|---|
| | | | | | 合格 | 不合格 | | |
| | | | | | | | | |
| | | | | | | | | |
| | | | | | | | | |
| | | | | | | | | |

记账联

领料人：　　　　领料部门主管：　　　　发料：　　　　记账：

随堂测验

【单选】原始凭证按其取得的来源不同可以分为（　　）。

A．收款凭证、付款凭证和转账凭证　　B．外来原始凭证和自制原始凭证

C．一次凭证和累计凭证　　D．单式记账凭证和复式记账凭证

【答案】B

# 第 145 天　记账凭证及其分类

课堂精讲

### 1．记账凭证的概念

所谓记账凭证，是指按经济业务性质对会计分录加以分类、确定，作为登记账簿依据的一种凭证。会计人员必须在对原始凭证或原始凭证汇总表审核无误的基础上填制记账凭证，在记账凭证中列明会计科目，指明记账方向，确定会计分录，进而依据记账凭证登记账簿。这样，原始凭证就成为记账凭证的附件和原始依据，而记账凭证则成为登

记账簿的直接依据。

### 2．记账凭证的内容

记账凭证应具备以下几项基本内容：（1）记账凭证的名称；（2）填制记账凭证的日期；（3）记账凭证的编号；（4）经济业务事项的内容摘要；（5）经济业务事项所涉及的会计科目和记账方向；（6）经济业务事项的金额；（7）记账标记；（8）所附原始凭证张数；（9）会计主管、记账、审核、出纳、制单等有关人员签名或盖章。

### 3．记账凭证的分类

记账凭证可按不同标准进行分类。具体内容如表 6-7 所示。

**表 6-7　记账凭证的分类**

<table>
<tr><td rowspan="4">按使用范围不同分类</td><td colspan="2">通用记账凭证是一种适用于所有经济业务的记账凭证</td></tr>
<tr><td rowspan="3">专用记账凭证是按经济业务的某种特定属性定向使用的，只适用于某一类经济业务的凭证。通常按其是否反映货币资金收付业务，分为收款凭证、付款凭证和转账凭证</td><td>收款凭证：是用来记录现金或银行存款收入业务的记账凭证，如现金收款凭证和银行存款收款凭证</td></tr>
<tr><td>付款凭证：是用来记录现金或银行存款支付业务的记账凭证，如现金付款凭证和银行存款付款凭证</td></tr>
<tr><td>转账凭证：是用来记录与现金和银行存款收付业务无关的业务的记账凭证。凡是不涉及现金和银行存款收付业务的其他经济业务，均为转账业务，要据以编制转账凭证</td></tr>
<tr><td rowspan="2">按是否经过汇总分类</td><td colspan="2">汇总记账凭证是根据非汇总记账凭证，按一定的方法汇总填制的记账凭证，如科目汇总表</td></tr>
<tr><td colspan="2">非汇总记账凭证是没有经过汇总的记账凭证，如前述的通用记账凭证、收款凭证、付款凭证、转账凭证等</td></tr>
<tr><td rowspan="2">按记账凭证的填制方式分类</td><td colspan="2">复式记账凭证是将一项经济业务所涉及的应借应贷的各个会计科目都集中填制在一张记账凭证上的记账凭证，如前述通用记账凭证、收款凭证、付款凭证和转账凭证都是复式记账凭证。其优点是可以集中反映科目的对应关系，便于了解经济业务的来龙去脉，可以减少记账凭证的张数；缺点是不便于汇总计算每一会计科目的发生额，不便于分工记账</td></tr>
<tr><td colspan="2">单式记账凭证是将一项经济业务所涉及的每一个会计科目分别填制记账凭证。其优点是便于汇总计算每一会计科目的发生额，便于分工记账；缺点是不能在一张记账凭证上反映一项经济业务的全貌，不便于查账，记账凭证数量多、工作量大</td></tr>
</table>

常见的几种记账凭证如表 6-8、表 6-9、表 6-10、表 6-11 和表 6-12 所示。

**表 6-8　通用记账凭证**

____年__月__日　　　　　　　　　　　　字第　号

| 摘要 | 借方科目 | | 贷方科目 | | 金额 | | | | | | | | | 记账符号 |
|---|---|---|---|---|---|---|---|---|---|---|---|---|---|---|
| | 总账科目 | 明细科目 | 总账科目 | 明细科目 | 百 | 十 | 万 | 千 | 百 | 十 | 元 | 角 | 分 | |
| | | | | | | | | | | | | | | |
| | | | | | | | | | | | | | | |
| | | | | | | | | | | | | | | |
| | | | | | | | | | | | | | | |

附原始凭证×张

会计主管：　　　记账：　　　复核：　　　出纳：　　　制单：

**表 6-9　收款凭证**

借方科目：　　　　____年__月__日　　　　收字第　号

| 摘要 | 贷方科目 | | 金额 | | | | | | | | | 记账符号 |
|---|---|---|---|---|---|---|---|---|---|---|---|---|
| | 总账科目 | 明细科目 | 百 | 十 | 万 | 千 | 百 | 十 | 元 | 角 | 分 | |
| | | | | | | | | | | | | |
| | | | | | | | | | | | | |
| | | | | | | | | | | | | |
| | | | | | | | | | | | | |

附原始凭证×张

会计主管：　　　记账：　　　复核：　　　出纳：　　　制单：

**表 6-10　付款凭证**

贷方科目：　　　　____年__月__日　　　　付字第　号

| 摘要 | 借方科目 | | 金额 | | | | | | | | | 记账符号 |
|---|---|---|---|---|---|---|---|---|---|---|---|---|
| | 总账科目 | 明细科目 | 百 | 十 | 万 | 千 | 百 | 十 | 元 | 角 | 分 | |
| | | | | | | | | | | | | |
| | | | | | | | | | | | | |
| | | | | | | | | | | | | |
| | | | | | | | | | | | | |

附原始凭证×张

会计主管：　　　记账：　　　复核：　　　出纳：　　　制单：

表 6-11 转账凭证

____年__月__日　　　　　　　　　　转字第 号

| 摘要 | 会计科目 | 二级或明细科目 | 金额 | | | | | | | | | 记账符号 |
|---|---|---|---|---|---|---|---|---|---|---|---|---|
| | | | 百 | 十 | 万 | 千 | 百 | 十 | 元 | 角 | 分 | |
| | | | | | | | | | | | | |
| | | | | | | | | | | | | |
| | | | | | | | | | | | | |
| | | | | | | | | | | | | |

附原始凭证×张

会计主管：　　　记账：　　　复核：　　　出纳：　　　制单：

表 6-12 单式记账凭证

____年__月__日　　　　　　　　　　凭证编号第 号

| 摘要 | 会计科目 | | 金额 | | | | | | | | | 记账符号 |
|---|---|---|---|---|---|---|---|---|---|---|---|---|
| | 总账科目 | 明细科目 | 百 | 十 | 万 | 千 | 百 | 十 | 元 | 角 | 分 | |
| | | | | | | | | | | | | |
| | | | | | | | | | | | | |
| | | | | | | | | | | | | |
| | | | | | | | | | | | | |

附原始凭证×张

会计主管：　　　记账：　　　复核：　　　出纳：　　　制单：

**随堂测验**

【多选】记账凭证按其适用的经济业务不同可以分为（　　）。

A. 单式记账凭证　　　　B. 复式记账凭证

C. 专用记账凭证　　　　D. 通用记账凭证

【答案】CD

## 第 146 天　原始凭证的填制要求

**课堂精讲**

原始凭证是进行会计核算工作的原始资料和重要依据，是有效提供会计信息的基础。因此原始凭证填制是一项严肃、重要的工作，填制时，必须符合以下基本要求。具体内容如表 6-13 所示。

表 6-13　原始凭证的填制要求

| 要求 | 具体注意事项 |
|---|---|
| 真实可靠 | 如实反映经济业务的内容，不弄虚作假，不涂改、刮擦、挖补 |
| 内容完整 | 所填写的项目要逐项填写（接受凭证时应逐项检查），不可缺漏，尤其需要注意的是，年、月、日要按照填写原始凭证的实际日期填写；名称要写齐全，不能写简称；内容、品名、用途要填写准确，不准含糊不清；有关人员的签名和盖章必须齐全 |
| 填制及时 | 当每一项经济业务发生或完成时，都要立即填制原始凭证，做到不积压、不误时、不事后补填 |
| 书写清楚 | 书写的字迹端正，易于辨认，做到书写符合会计上的技术要求，文字工整，不潦草、不乱、不造字，复写的凭证，要不串格、不串行、不模糊 |
| 顺序使用 | 记载收付款项或实物的凭证要按顺序或分类编号，在填制时按照编号的次序使用，跳号的凭证应加盖“作废”戳记，不得撕毁 |

### 随堂测验

【单选】销售产品取得收入捌万陆仟零伍角，在填制原始凭证时，其小写金额的正确书写方法是（　　）。

A．¥86000.50 元　　B．86000.50　　C．¥86000.50　　D．¥86000.5

【答案】C

## 第 147 天　原始凭证的审核

### 课堂精讲

对原始凭证进行审核是确保会计资料质量的重要措施之一，也是会计机构、会计人员的重要职责。只有经过审核无误的原始凭证，才能作为记账的依据。原始凭证的审核主要包括以下几项内容，如表 6-14 所示。

表 6-14　原始凭证的审核内容

| 审核项目 | 具体内容 |
|---|---|
| 真实性审核 | 审核凭证日期是否真实、业务内容是否真实、数据是否真实等内容。对外来原始凭证，必须有单位公章和填制人签章；对自制原始凭证，必须有经办部门和经办人员签章 |
| 合规性审核 | 会计机构、会计人员审核原始凭证应当以国家统一的会计制度为依据 |

（续表）

| 审核项目 | 具体内容 |
| --- | --- |
| 合法性审核 | 会计机构、会计人员对不真实、不合法的原始凭证，有权不予受理，并向单位负责人报告，请求查明原因，追究有关当事人的责任 |
| 完整性审核 | 会计机构、会计人员对记载不准确、不完整的原始凭证予以退回，并要求经办人员按照国家统一的会计制度的规定进行更正、补充 |

**随堂测验**

【多选】原始凭证审核的主要内容是（　　）。

A．正确性　　B．合理性　　C．合法性　　D．完整性

【答案】ABCD

# 第 148 天　记账凭证的填制要求

**课堂精讲**

### 1．记账凭证填制的基本要求

记账凭证是登记账簿的依据，正确填制记账凭证是保证账簿记录正确的基础。填制记账凭证的基本要求如表 6-15 所示。

表 6-15　记账凭证填制的基本要求

| 基本要求 | 具体内容 |
| --- | --- |
| 审核无误 | 即在对原始凭证审核无误的基础上填制记账凭证，这是内部牵制制度的一个重要环节 |
| 内容完整 | 即记账凭证应该包括的内容都要齐备，不能遗漏；另外应注意记账凭证的日期，一般是编制记账凭证当天的日期；按权责发生制原则计算收益，分配费用，结转成本、收入；计算利润等调整分录和结账分录的记账凭证，虽然需要到下个月才能编制，但是仍应填写当月月末的日期，以便正确地登记在当月有关账簿内 |
| 分类正确 | 即根据经济业务的内容，正确区分不同类型的原始凭证，正确运用会计科目编制相应记账凭证。记账凭证可以根据每一张原始凭证填制，或者根据若干张同类原始凭证汇总填制，也可以根据原始凭证汇总表填制，但不能将不同内容和类别的原始凭证汇总填制在一张记账凭证上 |
| 连续编号 | 即记账凭证应连续编号。这有利于分清会计事项处理的先后顺序，便于记账凭证与会计账簿之间的核对，确保记账凭证的完整 |

**2．记账凭证填制的具体要求**

（1）除结账和更正错账外，记账凭证必须附有原始凭证并注明原始凭证的张数。

（2）一张原始凭证所列支出需要由两个以上单位共同负担时，应当由保存该原始凭证的单位开具给其他应负担单位“原始凭证分割单”。

（3）记账凭证必须连续编号，以便分清会计事项处理的先后顺序，便于记账凭证与会计账簿核对，确保记账凭证完整无缺。

（4）简明填写“摘要”栏。记账凭证的“摘要”栏是对经济业务的简要说明，必须针对不同性质的经济业务的特点，考虑登记账簿的需要，正确填写，不得漏填或错填。

（5）正确使用会计科目。填制会计凭证必须按照会计制度统一规定的会计科目填写在规定的借方或贷方，正确编制会计分录，保证核算口径一致。除明细科目外，企业不得擅自开设会计科目。

（6）按规定方法更正错误凭证。填制会计凭证后如发现有错误，应根据发现错误的时间和错误类型，采用正确的方法进行更正。

（7）空行的处理。记账凭证填制完成后，如仍留有空行，应当自最后一笔金额数字下的空行处至合计数上的空行处划线注销，以严密会计核算手续，堵塞漏洞。

（8）记账凭证填制完成后应进行复核和检查，有关人员均应签字盖章。出纳人员根据收、付款凭证收入款项或付出款项时，应在凭证上加盖“收讫”或“付讫”戳记，以免重收重付、漏收漏付。

（9）只涉及银行存款与现金之间相互划转的，只编制付款凭证，不编制收款凭证，以免重复。

（10）实行会计电算化的单位，采用的机制记账凭证应当符合记账凭证的一般要求，打印出来的机制记账凭证要加盖有关人员印章或签字，以加强审核，明确责任。

（11）记账凭证所填金额要同原始凭证或原始凭证汇总表一致，并保持借贷平衡，即借贷方金额相等。

**随堂测验**

【多选】记账凭证必须具备的基本内容包括（　　）。

A．填制凭证的日期

B．凭证编号及经济业务内容摘要

C．会计科目和记账金额

D．所附原始凭证的张数

E．接受凭证单位的名称

【答案】ABCD

# 第 149 天 记账凭证的填制方法——收款凭证

### 课堂精讲

收款凭证是根据现金和银行存款收款业务的原始凭证填制的记账凭证。凡是涉及到现金和银行存款增加的都必须填制收款凭证。收款凭证左上方的“借方科目”应填写“库存现金”和“银行存款”科目，右上方填写凭证编号。“摘要”栏内填写经济业务的内容梗概。“贷方科目”应填写对应的总账、明细账科目。“金额”栏应填写实际收到的现金或银行存款数额。“记账符号”栏供记账人员在根据收款凭证登记有关账簿以后做记号用，表示该笔金额已经计入有关账簿，避免重记或漏记。

### 随堂测验

【单选】收款凭证左上角“借方金额”后应填写（　　）科目。

A．材料采购　　B．主营业务收入

C．其他业务收入　　D．“银行存款”或“库存现金”

【答案】D

# 第 150 天 记账凭证的填制方法——付款凭证

### 课堂精讲

付款凭证是根据现金和银行存款付款业务的原始凭证填制的记账凭证。凡涉及到现金、银行存款付出业务的，都要填制付款凭证。其填制方法与收款凭证大体相同，区别在于付款凭证左上方应填列贷方科目。

### 随堂测验

【多选】付款凭证的借方科目可能是（　　）。

A．库存现金　　B．原材料　　C．应付账款　　D．待摊费用

【答案】ABCD

# 第 151 天　记账凭证的填制方法——转账凭证

## 课堂精讲

转账凭证是根据不涉及现金和银行存款收付业务的转账原始凭证填制的记账凭证。凡不涉及现金和银行存款增加或减少的业务都必须填制转账凭证。转账凭证所涉及的科目没有固定的对应关系，因此要在凭证中按借方科目和贷方科目分别填列总账科目和明细科目。

## 随堂测验

【多选】下列经济业务应编制转账凭证的是（　　）。

A．领用材料　　B．计提折旧

C．支付运费　　D．购入材料货款未付

【答案】ABD

# 第 152 天　记账凭证的填制方法——通用记账凭证

## 课堂精讲

通用记账凭证的名称为“记账凭证”或“记账凭单”，它是集收款凭证、付款凭证和转账凭证于一身，适用于所有业务类型的记账凭证。其具体样式如表 6-16 所示。

**表 6-16　记账凭证**

____年__月__日　　　　字第　号

| 摘要 | 总账科目 | 明细科目 | 记账√ | 借方金额 | | | | | | | | | | 记账√ | 贷方金额 | | | | | | | | | 附件 张 |
|---|---|---|---|---|---|---|---|---|---|---|---|---|---|---|---|---|---|---|---|---|---|---|---|---|
| | | | | 千 | 百 | 十 | 万 | 千 | 百 | 十 | 元 | 角 | 分 | | 千 | 百 | 十 | 万 | 千 | 百 | 十 | 元 | 角 | 分 | |
| | | | | | | | | | | | | | | | | | | | | | | | | | |
| | | | | | | | | | | | | | | | | | | | | | | | | | |
| | | | | | | | | | | | | | | | | | | | | | | | | | |
| | | | | | | | | | | | | | | | | | | | | | | | | | |
| 合计 | | | | | | | | | | | | | | | | | | | | | | | | | |

会计主管：　　记账：　　出纳：　　审核：　　制单：

随堂测验

【判断】适用于所有经济业务的记账凭证是通用记账凭证。（　　）

【答案】√

## 第 153 天　记账凭证的审核

课堂精讲

为了使记账凭证的填制符合记账要求，正确反映经济业务的内容，登记账簿前必须由专人对记账凭证进行审核。记账凭证的审核是在对原始凭证审核基础上进行的再审核，要着重审核记账凭证的填制是否正确，是否符合规定要求，审核的主要内容如下。

（1）审核是否按原始凭证填制记账凭证。主要审核所记录的内容与所附的原始凭证是否一致，金额是否相等；所附原始凭证的张数是否与记账凭证所列附件张数相符。

（2）审核记账凭证应借、应贷的会计科目（包括一级科目、明细科目）和金额是否正确；借贷双方的金额是否平衡；明细科目金额之和与相应的总账科目金额是否相等。

（3）审核记账凭证摘要是否填写清楚，日期、凭证编号、所附张数以及有关人员签章等各个项目填写是否齐全。

若发现记账凭证的填制有差错或填列不完整、签章不齐全，则应查明原因，责令更正、补充或重填。只有经过审核无误的记账凭证，才能据以登记账簿。

随堂测验

【多选】记账凭证的审核，主要审核（　　）。

A．内容是否真实　　　　　　B．科目和金额是否正确

C．项目是否齐全　　　　　　D．书写是否正确

【答案】ABCD

## 第 154 天　会计凭证装订前的整理

课堂精讲

会计凭证装订前的整理是指对会计凭证进行排序、粘贴和折叠。原始凭证的纸张面

积与记账凭证的纸张面积不可能完全一样，在整理时主要有以下几种情况。

（1）对于纸张面积大于记账凭证的原始凭证，可按记账凭证的面积尺寸，先自右向后，再自下向后两次折叠。注意应把凭证的左上角或左侧面让出来，以便装订后还可以展开查阅。

（2）对于纸张面积过小的原始凭证，一般不能直接装订，可先按一定顺序和类别排列，再粘在一张同记账凭证大小相同的白纸上，粘贴时宜用胶水。小票应分张排列，同类、同金额的单据尽量粘在一起；同时，在一旁注明张数和合计金额。如果是板状票证，则可以将票面票底轻轻撕开，厚纸板弃之不用。

（3）对于纸张面积略小于记账凭证的原始凭证，可先用回形针或大头针别在记账凭证后面，待装订时再抽去回形针或大头针。有的原始凭证不但面积大，而且数量多，可以单独装订，如工资单、耗料单等，但在记账凭证上应注明保管地点。

原始凭证附在记账凭证后的顺序应与记账凭证所记载的内容顺序一致，不应按原始凭证面积大小来排序。会计凭证经过上述的加工整理之后，就可以装订了。

### 随堂测验

【判断】原始凭证附在记账凭证后的顺序应与记账凭证所记载的内容顺序一致。（　　）

【答案】√

## 第 155 天　会计凭证的装订

### 课堂精讲

会计凭证的装订是指把定期的会计凭证按照编号顺序，外加封面、封底装订成册，并在装订线上加贴封签。在封面上，应写明单位名称、年度、月份、记账凭证的种类、起讫日期、起讫号数，以及记账凭证和原始凭证张数，并在封签处加盖会计主管的骑缝图章。

会计凭证装订的要求是既要美观大方又要便于翻阅，所以在装订时要先设计好装订册数及每册的厚度。一般来说，一本凭证厚度以 1.5cm～2cm 为宜，太厚了不便于翻阅核查。

所有汇总装订好的会计凭证都要加上封面。封面应用较为结实、耐磨、韧性较强的牛皮纸。一般的封面格式如图 6-1 所示。

**会计凭证装订封皮**

20　年　　月份

月份编号：本月共　　本此本是第　　本

本册号数：自　　号起至　　号止

附件共计：　　张

20　年　第　号

会计主管　　　　会计　　　　装订

**图 6-1　会计凭证的封面**

下面以角订法为例介绍会计凭证的装订方法，如图 6-2 所示。

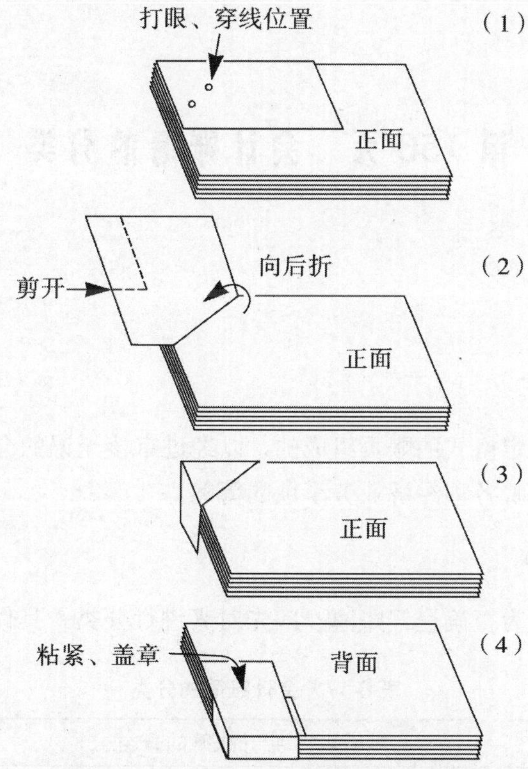


**图 6-2　会计凭证的装订方法——角订法**

（1）将凭证封皮和封底裁开，分别附在凭证前面和后面，再拿一张质地相同的纸（可以再找一张凭证封皮，裁下一半用，另一半为订下一本凭证备用）放在封皮上角，做护角线。在凭证的左上角画一边长为 5cm 的等腰三角形，用夹子夹住，用装订机在底线上分布均匀地打两个眼儿。

（2）用大针引线绳穿过两个眼儿，如果没有针，那么可以将回形针顺直，然后两端折向同一个方向，折向时将线绳夹紧，即可把线引过来，然后在凭证的背面打结。线绳最好把凭证两端也系上。

（3）将护角向左上侧折，并将一侧剪开至凭证的左上角，然后抹上胶水，向上折叠，将侧面和背面的线绳扣粘死。

（4）待晾干后，在凭证本的侧脊上面写上“某年某月第几册共几册”的字样。装订人在装订线封签处签名或盖章。现金凭证、银行凭证和转账凭证最好依次顺序编号，一个月从头编一次序号，如果单位的凭证少，则可以全年顺序编号。

### 随堂测验

【单选】会计凭证的装订厚度一般为（　　）厘米，方可保证装订牢固，美观大方。

A．1　　B．1.5　　C．2　　D．2.5

【答案】B

## 第 156 天　会计账簿的分类

### 课堂精讲

**1．会计账簿的概念**

会计账簿是指由一定格式的账页组成的，以经过审核无误的会计凭证为依据，全面、系统、连续地记录和反映各项经济业务事项的簿籍。

**2．会计账簿的分类**

账簿的种类很多，为正确登记账簿，应先对其进行分类。具体内容如表 6-17 所示。

表 6-17　会计账簿的分类

<table>
<tr><th>分类依据</th><th colspan="2">会计账簿的分类</th></tr>
<tr><td rowspan="4">按账簿的用途分类</td><td rowspan="2">序时账簿又称日记账，是对各项经济业务按照发生或完成时间的先后顺序，逐日、逐笔进行登记的账簿</td><td>普通日记账</td></tr>
<tr><td>特种日记账</td></tr>
<tr><td rowspan="2">分类账簿又称分类账，是对全部经济业务事项按照会计要素的具体类别而设置的分类账户进行登记的账簿</td><td>总分类账簿</td></tr>
<tr><td>明细分类账簿</td></tr>
</table>

（续表）

| 分类依据 | 会计账簿的种类 |
| --- | --- |
|  | 备查账簿又称备查簿、辅助账簿，是对某些在序时账簿和分类账簿等主要账簿中都不予以登记或登记不全的经济业务事项进行补充登记的账簿 |
| 按账页格式分类 | 两栏式账簿：只有借方和贷方两个基本金额栏目的账簿 |
|  | 三栏式账簿：设有借方、贷方和余额三个基本栏目的账簿 |
|  | 多栏式账簿：在账簿的借方和贷方两个基本栏目的基础上按需要设置多个专栏的账簿 |
|  | 数量金额式账簿：借方、贷方和余额三栏中，都分设数量、单价和金额三个小栏目，用以反映财产的实物数量和价值 |
| 按账簿的外表形式分类 | 订本式账簿 |
|  | 活页式账簿 |
|  | 卡片式账簿 |

**随堂测验**

【单选】总分类账和库存现金、银行存款日记账一般采用（　　）。

A．活页式　　B．卡片式　　C．订本式　　D．任意外表形式

【答案】C

# 第 157 天　会计账簿的内容

**课堂精讲**

### 1．封面

封面上主要写明账簿的名称和企业单位的名称，如××总分类账、××明细分类账、××日记账等。

### 2．扉页

应附账簿启用和经管人员一览表及账户目录。其格式如表 6-18 和表 6-19 所示。

表 6-18　账簿启用和经管人员一览表

账簿名称：　　　　　　　　　　单位名称：
账簿编号：　　　　　　　　　　账簿册数：
账簿页数：　　　　　　　　　　启用日期：
会计主管：　　　　　　　　　　记账人员：

| 移交日期 | | | 移交人 | | 接管日期 | | | 接管人 | |
|---|---|---|---|---|---|---|---|---|---|
| 年 | 月 | 日 | 姓名 | 盖章 | 年 | 月 | 日 | 姓名 | 盖章 |
| | | | | | | | | | |

表 6-19　账户目录

| 科目名称 | 页次 | 科目名称 | 页次 | 科目名称 | 页次 |
|---|---|---|---|---|---|
| | | | | | |
| | | | | | |
| | | | | | |
| | | | | | |

3．账页

账页是账簿的主体，用来具体记录经济业务。其格式因记录的经济业务的内容不同而有所不同，但一般都应包括如下内容：（1）账户名称；（2）记账日期栏；（3）记账凭证的种类和号数栏；（4）摘要栏；（5）金额栏；（6）总页次和分户页次等。

随堂测验

【多选】会计账簿的内容包括（　　）。

A．封面　　　　B．扉页　　　　C．账页　　　　D．凭单

【答案】ABC

## 第 158 天　总分类账的设置和登记

课堂精讲

总账又称总分类账，一般采用三栏式（如表 6-20 所示），也可采用双栏式（如表 6-21 所示）、棋盘式。除此之外，还可将各种形式汇总，采用多栏式（如日记总账）。其中三栏式是普遍采用的基本格式；双栏式仅适用于期末没有余额的虚账户（收入、费用等暂

记性、过渡性账户）；棋盘式有利于体现账户间的对应关系，但账页庞大，工作量也很大，仅适用于业务量少、运用科目少的企业。

**表 6-20 三栏式总分类账**

账户名称： 第 页

| 年 | | 凭证 | | 摘要 | 借方金额 | 贷方金额 | 借或贷 | 余额 |
|---|---|---|---|---|---|---|---|---|
| 月 | 日 | 字 | 号 | | | | | |
| | | | | | | | | |
| | | | | | | | | |
| | | | | | | | | |

**表 6-21 双栏式总分类账**

账户名称： 第 页

| 年 | | 凭证 | | 摘要 | 借方金额 | 贷方金额 |
|---|---|---|---|---|---|---|
| 月 | 日 | 字 | 号 | | | |
| | | | | | | |
| | | | | | | |
| | | | | | | |

### 随堂测验

【填空】三栏式总分类账是指其格式设有________、________和________三个金额栏的账簿。

【答案】借方、贷方、余额

## 第 159 天 日记账的设置和登记

### 课堂精讲

日记账的主要作用是按照时间的先后顺序记录经济业务，以保持会计资料的完整性和连续性。进行日记账的设置工作首先要确定其种类和数量。日记账在不同的会计核算组织形式下，其具体用途是不同的。如果日记账用作过账媒介（如通用日记账、日记总账核算组织形式），则要求设置一个严密、完整的序时账簿体系，包括企业的所有经济业务；如果日记账不用作过账媒介，则不必考虑其体系的完整性，只需设置某些特种日记账即可。通常设置的特种日记账主要包括现金日记账和银行存款日记账，极少数企业还设置销货日记账和购货日记账。

现金日记账是专门记录现金收付业务的特种日记账，它一般由出纳人员负责填写。现金日记账既可用作明细账，也可用于过账媒介。在现金收付业务较多的企业，也可分别设置现金收入日记账和现金支出日记账，它们只能是单栏式的日记账；现金日记账还可设置成三栏式的日记账（如表 6-22、表 6-23 和表 6-24 所示）。除非企业现金收付业务特别繁多，一般情况下，只设置三栏式的现金日记账。

**表 6-22　现金收入日记账**

借方科目：库存现金　　　　第　页

| 年 | | 凭证 | | 摘要 | 贷方科目 | 金额 |
|---|---|---|---|---|---|---|
| 月 | 日 | 字 | 号 | | | |
| | | | | | | |
| | | | | | | |
| | | | | | | |

**表 6-23　现金支出日记账**

贷方科目：库存现金　　　　第　页

| 年 | | 凭证 | | 摘要 | 借方科目 | 金额 |
|---|---|---|---|---|---|---|
| 月 | 日 | 字 | 号 | | | |
| | | | | | | |
| | | | | | | |
| | | | | | | |
| | | | | | | |

**表 6-24　现金日记账**

第　页

| 年 | | 凭证 | | 摘要 | 支票号 | 对方科目 | 借方金额 | 贷方金额 | 余额 |
|---|---|---|---|---|---|---|---|---|---|
| 月 | 日 | 字 | 号 | | | | | | |
| | | | | | | | | | |
| | | | | | | | | | |
| | | | | | | | | | |
| | | | | | | | | | |

银行存款日记账是用来记录银行存款收付业务的特种日记账。其设计方法与现金日

记账基本相同，但须将账簿名称分别改为“银行存款收入日记账”、“银行存款支出日记账”和“银行存款日记账”，并将前两种账页左上角的科目名称改为“银行存款”。另外，一般应相应增加每笔存款收支业务所采用的结算方式一栏，以便分类提供数据和据以进行查对、汇总。一般企业只设置三栏式的银行存款日记账，其基本格式可参照现金日记账，不另赘述。

### 随堂测验

【填空】特种日记账主要包括________和________。

【答案】库存现金日记账、银行存款日记账

## 第 160 天　明细账的设置和登记

### 课堂精讲

明细账的情况比较复杂，一般格式有收发存三栏式（如表 6-25 所示）、借贷余三栏式（如表 6-26 所示）、数量金额式（如表 6-27 所示），还可根据需要设计成多栏式（如表 6-28 所示）。其中借贷余三栏式适用于一般账户的明细账；数量金额式适用于实物资产的明细账；收发存三栏式只记数量，不记金额，适用于实物资产的保管账；多栏式明细账则是根据经济业务的特点和经营管理的需要，在账页上设置专栏，主要用于登记明细项目多、借贷方向单一的经济业务，比如采购、生产以及费用账户的明细账户，一般采用贷方多栏式。此外，本年利润的形成和利润分配科目以及“应交税费——应交增值税”等科目，则需采用借贷双方均为多栏式（如表 6-29 所示）的明细账。

**表 6-25　实物保管账**

品名：　　　　　　　　　　　　　　　　　　　　　　存放地点：

规格：　　　　　　　　　　　　　　　　　　　　　　计量单位：

| 年 | | 凭证 | | 摘要 | 收入 | 发出 | 结存 |
|---|---|---|---|---|---|---|---|
| 月 | 日 | 字 | 号 | | | | |
| | | | | | | | |
| | | | | | | | |
| | | | | | | | |
| | | | | | | | |

表 6-26　××明细账

明细科目：

<table>
<tr><td colspan="2">年</td><td colspan="2">凭证</td><td rowspan="2">摘要</td><td rowspan="2">借方金额</td><td rowspan="2">贷方金额</td><td rowspan="2">借或贷</td><td rowspan="2">余额</td></tr>
<tr><td>月</td><td>日</td><td>字</td><td>号</td></tr>
<tr><td></td><td></td><td></td><td></td><td></td><td></td><td></td><td></td><td></td></tr>
<tr><td></td><td></td><td></td><td></td><td></td><td></td><td></td><td></td><td></td></tr>
<tr><td></td><td></td><td></td><td></td><td></td><td></td><td></td><td></td><td></td></tr>
</table>

表 6-27　××明细账

第　页

类别：　　　　　　　　　　　　　　　　　　　　　　　　　计量单位：

品名规格：　　　　　　　　　　　　　　　　　　　　　　　存放地点：

编号：　　　　　　　　　　　　　　　　　　　　　　　　　储备定额：

<table>
<tr><td colspan="2">年</td><td colspan="2">凭证</td><td rowspan="2">摘要</td><td colspan="3">收入</td><td colspan="3">发出</td><td colspan="3">结存</td></tr>
<tr><td>月</td><td>日</td><td>字</td><td>号</td><td>数量</td><td>单价</td><td>金额</td><td>数量</td><td>单价</td><td>金额</td><td>数量</td><td>单价</td><td>金额</td></tr>
<tr><td></td><td></td><td></td><td></td><td></td><td></td><td></td><td></td><td></td><td></td><td></td><td></td><td></td><td></td></tr>
<tr><td></td><td></td><td></td><td></td><td></td><td></td><td></td><td></td><td></td><td></td><td></td><td></td><td></td><td></td></tr>
</table>

表 6-28　××明细账

第　页

<table>
<tr><td colspan="2">年</td><td colspan="2">凭证</td><td rowspan="2">摘要</td><td rowspan="2">借方</td><td rowspan="2">贷方</td><td rowspan="2">借或贷</td><td rowspan="2">余额</td><td rowspan="2">（ ）方分析</td></tr>
<tr><td>月</td><td>日</td><td>字</td><td>号</td></tr>
<tr><td></td><td></td><td></td><td></td><td></td><td></td><td></td><td></td><td></td><td></td></tr>
<tr><td></td><td></td><td></td><td></td><td></td><td></td><td></td><td></td><td></td><td></td></tr>
<tr><td></td><td></td><td></td><td></td><td></td><td></td><td></td><td></td><td></td><td></td></tr>
</table>

表 6-29　应交增值税明细账

<table>
<tr><td colspan="2">年</td><td colspan="2">凭证</td><td rowspan="2">摘要</td><td colspan="3">借方</td><td colspan="4">贷方</td><td rowspan="2">借或贷</td><td rowspan="2">余额</td></tr>
<tr><td>月</td><td>日</td><td>字</td><td>号</td><td>合计</td><td>进项税额</td><td>已交税金</td><td>合计</td><td>销项税额</td><td>出口退税</td><td>进项税额转出</td></tr>
<tr><td></td><td></td><td></td><td></td><td></td><td></td><td></td><td></td><td></td><td></td><td></td><td></td><td></td><td></td></tr>
<tr><td></td><td></td><td></td><td></td><td></td><td></td><td></td><td></td><td></td><td></td><td></td><td></td><td></td><td></td></tr>
<tr><td></td><td></td><td></td><td></td><td></td><td></td><td></td><td></td><td></td><td></td><td></td><td></td><td></td><td></td></tr>
</table>

**随堂测验**

【多选】明细分类账的格式有（　　）。

A. 三栏式　　B. 数量金额式　　C. 多栏式　　D. 订本式

【答案】ABC

# 第161天　备查账簿的设置和登记

**课堂精讲**

备查账簿的作用是对序时账簿和分类账簿进行补充说明。备查账簿的设计主要包括下列情形。

（1）所有权不属于本企业，但暂时由企业使用或代为保管的财产物资，应设计相应的备查账簿，如租入固定资产登记簿、委托加工材料登记簿、代销商品登记簿等。

（2）对同一业务需要进行多方面登记的备查账簿，一般适用于大宗、贵重物资，如固定资产保管登记卡、固定资产使用登记卡等。

（3）对某些出于管理上的需要必须予以反映的事项应设置备查账簿，如经济合同执行情况记录、贷款还款情况记录、重要空白凭证记录等。

备查账簿的设计如表6-30、表6-31和表6-32所示。

**表6-30　应收票据备查登记簿**

| 种类 | 号数 | 出票日期 | 出票人 | 票面金额 | 到期日期 | 利率 | 付款人 | 承兑人 | 背书人 | 贴现 | | | 收回 | | 注销 | 备注 |
|---|---|---|---|---|---|---|---|---|---|---|---|---|---|---|---|---|
| | | | | | | | | | | 日期 | 贴现率 | 贴现额 | 日期 | 金额 | | |
| | | | | | | | | | | | | | | | | |
| | | | | | | | | | | | | | | | | |
| | | | | | | | | | | | | | | | | |

**表6-31　租入固定资产登记簿**

| 资产名称 | 规格 | 合同号 | 租出单位 | 租入日期 | 租期 | 租金 | 使用地点 | 备注 |
|---|---|---|---|---|---|---|---|---|
| | | | | | | | | |
| | | | | | | | | |
| | | | | | | | | |

表 6-32　委托加工材料登记簿

计量单位：

| 材料名称 | 规格 | 合同号 | 委托单位 | 接收数量 | 成品名称 | 消耗定额 | 预计成品量 | 接收日期 | 加工日期 | 完工日期 | 完工量 | 交付日期 | 加工费用 | 备注 |
|---|---|---|---|---|---|---|---|---|---|---|---|---|---|---|
| | | | | | | | | | | | | | | |
| | | | | | | | | | | | | | | |
| | | | | | | | | | | | | | | |
| | | | | | | | | | | | | | | |

### 随堂测验

【单选】对某些在序时账簿和分类账簿中未能记载的经济事项进行补充登记的账簿是（　　）。

A．联合账簿　　B．备查账簿　　C．三栏式账簿　　D．数量金额式账簿

【答案】B

## 第 162 天　会计账簿的记账规则

### 课堂精讲

登记会计账簿是会计核算的一项重要基础工作和中心环节，会计账簿登记是否正确、完整，关系到企业整个会计核算的质量。为了向企业的经营管理者提供正确可靠的会计资料，财会人员必须根据审核无误的会计凭证登记会计账簿，并且还要符合下列要求,如表 6-33 所示。

表 6-33　会计账簿的记账规则

| 记账规则 | 具体记账要求 |
|---|---|
| 准确完整 | 登记会计账簿时，应当将会计凭证日期、编号、业务内容摘要、金额和其他有关资料逐项计入会计账簿内，做到数字准确、摘要清楚、登记及时、字迹工整。每一项会计事项，一方面要计入有关的总账，另一方面要计入该总账所属的明细账。会计账簿记录中的日期应该填写记账凭证上的日期；以自制原始凭证，如收料单、领料单等，作为记账依据的，会计账簿记录的日期应按照有关自制凭证上的日期填列 |
| 注明记账符号 | 会计账簿登记完毕后，相关人员要在记账凭证上签名或盖章，并在记账凭证的过账栏内注明账簿页数或标注对勾（“ √”），表示记账完毕，避免重记、漏记，也便于查阅、核对 |

（续表）

| 记账规则 | 具体记账要求 |
|---|---|
| 书写留空 | 账簿中书写的文字和数字上面要留有适当空格，不要写满格，一般应占格距的1/2。这样，一旦发生登记错误时，能比较容易地进行更正，同时也方便查账工作 |
| 正常记账应使用蓝黑墨水或碳素墨水 | 为了保持会计账簿记录的持久性，防止涂改，登记会计账簿必须使用蓝黑墨水或碳素墨水并用钢笔书写，不得使用圆珠笔（银行的复写账簿除外）或铅笔书写 |
| 特殊记账使用红色墨水 | 下列情况，可以用红色墨水记账：<br>（1）按照红字冲账的记账凭证，冲销错误记录<br>（2）在不设借贷等栏的多栏式账页中，登记减少数<br>（3）在三栏式账户的余额栏前，如未印明余额方向的，在余额栏内登记负数余额<br>（4）根据国家统一的会计制度的规定可以用红字登记的其他会计记录<br>会计记录中的红字表示负数，因此，除上述情况外，不得用红色墨水登记会计账簿 |
| 顺序连续登记 | 记账时，各种会计账簿必须按事先编写的页码逐页、逐行登记，不得隔页、跳行。如果发生隔页、跳行现象，则应当在空页、空行处用红色墨水画对角线注销，或者注明“此页空白”、“此行空白”字样，并由记账人员和会计机构负责人（会计主管人员）签名或盖章。对各种会计账簿的账页不得任意抽换和撕毁，以防舞弊 |
| 结出余额 | 金额栏的数字应与账页上标明的位数对准。凡需要结出余额的账户，结出余额后，应当在借或贷等栏内写明“借”或“贷”等字样，以示余额的方向；没有余额的账户，应在借或贷栏内写“平”字，并在余额栏用“0”表示。现金日记账和银行存款日记账必须逐日结出余额 |
| 过次承前 | 每一账页登记完毕时，应当结出本页发生额合计及余额，在该账页最末一行的摘要栏注明“转次页”或“过次页”，并将这一金额计入下一页第一行有关金额栏内，在该行摘要栏内注明“承前页”，以保持账簿记录的连续性，便于对账和结账 |
|  | 对需要结计本月发生额的账户，结计“过次页”的本页合计数应当为自本月初起至本页末止的发生额合计数；对需要结计本年累计发生额的账户，结计“过次页”的本页合计数应当为自年初起至本页末止的累计数；对既不需要结计本月发生额也不需要结计本年累计发生额的账户，可以只将每页末的余额结转次页 |
| 不得刮擦涂改 | 若发生会计账簿记录错误，不得刮擦挖补或用褪色药水更改字迹，而应采用规定的方法更正 |

### 随堂测验

【单选】每一账页登记完毕结转下页时，应当结出本页合计数及余额，并在摘要栏内注明（　　）。

A．“承前页”　　B．“过次页”　　C．“本页合计”　　D．“本页累计”

【答案】B

# 第 163 天　会计账簿的更换

### 课堂精讲

会计账簿是记录和反映经济业务的重要历史资料和证据。为了保持会计账簿资料的连续性，能够清晰地反映各个会计年度的财务状况和经营成果以及便于整理保管，在每个会计年度开始时，按照会计制度规定，一般都要启用新账，并把上年度的会计账簿归档保管。

总账、日记账和大部分明细账需要每年更换一次，而固定资产明细账或固定资产卡片可以继续使用，不必每年更换。

年初，将旧账簿中各账户的余额直接计入新账簿中有关账户新账页的第一行“余额”栏内，并标明余额方向（上年度该账户的借方余额，结转本年度新账内仍为借方余额；上年度该账户的贷方余额，结转本年度新账内仍为贷方余额），不需要编制记账凭证，也不必将本年有余额的账户调整为零，同时，在摘要栏内加盖“上年结转”戳记，在旧账页最后一行数字下的空格，划一条斜红线注销，并在旧账页最后一行摘要栏内加盖“结转下年”戳记。

部分明细账，如固定资产明细账等，因年度内变动不多，年初不必更换新账簿，但要在摘要栏内加盖“结转下年”戳记，以划分新旧年度之间的金额。

在年度内，如果订本账记满需要更换新账时，办理与年初更换新账簿相似的手续。

### 随堂测验

【单选】新年度开始启用新账时，可以继续使用不必更换新账的是（　　）。

A．总分类账　　　　　　　　　B．银行存款日记账

C．固定资产卡片　　　　　　　D．管理费用明细账

【答案】C

# 第 164 天　会计账簿的装订与保管

### 课堂精讲

1．会计账簿的装订

账簿在使用过程中应妥善保管。账簿的封面颜色在同一年度内力求统一，逐年更换

颜色，便于区别年度。这样，会计人员在查账时就会比较方便。账簿内部应编好目录，建立索引，注意贴上相应数额的印花税票。

活页账本既可以用线绳系起来也可以使用摇夹。下面介绍活页摇夹的使用方法，如图 6-3 所示。

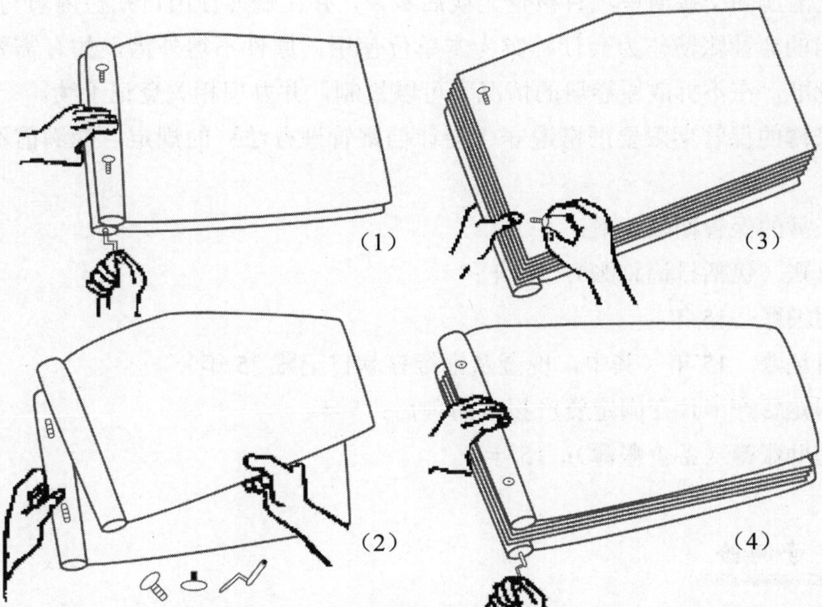

图 6-3 活页摇夹的使用方法

（1）用摇手插入账簿侧面的孔中，向右旋转，开启摇夹。

（2）旋去螺帽，撤下簿盖。

（3）将账簿活页装入，可随意装用，最多可装 300 页。

（4）覆上簿盖，旋上螺帽，再用摇手向左旋转，锁紧摇夹。

活页摇夹的络链条长 50mm，账页在装入取出过程中，摇手旋转链条时要注意账页轧住链条节头，当账页被轧住时，摇手旋转不动，千万不要强旋，请用手轻轻摇动链条节头，不使账页轧住，然后开启或锁紧摇夹。

摇夹使用的特点是比较安全，因为账簿摇紧后，其他人员如果没有专门工具，不容易随意抽取、更换账页，从而使得账页不易散失；其缺点是成本相对较高。

账簿在过次年后，应装订整齐，活页账要编好科目目录、页码，用线绳系死，然后贴上封皮，在封皮上写明账簿的种类、单位、时间，在账簿的脊背上，也要写明账簿种类和时间。

会计业务量小的公司，账簿可以不贴口取纸；会计业务量大的公司，账簿上应该贴口取纸，可以按一级科目或材料大类，按账页顺序由前往后、自上而下地粘贴。当合起账簿时，全部口取纸应该整齐、均匀，并能够显露出科目名称。不要在账簿上下两侧贴口取纸，而应在右侧粘贴，这样，可保证整齐。存档时账簿可以戳立放置，以便抽取。

**2．会计账簿的保管**

年度结账后，更换下来的账簿可由本单位财务会计部门暂时保管一年，期满后移交本单位的档案部门保管。移交时，应编制移交清册，一式三份，并填写交接清单，交接人员按移交清册和交接清单项目核查无误后签章，并在账簿使用日期栏内填写移交日期。

已归档的会计账簿作为会计档案为本单位使用，原件不得外借，如有需要，经本单位负责人批准，在不拆散原卷册的情况下可以复制，并办理相关登记手续。

会计账簿的保管期限要严格遵守《会计档案管理办法》的规定，期满前不得丢失和任意销毁。

会计账簿的保管期限如下：

（1）总账（包括日记总账）：15 年；

（2）明细账：15 年；

（3）日记账：15 年（其中，现金及银行存款日记账 25 年）；

（4）固定资产卡片在固定资产报废清理后：5 年；

（5）辅助账簿（备查账簿）：15 年。

**随堂测验**

【多选】下列会计账簿保管期限为 25 年的有（　　）。

A．固定资产卡片　　　　B．银行存款日记账

C．明细账　　　　D．库存现金日记账

【答案】BD

## 第 165 天　对账的主要内容

**课堂精讲**

《会计法》第十七条规定，各单位应当定期将会计账簿与实物、款项及有关资料相互核对，保证会计账簿记录与实物及款项的实有数字相符、会计账簿记录与会计凭证的有关内容相符、会计账簿之间相对应的记录相符、会计账簿记录与会计报表的有关内容相符。

据此，对账的内容主要包括账证核对、账账核对、账实核对和账表核对。

**1．账实相符**

账实相符是会计账簿记录与实物、款项实有数核对相符的简称。保证账实相符是会

计核算的基本要求。由于会计账簿记录是实物款项使用情况的价值量反映，实物款项的增减变化情况，必须在会计账簿上如实记录、登记。因此，通过会计账簿记录可以发现财产物资和现金管理中存在的问题，有利于查明原因、明确责任、改进管理、提高效益、保证会计资料的真实和完整。

### 2．账证相符

账证相符是会计账簿记录与会计凭证有关内容核对相符的简称。保证账证相符也是会计核算的基本要求。由于会计账簿记录是根据会计凭证等资料编制的，两者之间存在逻辑联系。因此，通过账证核对，可以检查、验证会计账簿和会计凭证的内容是否正确无误，以保证会计资料的真实、完整。各单位应当定期将会计账簿记录与其相应的会计凭证（包括时间、编号、内容、金额、记账方向等）逐项核对，检查是否一致。如果发现有不一致之处，应当及时查明原因，并按照规定予以更正。

### 3．账账相符

账账相符是会计账簿之间相对应记录核对相符的简称。保证账账相符同样是会计核算的基本要求。由于会计账簿之间，包括总账各账户之间，总账与明细账之间，总账与日记账之间，会计机构的财产物资明细账与保管部门、使用部门的有关财产物资明细账之间等相对应的记录存在着内在联系，通过定期核对，可以检查、验证会计账簿记录的正确性，以便发现问题、纠正错误，保证会计资料的真实、完整和准确无误。

### 4．账表相符

账表相符是会计账簿记录与会计报表有关内容核对相符的简称。保证账表相符同样也是会计核算的基本要求。由于会计报表是根据会计账簿记录及有关资料编制的，两者之间存在着相对应的关系。因此，通过检查会计报表各项目的数据与会计账簿有关数据的相符情况，可以确保会计信息的质量。

### 随堂测验

【单选】对账即核对账目，其主要内容包括（　　）。

A．账实核对、账表核对、账账核对

B．账账核对、账证核对、账表核对

C．账证核对、账账核对、账实核对

D．账账核对、账证核对、表表核对

【答案】C

# 第 166 天　数字书写的要求

### 课堂精讲

依据财政部制定的《会计基础工作规范》的要求，填制会计凭证字迹必须清晰、工整，并符合下列要求。

（1）阿拉伯数字应逐字填写，并且应当在数字前写明货币币种符号（如人民币符号“¥”）。币种符号与阿拉伯金额数字之间不得留有空白。凡在阿拉伯金额数字前面写有币种符号的，数字后面不再写货币单位（如人民币“元”）。

（2）如果金额有小数，那么小数点后填写到角、分。如果没有角、分，角、分位应写“0”，有角无分的，分位应写“0”，不得用符号“-”代替。

（3）汉字大写金额数字要书写清晰。汉字大写金额及单位如下：壹、贰、叁、肆、伍、陆、柒、捌、玖、拾、佰、仟、万、亿、元、角、分、零、整（正）。特别注意的是，不得用 0、一、二、三、四、五、六、七、八、九、十、另、毛等简化字代替。

（4）大写金额数字到元或角为止的，在元或角之后应写“整”或“正”字；大写金额数字有分的，分位后面不写“整”字。

（5）阿拉伯金额数字中间有“0”时，大写金额要写“零”字，不留空缺。例如，金额为人民币 1 203.40 元，汉字大写金额应写成“壹仟贰佰零叁元肆角整”。阿拉伯金额数字中间连续有几个“0”时，汉字大写金额中可以只写一个“零”字。例如，如¥1 002.34，汉字大写金额应写成“壹仟零贰元叁角肆分”。

### 随堂测验

【判断】如果金额有小数，那么小数点后填写到角、分。如果没有角、分，角、分位应写“0”，有角无分的，分位应写“0”，也可用符号“-”代替。（　　）

【答案】×

# 第 167 天　摘要的填写要求

### 课堂精讲

对出纳人员来说，会计凭证中摘要的填写应注意以下问题。

（1）真实性是填写摘要时首先要遵循的原则，违背真实性的摘要不能反映出会计凭证中有关经济业务真实的内容。

（2）在填写摘要时，力求简明，但是不能贪图简洁，应以说明问题为主。写物要有品名、数量、单价；写事要有过程；银行结算凭证，要注明支票号码、去向；送存款项，要注明现金、支票、汇票等。摘要要能够正确、完整地反映经济活动和资金变化的来龙去脉，切忌含糊不清。

**随堂测验**

【单选】摘要的填写应遵循（　　）原则。

A．重要性　　B．真实性　　C．明晰性　　D．相关性

【答案】B

# 第168天　登记会计账簿的要求

**课堂精讲**

**1．准确完整**

登记会计账簿时，应当将会计凭证日期、编号、业务内容摘要、金额和其他有关资料逐项记入账内，做到数字准确、摘要清楚、登记及时、字迹工整。每一项会计事项要同时记入总账和总账所属的明细账。

**2．文字和数字必须整洁、清晰**

摘要文字紧靠左线；数字要写在金额栏内，不得越格错位、参差不齐；文字、数字紧靠下线书写，上面要留有适当空距，一般应占格宽的1/2，以备按规定的方法改错。记录金额时，如果角、分的位置没有数值，那么应分别在角、分位填写“0”，不得省略不写，或者以“-”号代替。阿拉伯数字一般可自左向右适当倾斜，以使账簿记录整齐、清晰。

**3．注明记账符号**

登记完毕后，要在记账凭证上签名或盖章，并注明已经登账的符号，表示已经记账。在记账凭证上设有专门的栏目供注明记账符号，以免发生重记或漏记。

**4．墨水的使用**

（1）正常记账时使用蓝黑墨水

登记账簿要用蓝黑墨水或碳素墨水书写，不得使用圆珠笔（银行的复写账簿除外）或铅笔书写。圆珠笔字迹不利于长期保存，而铅笔书写容易被随意篡改。

（2）特殊记账时使用红墨水

① 按照红字冲账的记账凭证，冲销错误记录。

② 在不设借贷等栏的多栏式账页中，登记减少数。

③ 在三栏式账户的余额栏前，如未印明余额方向的，在余额栏内登记负数余额。

④ 根据国家统一会计制度的规定可以用红字登记的其他会计记录。

**5．顺序连续登记**

各种账簿按页次顺序连续登记，不得跳行、隔页，更不得随便更换账页和撤出账页，作废的账页也要留在账簿中，如果发生跳行、隔页，那么应当将空行、空页划线注销，或者注明“此行空白”、“此页空白”字样，并由记账人员签名或盖章。

**6．结出余额**

凡需要在会计期末结出余额的账户，结出余额后，应当在借或贷等栏内写明“借”或“贷”等字样。没有余额的账户，应当在借或贷等栏内写“平”字，并在余额栏内用“0”表示。现金日记账和银行存款日记账必须逐日结出余额。

**7．承前过次**

每一账页登记完毕结转下页时，应当结出本页合计数及余额，写在本页最后一行和下页第一行有关栏内，并在摘要栏内注明“过次页”和“承前页”字样；也可以将本页合计数及金额只写在下页第一行有关栏内，并在摘要栏内注明“承前页”字样。

**8．登记发生错误时的更正方法**

发现差错必须根据差错的具体情况采用划线更正、红字更正、补充登记等方法更正。

**9．定期打印**

对于实行会计电算化的单位，总账和明细账应当定期打印，以便保证信息的安全和完整。

**随堂测验**

【判断】每一账页登记完毕结转下页时，可以将本页合计数及金额只写在下页第一行有关栏内，并在摘要栏内注明“承前页”字样。（　　）

【答案】√

# 第 169 天 出纳报告的编写

课堂精讲

## 1. 出纳报告的基本格式

出纳人员记账后，应根据现金日记账、银行存款日记账、有价证券明细账、银行对账单等核算资料，定期编制“出纳报告单”和“银行存款余额调节表”，报告本单位一定时期现金、银行存款、有价证券的收、支、存情况，并与总账会计核对期末余额。

## 2. 出纳报告的编写

（1）出纳报告单的编制

① 出纳报告单的报告期可与本单位总账会计汇总记账的周期相一致，如果本单位总账 10 天汇总一次，那么出纳报告单 10 天编制一次。

② 上期结存数是指报告期前一期期末结存数，即上一期出纳报告单的“本期结存”数字。

③ 本期收入按账面本期合计借方数字填列。

④ 合计是上期结存与本期收入的合计数字。

⑤ 本期支出按账面本期合计贷方数字填列。

⑥ 本期结存是指本期期末账面结存数字。它等于“合计数字”减去“本期支出”数字。本期结存必须与账面实际结存数一致。

（2）银行存款余额调节表的编制

银行账上的存款余额（也就是银行对账单上的存款余额）同本单位账上的存款余额可能不一致，造成不一致的原因有两种：

① 双方账目发生错误，因这种原因造成的余额不一致要及时与银行进行沟通，及时更正；

② 双方记账没有发生错误，但由于结算凭证传递时间的不同步而产生“未达账项”，即一方已经入账，而另一方尚未接到有关凭证。因这种原因造成的余额不一致，要消除未达账项的影响，具体做法是编制银行存款余额调节表。

编制银行存款余额调节表的目的是对所有的未达账项进行分类汇总，调节为实际金额。银行存款余额调节表主要包括四个项目，即“企业已付，银行未付”、“企业已收，银行未收”、“银行已付、企业未付”、“银行已收，企业未收”。

随堂测验

【例】天天食品厂7月30日银行存款日记账上存款余额为6 000元，银行送来的对账单上的余额为5 000元，经逐笔核对，发现有以下情况：

（1）月末天天食品厂收到转账支票一张2 000元，已入账，银行尚未入账；

（2）月末天天食品厂开出转账支票一张 500 元，已入账，持票人未到银行办理转账手续，银行未入账；

（3）银行代收货款1 000元，已入账，天天食品厂未收到银行的收款通知，未入账；

（4）银行代付的水电费500元，已入账，天天食品厂未收到银行的付款通知，未入账。

【解析】

第一笔业务属于企业已收，银行未收；第二笔业务属于企业已付，银行未付；第三笔业务属于银行已收，企业未收；第四笔业务属于银行已付，企业未付。

因此，实际的企业银行日记账金额应该是6 000+1 000−500=6 500（元）；实际的银行存款金额为5 000+2 000−500=6 500（元）。

这个数字是月末银行存款的真实数字。对于银行已经入账而企业尚未入账的各项经济业务，不能根据上述调节表进行记账，而应在接到有关凭证以后再编制记账凭证，计入有关账簿。

## 第170天　错账的查找方法

课堂精讲

在对账过程中，可能发生各种各样的差错。产生差错的原因可能是重记、漏记、数字颠倒、数字错位、数字记错、科目记错、借贷方向记反，从而影响会计信息的正确性。常见的差错查找方法有以下几种。

### 1．差数法

差数法是按照错账的差数查找错账的方法。例如：

| | |
|---|---|
| 借：应交税费——营业税 | 5 250 |
| 　　　　　　——城市维护建设税 | 367.5 |
| 　　　　　　——个人所得税 | 500 |
| 　　其他应交款——教育费附加 | 157.5 |
| 　贷：银行存款 | 6 275 |

若会计人员在记账时漏记了城市维护建设税 367.5 元，那么在进行应交税费总账和明细账核对时，就会出现总账借方余额比明细账借方余额多 367.5 元的现象。对于类似差错，应由出纳人员通过回忆相关金额的记账凭证进行查找。

### 2. 尾数法

对于发生的角、分的差错可以只查找小数部分，以提高查错的效率。例如，只差 0.06 元，只需看一下尾数有“0.06”的金额，看是否已将其登记入账。

### 3. 除 2 法

当账账、账证或账实不符且差数为偶数时，应首先检查记账方向是否发生错误。在记账时，有时由于会计人员疏忽，错将借方金额登记到贷方或将贷方金额登记到借方，这必然会出现一方合计数增多，而另一方合计数减少的情况，其差额恰是记错方向数字的 1 倍，并且差数是偶数。对于这种错误的检查，可用差错数除以 2，得出的商数就是账中记账方向的反方向数字，然后再到账目中去寻找差错的数字就有了一定的目标。例如：

借：其他应收款——总务科　　500

　贷：库存现金　　500

登记明细账时，错把其他应收款登记入贷方，总账与明细账核对时，就会出现总账借方余额大于明细账借方余额 1 000 元，将 1 000 元除以 2，正好是贷方记错的 500 元。

### 4. 除 9 法

除 9 法是指用对账差额除以 9 来查找差错的一种方法，主要适用于下列两种错误的查找。

（1）数字错位。在查找错误时，如果差错的数额较大，则应该检查一下是否在记账时发生了数字错位。在登记账目时，会计人员有时会把位数看错，把十位数看成百位数，把百位数看成千位数，把小数看大了；也可能把百位数看成十位数，把千位数看成百位数，把大数看小了。这种情况下，差错数额一般比较大，可以用除 9 法进行检查。例如，将 70 元看成了 700 元并登记入账，此时在对账时就会出现余额差 700−70=630（元），用 630 元除以 9，商为 70 元，70 元就是应该记录的正确的数额。又例如，收入现金 800 元，误记为 80 元，对账结果会出现 800−80=720（元），用 720 元除以 9，商为 80 元，商数即为差错数。

（2）相邻数字颠倒错误的查找。在记账时，有时易将相邻的两位数或三位数的数字登记颠倒了。例如，将 86 记成 68，315 记成 513，它们的差值分别是 18 和 198，都可以被 9 整除，这样知道错误问题之后，进一步判断错在哪一笔业务上就可以了。

如果用上述方法检查均未发现错误，而对账结果又确实不符，那么还可以采用顺查、逆查、抽查等方法检查是否有漏记或重记等现象。

随堂测验

【单选】某财务人员做账时将应记入“库存商品——A 商品”科目借方的 8 000 元误记入贷方。财务人员在查找该项错账时，应采用的方法是（　　）。

A．除 2 法　　B．除 9 法　　C．尾数法　　D．差数法

【答案】A

# 第 171 天　错账的更正方法——划线更正

课堂精讲

划线更正又称红线更正。如果发现账簿记录有错误，而其所依据的记账凭证没有错误，即纯属记账时文字或数字的笔误，那么应采用划线更正的方法进行更正。更正方法如下。

（1）将错误的文字或数字划一条红色横线注销，但必须使原有字迹仍可辨认，以备查找。

（2）在划线的上方用蓝字或黑字将正确的文字或数字填写在同一行的上方位置，并由更正人员在更正处盖章，以明确责任。

随堂测验

【单选】划线更正法的适用范围（　　）。

A．记账凭证正确，在记账时发生错误，导致账簿记录错误

B．记账凭证上会计科目或记账方向正确，所记金额大于应记金额，导致账簿记录错误

C．记账凭证上会计科目或记账方向错误，导致账簿记录错误

D．记账凭证上会计科目或记账方向正确，所记金额小于应记金额，导致账簿记录错误

【答案】B

# 第 172 天　错账的更正方法——红字更正

课堂精讲

红字更正又称红字冲销。在会计上，以红字记录表明对原记录的冲减。红字更正适用于以下两种情况。

（1）根据记账凭证所记录的内容记账以后，发现记账凭证中的应借应贷会计科目或记账

方向有错误，记账凭证同账簿记录的金额相吻合，应采用红字更正。更正方法如下：

① 先用红字填制一张与原错误记账凭证内容完全相同的记账凭证，并据以用红字登记入账，冲销原有错误的账簿记录；

② 再用蓝字或黑字填制一张正确的记账凭证，并据以用蓝字或黑字登记入账。

【例 1】以现金支付银行利息 800 元，在填制记账凭证时误记入“银行存款”科目，并据以登记入账，其错误记账凭证所反映的会计分录为：

借：应付利息　　800

　贷：银行存款　　800

该项分录应贷记“库存现金”科目。在更正时，应用红字金额编制如下记账凭证进行更正。

借：应付利息　　800

　贷：银行存款　　800

错误的记账凭证以红字记账更正后，表明已全部冲销原有错误记录，然后用蓝字或黑字填制如下正确分录，并据以登记入账：

借：应付利息　　800

　贷：库存现金　　800

（2）根据记账凭证所记录的内容记账以后，发现记账凭证中应借应贷会计科目和记账方向都没有错误，记账凭证和账簿记录的金额相吻合，只是所记金额大于应记的正确金额，应采用红字更正。更正的方法是将多记的金额用红字填制一张与原错误记账凭证所记载的借贷方向、应借应贷会计科目相同的记账凭证，并据以登记入账，以冲销多记金额，求得正确金额。

【例 2】用银行存款 4 000 元购买办公用品，在填制记账凭证时，误记金额为 40 000 元，但会计科目、借贷方向均无错误，其错误记账凭证所反映的会计分录为：

借：管理费用　　40 000

　贷：银行存款　　40 000

在更正时，应用红字金额 36 000 元编制如下记账凭证进行更正。

借：管理费用　　36 000

　贷：银行存款　　36 000

错误的记账凭证以红字记账更正后，即可反映其正确金额为 4 000 元。

如果记账凭证所记录的文字、金额与账簿记录的文字、金额不符，那么应首先采用划线法更正，然后再用红字冲销法更正。

### 随堂测验

【单选】某企业用银行存款 8 000 元支付短期借款利息，会计人员编制的付款凭证为借记管理费用 6 000 元，贷记银行存款 6 000 元，并已登记入账。当年发现记账错误，更正时应采用的更正方法是（　　）。

A．重编正确的付款凭证　　B．划线更正法　　C．补充登记法　　D．红字更正法

【答案】D

## 第 173 天　错账的更正方法——补充登记

### 课堂精讲

补充登记又称蓝字补记。根据记账凭证所记录的内容记账以后，发现记账凭证中应借应贷会计科目和记账方向都没有错误，记账凭证和账簿记录的金额相吻合，只是所记金额小于应记的正确金额，应采用补充登记法。更正的方法是将少记的金额用蓝字或黑字填制一张与原错误记账凭证所记载的借贷方向、应借应贷会计科目相同的记账凭证，并据以登记入账，以补记少记金额，求得正确金额。

【例】用银行存款 40 000 元购买原材料，在填制记账凭证时，误记金额为 4 000 元，但应借应贷会计科目、借贷方向均无错误，其错误记账凭证所反映的会计分录为：

借：原材料　　4 000

　贷：银行存款　　4 000

在更正时，应用蓝字或黑字编制如下记账凭证进行更正：

借：原材料　　36 000

　贷：银行存款　　36 000

错误的记账凭证以蓝字或黑字记账更正后，即可反映其正确的金额为 40 000 元。

如果记账凭证中所记录的文字、金额与账簿记录的文字、金额不符，那么应首先采用划线法更正，然后用补充登记法更正。

### 随堂测验

【单选】A 部门领用原材料，实际成本为 5 000 元，编制记账凭证时误记为 500 元，并已登记入账，应采用的更正方法是（　　）。

A．红字更正法　　B．重新编制凭证　　C．划线更正法　　D．补充登记法

【答案】D

# Part 7

# 出纳日常工作——票据管理

# 第 174 天　票据的特征

## 课堂精讲

票据是出票人依据《中华人民共和国票据法》（以下简称《票据法》）签发的，由自己或委托他人于到期日或见票时无条件支付一定金额给收款人或持票人的一种有价证券。我国的票据包括汇票、本票和支票。

作为有价证券的一种，票据具有有价证券的一般特征，但它又是有别于其他有价证券的一类独立的有价证券。其特征有以下几点。

（1）完全有价证券。所谓完全有价证券，是指权利完全证券化、权利与证券融为一体不可分离的一类证券。票据权利不能离开票据而存在，若丧失票据，持票人则难以行使票据权利。

（2）金钱证券。票据的权利限定为金钱的收付，非劳务或其他。票据上记载的支付金额必须是确定的，否则无效。

（3）债权证券。票据关系实质为一种债权债务关系，持票人可以就票据上所记载金额向特定票据债务人行使请款权。

（4）设权证券。票据不是证明已存在的权利（证权证券），而是创设票据权利。通常，票据权利的发生必须首先作成票据；无票据，即无票据上的权利。

（5）无因证券。所谓无因证券，是指证券效力与作成证券的原因完全分离，证券权利的存在和行使，不以作成证券的原因为要件的一类证券。

（6）流通证券。票据上的权利可依背书或交付的方式自由流通转让，不须经债务人同意。

（7）文义证券。票据的权利和义务以及与票据有关的一切事项，必须以票据上记载的文义为准。

（8）提示证券。票据权利人向票据债务人行使权利时，必须出示票据；否则，债权人有权拒绝履行。

（9）返还证券。票据权利人的债权满足后，必须将票据交还给债务人，债权、债务双方之间的票据关系方告结束。

（10）要式证券。制作票据必须严格依照《票据法》所规定的形式要件，不符合法律规定的票据样式不产生法律效力。

## 随堂测验

【单选】下列有关票据特征的说法中，错误的是（　　）。

A．票据必须由持有人证明其取得票据的原因后才取得票据权利

B．票据上体现的权利性质是财产权而不是其他权利

C．票据上的一切权利和义务均必须严格依照票据记载的文义而定，文义之外的任何理由、事项均不得作为根据

D．票据权利的产生必须通过作成票据，是一种设权证券

【答案】A

# 第 175 天　票据行为

## 课堂精讲

票据行为是指票据关系的当事人之间以发生、变更或终止票据关系为目的而进行的法律行为。票据行为主要指以下几点，如表 7-1 所示。

**表 7-1　票据行为**

| 票据行为 | 具体说明 |
|---|---|
| 票据关系当事人之间进行的行为 | 发票人，即出票人，是指依法定方式作成票据并在票据上签名、盖章，再将票据交付给收款人的持票者 |
| | 收款人，即抬头人，有时又是持票人，是指票据到期并经提示后收取票款者 |
| | 付款人是指根据出票人的命令支付票款者 |
| | 持票人是指持有票据的人，包括占有票据的收款人、被背书人等 |
| | 承兑人，即汇票的主债务人，是指接受汇票出票人的付款委托，同意承担支付票款义务者 |
| | 背书人是指在转让票据时，在票据背面签字或盖章，并将票据交付给受让人的票据收款人或持有人 |
| | 被背书人是指被记名受让票据或接受票据转让的人 |
| | 保证人是指为票据债务提供担保者 |
| | 其他当事人 |
| 以设立、变更或终止票据关系为目的的行为 | 票据关系的当事人实施票据行为时都是有目的地设定、变更或终止某项票据权利或义务，并将该种意思表现出来 |
| 合法行为 | 票据行为是一种民事法律行为。民事法律行为是一种合法行为，故票据行为就是一种合法行为。换句话说，凡是行为主体不合格、意思表示不真实、行为内容违法等违法行为就不是票据行为，不受法律保护 |

### 随堂测验

【多选】根据《票据法》的规定，下列各项中，属于票据行为的有（ ）。

A．出票　　B．背书　　C．承兑　　D．提示付款

【答案】ABC

## 第 176 天　票据权利的取得

### 课堂精讲

**1．票据权利的定义**

所谓票据权利，是指持票人向票据债务人请求支付票据金额的权利，包括付款请求权和追索权。付款请求权是指持票人对主债务人所享有的，请求支付票据所载金额的权利；追索权是指付款请求权得不到满足时，向付款人以外的票据债务人要求清偿票据金额及有关费用的权利，又称为偿还请求权。票据权利是以获得一定金额为目的的债权。

**2．票据权利的取得**

票据权利以持有票据为依据，行为人合法取得票据，即取得票据权利。行为人取得票据的情形主要有以下几种。

（1）出票取得：从出票人处取得票据，即取得票据权利。

（2）转让取得：票据通过背书或交付等方式进行转让，即获得票据权利。

（3）通过税收、继承、赠与、企业合并等方式取得票据。

在票据权利取得方面，还有一些限制因素。

必须给付对价，即给付票据双方当事人认可的相对应的代价。无对价或无相当对价取得票据的，如果是善意取得，即取得票据时不存在欺诈、偷盗、胁迫等情形，没有主观恶意，则这时仍然享有票据权利，但票据持有人必须承受其前手（指在票据签章人或持票人之前签章的其他票据债务人）的权利瑕疵，即该票据权利不得优于前手。如果前手的权利因违法或有瑕疵而受影响或丧失，则该持票人的权利也会因此而受到影响或丧失。

因税收、继承、赠与可以依法无偿取得票据的，不受给付对价的限制。但是，所享有的票据权利不得优于其前手的权利。

因欺诈、偷盗、胁迫、恶意取得票据或因重大过失取得不合法票据的，不享有票据权利。

**随堂测验**

【单选】A 公司是一张 3 个月以后到期的银行承兑汇票所记载的收款人。A 公司和 B 公司合并为 C 公司，C 公司于上述票据到期时向承兑人提示付款。下列表述中，正确的是（　　）。

A．C 公司不能取得票据权利

B．C 公司取得票据权利

C．A 公司背书后，C 公司才能取得票据权利

D．A 公司和 B 公司共同背书后，C 公司才能取得票据权利

【答案】B

# 第 177 天　票据权利的保全

**课堂精讲**

所谓票据权利的保全，是指票据权利人为防止票据权利丧失而实施的行为。比如，为防止付款请求权与追索权因时效而丧失，采取中断时效的行为；为防止追索权丧失而请求作成拒绝证明的行为等。票据权利人为防止票据权利丧失，在人民法院审理、执行票据纠纷案件时，可以请求人民法院依法对票据采取保全措施或执行措施。

根据有关规定，经当事人申请并提供担保，对具有以下情形之一的票据，可以依法采取保全措施和执行措施：

（1）不履行约定义务，与票据债务人有直接债权债务关系的票据当事人所持有的票据；

（2）应付对价而未付对价持票人持有的票据；

（3）持票人恶意取得的票据；

（4）记载有“不得转让”字样而用于贴现的票据；

（5）记载有“不得转让”字样而用于质押的票据；

（6）法律或司法解释规定有其他情形的票据。

《票据法》规定，持票人对票据债务人行使票据权利，或者保全票据权利，应当在票据当事人的营业场所和营业时间内进行，票据当事人无营业场所的，应当在其住所进行。

**随堂测验**

【单选】A 所持有的一张支票遗失后，向法院申请公示催告。在公告期间内，B 持一张支票到法院申报权利，A 确认该支票就是其所遗失的支票，但是 B 主张自己已经善意

取得该支票上的权利。根据票据法律制度的规定，下列表述中，正确的是（　　）。

A．法院经审查认为 B 的主张成立，裁定驳回 A 的申请

B．法院经审查认为 B 的主张成立，裁定终结公示催告程序

C．法院经审查认为 B 的主张成立，判决 B 胜诉

D．法院直接终结公示催告程序

【答案】D

# 第 178 天　票据丧失与权利补救

## 课堂精讲

票据丧失是指票据持票人因票据被焚、遗失、被盗等原因而丧失对票据的占有。为保护持票人的权益，票据丧失可通过挂失止付、公示催告等方法补救。

### 1．挂失止付

《票据法》规定，票据丧失，失票人要及时告知票据付款人挂失止付，但是，未记载付款人的票据或无法确定付款人及其代理付款人的票据不能挂失止付。

实务中，丧失已承兑的商业汇票、支票、填明“现金”字样和代理付款人的银行汇票以及注明“现金”字样的银行本票，可以由失票人通知付款人或代理付款人挂失止付；未注明“现金”字样和代理付款人的银行汇票以及未注明“现金”字样的银行本票，不得挂失止付。

### 2．公示催告

公示催告是指在票据丧失后，由失票人向人民法院提出申请，请求人民法院以公告方法通知不确定的利害关系人限期申报权利，逾期未申报者，由人民法院通过除权判决宣告所丧失票据无效的一种制度。

## 随堂测验

【多选】票据丧失后，失票人可以采取的补救措施包括（　　）。

A．向付款银行申请挂失止付

B．要求付款人立即付款

C．向人民法院申请公示催告

D．向人民法院提起普通诉讼

【答案】ACD

# 第 179 天 票据权利的消灭

## 课堂精讲

票据权利的消灭是指因发生一定的法律事实而使票据权利不复存在。票据权利消灭之后，票据上的债权债务关系随之消失。票据权利消灭的原因包括以下几点。

（1）付款

付款人依法足额付款后，全体票据债务人的责任解除。

（2）票据时效期间届满

票据权利人如果超过一定的期间而未行使票据权利，则丧失票据权利。

① 持票人对票据出票人和承兑人的权利，时效期间为票据到期日起 2 年；见票即付的汇票、本票，时效期间为出票日起 2 年。

② 持票人对支票出票人的权利时效期间为出票日起 6 个月。

③ 持票人对前手的追索权，时效期间为被拒绝承兑或被拒绝付款之日起 6 个月。

④ 持票人对前手的再追索权，时效期间为自清偿之日或被提起诉讼之日起 3 个月。

## 随堂测验

【单选】根据《票据法》的规定，下列选项中，属于票据权利消灭的情形有（　　）。

A．持票人对支票出票人的权利，自出票日起 3 个月未行使

B．持票人对本票出票人的权利，自出票日起 3 年未行使

C．持票人对前手的再追索权，自清偿日或被提起诉讼之日起 1 个月未行使

D．持票人对前手的首次追索权，自被拒绝承兑或被拒绝付款之日起 3 个月未行使

【答案】B

# 第 180 天 票据抗辩

## 课堂精讲

票据抗辩是指票据债务人根据《票据法》的规定，对票据债务人拒绝履行义务的行为。根据抗辩原因及抗辩效力的不同，票据抗辩分为对物抗辩和对人抗辩。

对物抗辩就是绝对的抗辩或客观的抗辩，基于票据本身存在的事由发生的抗辩，主要包括：

（1）票据行为不成立，如票据应记载的内容有欠缺；

（2）票据债务人无行为能力、无权代理或超越代理权进行票据交易、票据上有禁止记载的事项（如因欺诈、偷盗、胁迫、恶意、重大过失取得票据）等；

（3）依票据记载不能提出请求的抗辩，如票据未到期、付款地不符等；

（4）票据载明的权利已消灭或已失效，如票据债权因付款、抵销、提存、免除、除权判决、时效届满而消灭等；

（5）票据上有伪造、变造情形。

对人抗辩也称主观抗辩或相对抗辩，是指基于人的事由发生的抗辩，是基于票据债务人和特定票据债权人之间的关系而发生的抗辩，多与票据基础关系有关。票据债务人可以对不履行约定义务的、与自己有直接债权债务关系的持票人进行抗辩。票据债务人只能对基础关系中的直接相对人不履行约定义务的行为进行抗辩，该基础关系必须是该票据赖以产生的民事法律关系；如果票据已被不履行约定义务的持票人转让给第三方，而第三方属善意、已对价取得票据的，则票据债务人不能对其进行抗辩。此项权利在行使过程中也有一定的限制：

（1）票据债务人不得以自己与出票人之间的抗辩事由对抗持票人；

（2）票据债务人不得以自己与持票人的前手之间的抗辩事由对抗持票人；

（3）凡是善意的已给付对价的正当持票人可以向票据上的一切债务人请求付款，不受前手权利瑕疵和前手相互间抗辩的影响；

（4）持票人取得的票据是无对价或不相当对价的，由于其享有的权利不能优于其前手的权利，故票据债务人可以对抗持票人前手的抗辩事由对抗该持票人。

### 随堂测验

【单选】根据《票据法》的规定，下列各项中，属于汇票债务人可以对持票人行使抗辩权的事由是（　　）。

A．汇票背书不连续

B．汇票债务人与持票人前手之间存在抵销关系

C．汇票债务人与出票人之间存在合同纠纷

D．出票人存入汇票债务人的资金不够

【答案】A

# 第 181 天　支票的管理

## 课堂精讲

为使开户单位随时可以与开户银行办理支付项业务，或者使用支票办理付款及单位之间债权债务关系的结算，在银行存款额度内，开户单位均可向开户银行领购支票，企业一般保留一定数量的空白支票备用。

空白支票必须由专人妥善保管，企业要遵循票、印分管的原则，空白支票和印章不得由一人负责保管。

### 1. 支票的签发

支票应由领导指定的出纳人员签发。支票领用时应填制“支票领用单”，注明领用支票的用途、日期、金额，由经办人签名，并经有关领导批准同意。出纳人员根据经领导批准的“支票领用单”，按规定要求签发支票，并登记“空白支票签发登记簿”（如表 7-2 所示）。支票领用人应在支票领用之日起 10 日内到财务部办理报销手续，其程序与现金支出报销程序一样。支票领用人应妥善保管已签发的支票，如有丢失，应立即通知财务部门并对造成的后果承担责任。

表 7-2　空白支票签发登记簿

| 领用日期 | | | 支票号码 | 领用人 | 支票用途 | 收款单位 | 限额 | 批款人 | 销号日期 | | |
|---|---|---|---|---|---|---|---|---|---|---|---|
| 年 | 月 | 日 | | | | | | | 年 | 月 | 日 |
| | | | | | | | | | | | |
| | | | | | | | | | | | |
| | | | | | | | | | | | |

### 2. 要严格控制携带空白支票外出采购

对于特殊情况，事先不能确定采购物资的单价、金额的，经所属单位领导批准，可将填明收款人名称和签发日期的支票交采购人员，明确用途和款项限额，使用支票人员回单位后必须及时向财务部门结算。

### 3. 设置“支票领用登记簿”

经单位领导批准，出纳人员签发空白支票后应在支票领用登记簿上登记。具体如表 7-3 所示。

表 7-3 支票领用登记簿

支票类别：　　　　　　　　　　　　　　　　＿＿年＿月　　　　　　　　　　　　　　　　银行账号：

| 日期 | | 支票号码 | 用途 | 预计金额 | 领用人 | 报销日期 | | 退票日期 | | 备注 |
|---|---|---|---|---|---|---|---|---|---|---|
| 月 | 日 | | | | | 月 | 日 | 月 | 日 | |
| | | | | | | | | | | |
| | | | | | | | | | | |
| | | | | | | | | | | |

**4．支票使用时的其他注意事项**

（1）单位撤销、合并、结清账户时，对于剩余的空白支票，填列一式两联的清单，全部交回银行注销。清单一联由银行盖章后退交收款人，另一联作清户传票附件。

（2）签发支票要按照上述的凭证和账簿的填写规则填写，对于填写错误的支票，不得擅自销毁，要妥善保管。

（3）已签发的现金支票遗失，要向银行申请挂失。

（4）不得向任何单位出借空白支票。

（5）收款单位接受银行支票时应认真鉴别支票的真伪，注意支票的日期是否为远期、过期支票，以及背书的连续性。

**随堂测验**

【多选】关于支票的管理说法正确的是（　　）。

A．支票必须由专门的出纳人员签发

B．不得向任何单位出借空白支票

C．支票领用人需要在支票领用之日起 10 日内到财务部门办理报销手续

D．已签发的现金支票遗失，要向银行申请挂失

【答案】ABCD

## 第 182 天　支票的使用规定

**课堂精讲**

《中华人民共和国票据法》对支票的使用作了明确的规定。

（1）开立支票存款账户，申请人必须使用其本名，并提交合法证件。开立支票存款账户和领用支票时，申请人应当有可靠的资信，并存入一定的资金。开立支票存款账户时，申请人应当预留其本名的签名式样和印鉴。

（2）支票上的金额可以由出票人授权补记，未补记前的支票不得使用。支票上未记载付款地的，付款人的营业场所为付款地。支票上未记载出票地的，出票人的营业场所、住所或经常居住地为出票地。出票人可以在支票上记载自己为收款人。

（3）支票的出票人所签发的支票金额不得超过其付款时在付款人处实有的存款金额，否则为空头支票。禁止签发空头支票。支票的出票人不得签发与其预留本名的签名式样或印鉴不符的支票。出票人必须按照签发的支票金额承担向该持票人付款的责任。

（4）当出票人在付款人处的存款足以支付支票金额时，付款人应在当日足额付款。支票限于见票即付，不得另行记载付款日期。另行记载付款日期的，该记载无效。支票的持票人应自出票日起 10 日内提示付款；异地使用的支票，其提示付款的期限由中国人民银行另行规定。

（5）超过提示付款期限的，付款人可以不予付款；付款人不予付款的，出票人对持票人承担票据责任。付款人依法支付支票金额的，对出票人不再承担受委托付款的责任，对持票人不再承担付款的责任。但是，付款人有恶意或有重大过失付款的行为除外。

**随堂测验**

【单选】关于支票的说法正确的是（　　）。

A．支票的收款人名称可由出票人授权补记

B．支票的提示付款期限为出票日起 1 个月

C．支票不可以背书转让

D．持票人提示付款时，支票的出票人账户金额不足的，银行应先向持票人支付票款

【答案】A

## 第 183 天　支票的填写要求

**课堂精讲**

出纳人员在填写支票时应注意以下几点：

（1）支票正面不能有涂改痕迹，否则作废；

（2）受票人如果发现支票填写不全，则可以补记，但不能涂改；

（3）支票的有效期为 10 天，日期首尾算一天，遇节假日顺延；

（4）支票见票即付，不记名；

（5）出票单位的现金支票背面有印章盖模糊了，可把模糊印章打叉，重新再盖；

（6）收款单位的转账支票背面印章盖模糊了（此时《票据法》规定是不能以重新盖章方法来补救的），收款单位可带转账支票及银行进账单到出票单位的开户银行去办理收款手续（不用付手续费），俗称“倒打”，这样就用不着到出票单位重新开支票了。

### 随堂测验

【多选】关于支票填写说法正确的是（　　）。

A．支票正面不能有涂改痕迹，否则作废

B．支票的有效期为 10 天

C．出票单位的现金支票背面印章盖模糊了，不可以重新盖章

D．支票见票即付，不记名

【答案】ABD

## 第 184 天　支票挂失的办理

### 课堂精讲

已经签发的普通支票和现金支票，如果遗失或被盗，则有关人员应立即向银行申请挂失。

（1）已经签发、内容齐备、可以直接支取现金的支票遗失或被盗，出票人应当出示公函或有关证明，填写两联挂失申请书，加盖预留银行的签名式样和印鉴，向开户银行申请挂失止付。银行查明该支票确未支付，收取一定的挂失手续费后受理挂失，在挂失人账户中用红笔注明支票号码及挂失的日期。

（2）收款人将收受的可以直接支取现金的支票遗失或发生被盗的，也应当出示公函或有关证明，填写两联挂失止付申请书，经付款人签章证明后，到收款人开户银行申请挂失止付。其他有关手续同上。同时，依据《票据法》第十五条第三款的规定，失票人应当在通知挂失止付后三日内，也可以在票据丧失后，依法向人民法院申请公示催告，或者向人民法院提起诉讼。即可以背书转让的票据的持票人在票据被盗、遗失或灭失时，须以书面形式向票据支付地（即付款地）的基层人民法院提出公示催告申请。在失票人

向人民法院提交的申请书上，应写明票据类别、票面金额、出票人、付款人、背书人等票据主要内容，并说明票据丧失的情形，同时提出有关证据，以证明自己确属丧失票据的持票人，有权提出申请。

按照规定，已经签发的转账支票遗失或被盗等，由于这种支票可以直接持票购买商品，银行不受理挂失，失票人不能向银行申请挂失止付，但可以请求收款人及其开户银行协助防范。如果丧失的支票超过有效期或挂失之前已经由付款银行支付票款，由此所造成的一切损失，均应由失票人自行负责。

随堂测验

【判断】现金支票和转账支票丧失后均可以挂失止付。（　　）

【答案】×

## 第 185 天　支票的入账

课堂精讲

收取支票后，应尽快将支票送到银行，这个行为称为入账。入账方式有顺转和逆转两种。

（1）顺转：将支票交到开出支票的银行，由开出支票的银行将钱拨到收款银行。

（2）逆转：将支票交到自己的开户行，委托开户行到开出支票的银行收款。

其中，顺转时支票交到支票开户行马上就可以知道支票上有无足够金额，所以入账时最好去支票开户行。

支票入账时需填写进账单（进账单需在开户行购买）。进账单虚线右半部分框里的“持票人”一栏填写本公司资料（名称、开户行和账号），“出票人”一栏填写开支票方资料（名称、开户行和账号）。

银行进账单是持支票到银行办理进账手续的凭证，进账单的虚线左半部分称为回单，银行收进支票盖上银行章后退还企业用以记账。如果是顺转，那么收到回单即表示货款已划出。如果是逆转，那么要等两天左右才能知道货款是否真正划到账。支票诈骗往往就是利用了这两天银行划账的时间差。

随堂测验

【判断】支票入账方式中，顺转是将支票交到自己的开户行，委托开户行到开出支票的银行收款。（ ）。

【答案】×

## 第 186 天　发票的种类

### 课堂精讲

发票是指单位在购销商品、提供或接受服务以及从事其他经营活动中，开具、收取的收付款凭证。发票包括普通发票、增值税专用发票和专用发票。

**1．普通发票**

普通发票主要由营业税纳税人和增值税小规模纳税人使用，增值税一般纳税人在不能开具专用发票的情况下也可使用。

（1）普通发票由行业发票和专用发票组成。前者适用于某个行业和经营业务，如商业零售统一发票、商业批发统一发票、工业企业产品销售统一发票等；后者仅适用于某一经营项目，如广告费用结算发票、商品房销售发票等。

（2）普通发票共三联，第一联为存根联，开票方留存备查用；第二联为发票联，收执方作为付款或收款原始凭证；第三联为记账联，开票方作为记账原始凭证。

**2．增值税专用发票**

增值税专用发票专用于纳税人销售或提供增值税应税项目。它是我国实施新税制的产物，是国家税务部门根据增值税征收管理需要而设定的。

**3．专用发票**

专用发票是购货方据以抵扣税款的法定凭证。它是记载商品销售额和增值税税额的财务收支凭证，也是兼记销货方纳税义务和购货方进项税额的合法证明。

### 随堂测验

【填空】发票是指单位在购销商品、提供或接受服务以及从事其他经营活动中，开具、收取的收付款凭证。发票包括________、________、________。

【答案】普通发票、增值税专用发票、专用发票

# 第 187 天 发票的管理要求

## 课堂精讲

发票的管理要求如表 7-4 所示。

表 7-4 发票的管理要求

| 管理要求 | 说明 |
| --- | --- |
| 落实安全保管 | 在购买发票前，企业必须与税务局签订《增值税专用发票使用管理责任书》、《防伪税控机使用管理责任书》，安排专人保管，并将专用发票存放于专门的保险柜内，以确保万无一失 |
| 落实登记管理 | 出纳人员领用发票时，需办理发票的领用手续，填写发票领用单，经单位领导签字批准后，按顺序领用发票。发票的使用也应建立登记制度，设置发票登记簿 |
| 按顺序使用发票 | 出纳人员在使用发票时，不得拆本、隔页或跳号使用，必须按发票的先后顺序使用 |
| 禁止带票外出 | 发票只限于用票单位使用，任何单位和个人不准跨地区携带及使用发票，不准带票外出经营 |
| 不能转让、代开发票 | 发票不能转让、代开。发票使用完毕后，其存根联应单独保存，存根编号应连续 |
| 丢失后的弥补措施 | 如果发生被盗、丢失，则应立即上报主管（被盗应向公安机关报案）。经有关部门派员调查核实后，填写“发票挂失声明申请审批表”，逐级报批，并在相关媒体上声明作废。遗失的发票以及金税卡、税控 IC 卡如发生偷漏税案件，纳税人应承担连带法律责任 |

## 随堂测验

【多选】下列关于发票使用管理的描述正确的是（ ）。

A．发票必须按顺序正常使用

B．发票使用必须严格落实登记制度

C．发票只限购票单位使用

D．发票遗失需逐级汇报并在相关媒体上声明作废

【答案】ABCD

## 第 188 天 开具发票的注意事项

### 课堂精讲

开具发票时，应注意以下几点要求：

（1）不能应开具发票而未开具发票；

（2）不能单联填开或上下联金额、增值税销项税额等内容不一致；

（3）不能填写项目不齐全；

（4）不能涂改发票；

（5）不能转借、代开发票；

（6）不能未经批准拆本使用发票；

（7）不能虚构经营业务、虚开发票；

（8）不能开具作废发票；

（9）不能未经批准、跨规定使用区域开具发票；

（10）不能以其他单据或白条代替发票开具；

（11）不能扩大专用发票或增值税专用发票开具范围；

（12）应按规定报告发票使用情况；

（13）应按规定设置发票登记簿；

（14）其他应按规定开具发票的行为。

### 随堂测验

【判断】开具发票应按照规定的时限、顺序，逐栏、全部联次一次性如实开具，并加盖单位财务印章或发票专用章，特殊情况也可分联次开具。（　　）

【答案】×

## 第 189 天 发票遗失、被窃、被盗时的处理

### 课堂精讲

单位若遗失发票，应于发现遗失发票的当天向主管税务机关递交书面报告，同时通过电台、电视台或报纸等新闻媒体刊登遗失启事，声明发票作废。单位发票发生被窃、

被盗的，应于发现被窃、被盗的当天，向当地公安机关报案，同时凭有关报案的证明向当地主管税务机关书面报告被窃、被盗的情况，并通过电视、报纸等新闻媒体刊登被窃、被盗启事，声明发票作废。

### 随堂测验

【判断】单位遗失发票后只需要向税务机关进行口头说明，并通过电台、电视台或报纸等新闻媒体刊登遗失启事，声明发票作废即可。（　　）

【答案】×

## 第 190 天　发票填开的基本规定

### 课堂精讲

发票填开应遵循以下几项规定。

（1）发票只限于用票单位和个人自己填开使用，不得转借、转让、代开发票；未经国家税务机关批准不得拆本使用发票。

（2）单位和个人只能按照国家税务机关批准印制或购买的发票使用，不得用“白条”和其他票据代替发票使用，也不得自行扩大专用发票的使用范围。

（3）发票只准在领购发票所在地填开，不准携带到外县（市）使用。到外县（市）从事经营活动，需要填开普通发票，按规定可到经营地国家税务机关申请购买发票或申请填开。

（4）凡销售商品、提供服务以及从事其他经营业务活动的单位和个人，对外发生经营业务收取款项，收款方应如实向付款方填开发票；但对收购单位和扣缴义务人支付个人款项时，可按规定由付款单位向收款个人填开发票；对向消费者个人零售小额商品或提供零星劳务服务，可以免予逐笔填开发票，但应逐日记账。

（5）使用发票的单位和个人必须在实现经营收入或发生纳税义务时填开发票，未发生经营业务一律不准填开发票。

（6）单位和个人填开发票时必须按照规定的时限、号码顺序填开，填写时必须做到项目齐全、内容真实、字迹清楚，全份一次复写，各联内容完全一致，并加盖单位财务印章或发票专用章。填开发票应使用中文，也可以使用中外两种文字。对于填开发票后发生销货退回或折价的，在收回原发票或取得对方国家税务机关的有效证明后，方可填开红字发票，用票单位和个人填错发票，应书写或加盖“作废”字样，完整保存各联备查。用票单位和个人丢失发票应及时报告主管国家税务机关，并在报纸、电视等新闻媒体上公开声明作废，同时接受国家税务机关的处理。

### 随堂测验

【判断】A 企业在外地有工程项目，为了收回工程款项，A 企业在本地（企业所在地）开具发票后交予甲方，请问 A 企业的做法是否正确。（　　）

【答案】×

## 第 191 天　增值税一般纳税人专用发票填开

### 课堂精讲

增值税一般纳税人填开专用发票，除按普通发票的规定填开外，还应执行下列规定。具体内容如表 7-5 所示。

表 7-5　增值税一般纳税人专用发票填开规定

| 填开规定 | 内容 |
| --- | --- |
| 一般纳税人销售货物、应税劳务必须向购买方开具专用发票，但右栏中的情况不得开具专用发票 | 向消费者销售应税项目 |
| | 销售免税项目 |
| | 销售报关出口的货物、在境外销售应税劳务 |
| | 将货物用于非应税项目 |
| | 将货物用于集体福利或个人消费 |
| | 将货物无偿赠送他人 |
| | 提供应税劳务（应当征收增值税的除外）、转让无形资产或销售不动产 |
| | 商业企业零售的烟、食品、服装、鞋帽（不包括劳保福利用品）、化妆品等消费品，生产、经营机电、机车、汽车、轮船等大型机械、电子设备的工商企业，凡直接销售给使用单位的 |
| | 向小规模纳税人销售应税项目可以不开具专用发票 |
| 一般纳税人必须按规定的时限开具专用发票 | 采用预收货款、托收承付、委托银行收款结算方式的，为货物发出的当天 |
| | 采用交款提货结算方式的，为收到货款的当天 |
| | 采用赊销、分期付款结算方式的，为合同约定收款的当天 |
| | 设有两个以上机构并实行统一核算的纳税人，将货物从一个机构移送其他机构用于销售，按规定应当征收增值税的，为货物移送的当天 |
| | 将货物交付他人代销的，为收到受托人送交的代销清单的当天 |
| | 将货物作为投资提供给其他单位或个体经营者，为货物移送的当天 |
| | 将货物分配给股东的，为货物移送的当天 |

（续表）

| 填开规定 | 内容 |
|---|---|
| 采用汇总方式填开增值税专用发票 | 一般纳税人经国家税务机关批准采用汇总方式填开增值税专用发票的，应当附有国家税务机关统一印制的销货清单 |
| 销售货物并向购买方开具专用发票后，如发生退货或销售折让，应视不同情况分别按有关规定办理 | 购买方在未付货款并且未作账务处理的情况下，须将原专用发票的发票联和抵扣联主动退还销售方 |
| | 销售方收到后，应在该发票联和抵扣联及有关的存根联、记账联上注明“作废”字样，整套保存，并重新填开退货后或销售折让后所需的专用发票 |
| | 在购买方已付货款，或者货款未付但已作账务处理，专用发票发票联及抵扣联无法退还的情况下，购买方必须取得当地主管国家税务机关开具的进货退出或索取折让证明单（以下简称“证明单”）送交销售方，作为销售方开具红字专用发票的合法依据 |
| | 销售方在未收到证明以前，不得开具红字专用发票 |
| | 收到证明单后，根据退回货物的数量、价款或折让金额向购买方开具红字专用发票 |
| | 红字专用发票的存根联、记账联作为销售方扣减当期销项税额的凭证，其发票联和抵扣联作为购买方扣减进项税额的凭证 |
| | 购买方收到红字专用发票后，应将红字专用发票所注明的增值税税额从当期进项税额中扣减。若不扣减，造成不纳税或少纳税的，则属于偷税行为 |
| 凡具备使用电子计算机开具专用发票条件的一般纳税人 | 凡具备使用电子计算机开具专用发票条件的一般纳税人，可以向主管国家税务机关提交申请报告以及按照专用发票（机外发票）格式用电子计算机制作的模拟样张，根据会计操作程序用电子计算机制作的最近月份的进货、销货及库存清单及电子计算机设备的配置情况，有关专用发票电子计算机技术人员、操作人员的情况等，经主管国家税务机关批准，领购由国家税务机关监制的机外发票填开使用 |

## 随堂测验

【单选】下列纳税人中，按规定可以领购使用增值税专用发票的是（　　）。

A．增值税小规模纳税人

B．增值税一般纳税人

C．销售的货物全部属于免征增值税的纳税人

D．不能向税务机关提供有关增值税税务资料的纳税人

【答案】B

## 第192天　票据的填写要求

### 课堂精讲

票据的填写应符合以下几点要求。

（1）收、付款人名称的填写要与其在银行开户的名称完全一致，做到“三不”和“三统一”。“三不”为：一不写简称；二不添字、漏字；三不写别字。个人姓名做到“三统一”：凭据上的、名章上的、身份证上的姓名完全一致。

（2）“付款人开户银行”处改手工填写为银行加盖条章。凡购买的支票等票据未盖银行名称条章的，应到银行补盖上。

（3）“用途”栏的填写应注意两点：第一，收付款的用途一定要和收付款单位的生产、经营性质相吻合；第二，收付款项的用途要做到既明确又详细。

（4）大写汉字和数字金额的填写按照上述的填写方法，这里不再赘述。

（5）票据和银行结算凭证的戳记应注意使用印泥，如果使用印油，则可能会出现印记不清楚的现象。

（6）填写票据务必注意两点：一是大小写金额一定要一致；二是票据金额、日期、收款人名称不可更改。否则，即为无效票据。

### 随堂测验

【单选】不符合票据和结算凭证填写要求的是（　　）。

A．票据的出票日期使用阿拉伯数字填写

B．中文大写金额数字书写中使用繁体字

C．阿拉伯小写金额数字前面均应填写人民币符号

D．将出票日期2月12日写成零贰月壹拾贰日

【答案】A

## 第193天　虚假票据的识别

### 课堂精讲

#### 1．“大头小尾”票据

“大头小尾”票据是指票据的存根与发票联的填写内容、金额不一致，例如，报销凭

证的数额大、存根联的数额小或多联发票无复写。

对此的鉴别方法为：首先，观察多联票据背面有无复写穿透的印迹，例如，多联票据没有复写印迹的，可视为“大头小尾”票据：其次，观察字迹，多联票据复写的字迹影子较虚或线条粗细不均。

**2．连号票据**

这类票据可从日期和票号上看，一般连号票据的编号与日期相互矛盾，有的日期在前而编号在后或日期在后而编号在前。

**3．过期票据**

一般从年号、格式、纸质上可鉴别真伪，这种票据容易在一个单位或一个部门出现，一般连号的比较多，纸质较黄。

**4．直接撕下后自填票据**

字体生硬做作，笔画细而不畅，品名、单位、数量及大小写金额错位较多，票据背面没有复写痕迹。自带复写票据颜色不一，一般是将同一张票据左边裁下一小条再复写，这种票据比正常票据要短而左边齐整，有时还会出现字体笔画不连贯、有间隔断线的情况。

**随堂测验**

【多选】下列属于虚假票据特征的是（　　）。

A．“大头小尾”票据　　B．连号票据

C．直接撕下后自填票据　　D．过期票据

【答案】ABCD

# Part 8

Part 8

art 8

# 出纳日常工作——工商实务操作指引

# 第 194 天　有限责任公司的设立条件

### 课堂精讲

**1．有限责任公司的定义**

《中华人民共和国公司法》（以下简称《公司法》）所称的有限责任公司是指在中国境内设立的，股东以其认缴的出资额为限对公司承担责任，公司以其全部资产为限对公司的债务承担责任的企业法人。

**2．有限责任公司的设立条件**

按照《公司法》的相关规定，设立有限责任公司应当具备下列五个条件：

（1）股东符合法定人数（1 人以上 50 人以下）；

（2）股东出资达到法定资本最低限额；

（3）股东共同制定公司章程；

（4）有公司名称，建立符合有限责任公司要求的组织机构；

（5）有固定的生产经营场所和必要的生产经营条件。

### 随堂测验

【多选】属于公司设立条件的是（　　）。

A．股东或发起人符合法定人数

B．达到法定资本的最低限额

C．必须在登记前得到审批

D．必须有公司章程

【答案】ABD

# 第 195 天　设立有限责任公司的程序

### 课堂精讲

设立有限责任公司的程序如图 8-1 所示。

| | |
| --- | --- |
| 第 1 步 | 咨询后领取并填写《名称（变更）预先核准申请书》，同时准备相关材料 |
| 第 2 步 | 递交《名称（变更）预先核准申请书》及其相关材料，等待名称核准结果 |
| 第 3 步 | 领取《企业名称预先核准通知书》，同时领取《企业设立登记申请书》等有关表格；经营范围涉及前置许可的，办理相关审批手续；到经工商局确认的入资银行开立入资专户；办理入资手续并到法定验资机构办理验资手续（以非货币方式出资的，还应办理资产评估手续） |
| 第 4 步 | 递交申请材料，材料齐全且符合法定形式的，等候领取《准予设立登记通知书》，同时准备相关材料 |
| 第 5 步 | 领取《准予设立登记通知书》后，按照《准予设立登记通知书》确定的日期到工商局交费并领取营业执照 |

图 8-1　设立有限责任公司的程序

### 随堂测验

【多选】有限责任公司设立的程序包括（　　）。

A．申请设立登记　　B．申请名称预先审核

C．审批　　D．验资

【答案】ABCD

## 第 196 天　设立有限责任公司的申请资料

### 课堂精讲

设立有限责任公司，应当由全体股东指定的代表或共同委托的代理人向公司登记机关申请设立登记。设立国有独资公司，应当由国务院或地方人民政府授权的本级人民政府国有资产监督管理机构作为申请人申请设立登记。设立的有限责任公司必须报经批准的，应当自批准之日起 90 日内向公司登记机关申请设立登记；逾期申请设立登记的，申请人应当报批准机关确认原批准文件的效力或另行报批。

申请设立有限责任公司时应当向登记机关提交以下材料：

（1）公司法定代表人签署的设立登记申请书；

（2）公司章程；

（3）全体股东指定代表或共同委托代理人的证明；

（4）股东首次出资是非货币财产的，应当在公司设立登记时提交已办理其财产权转移手续的证明文件；

（5）依法设立的验资机构出具的验资证明，法律、行政法规另有规定的除外；

（6）载明公司董事、监事、经理的姓名、住所的文件以及有关委派、选举或聘用的证明；

（7）股东的主体资格证明或自然人身份证明；

（8）企业名称预先核准通知书；

（9）公司法定代表人任职文件和身份证明；

（10）公司住所证明；

（11）国家工商行政管理总局规定要求提交的其他文件。

### 随堂测验

【多选】设立有限责任公司，可以向公司登记机关申请登记的是（　　）。

A．全体股东指定的代表　　　　B．全体发起人指定的代表

C．共同委托的代理人　　　　　D．董事会

【答案】AC

## 第 197 天　股份有限公司的设立条件

### 课堂精讲

**1．股份有限公司的定义**

《中华人民共和国公司法》（以下简称《公司法》）所称的股份有限公司是指将全部资本划分为等额股份，股东以其认购的股份为限对公司承担责任，公司以全部财产对公司债务承担责任的法人。

**2．股份有限公司的设立条件**

公司全体发起人的首次出资额不得低于注册资本的 20%，其余部分由发起人自公司成立之日起两年内缴足。其中，投资公司可以在五年内缴足。在缴足前，不得向他人募集股

份。股份有限公司是采取募集方式设立的，注册资本为在公司登记机关登记的实收股本总额。设立股份有限公司，应当有两人以上为发起人，其中须有过半数的发起人在中国境内有住所。国有企业改建为股份有限公司的，应当采取募集设立方式；股份有限公司发起人必须按照法律规定认购其应认购的股份，并承担企业筹办事务；以募集方式设立股份有限公司，必须经过国务院授权的部门或省级人民政府批准；股份有限公司的注册资本为在企业登记机关登记的实收股本总额；股份有限公司注册资本的最低限额为人民币 500 万元。股份有限公司注册资本最低限额需高于上述规定限额的，由法律、行政法规另行规定。

### 随堂测验

【单选】下列各项中，符合《公司法》关于股份有限公司设立规定的是（　　）。

A．甲公司注册资本拟为人民币 300 万元

B．乙公司由一名发起人认购公司股份总数的 35%，其余股份拟全部向特定对象募集

C．丙公司的全部 5 名发起人均为外国人，其中 3 人长期定居北京

D．丁公司采用募集方式设立，发起人认购的股份分期缴纳，拟在公司成立之日起 2 年内缴足

【答案】C

## 第 198 天　设立股份有限公司的申请资料

### 课堂精讲

设立股份有限公司，应当由董事会向公司登记机关申请设立登记。以募集方式设立股份有限公司的，应当于创立大会结束后 30 日内向公司登记机关申请设立登记。

申请设立股份有限公司时应当向登记机关提交以下材料：

（1）公司法定代表人签署的设立登记申请书；

（2）公司章程；

（3）董事会指定代表或共同委托代理人的证明；

（4）发起人首次出资是非货币财产的，应当在公司设立登记时提交已办理其财产权转移手续的证明文件；

（5）依法设立的验资机构出具的验资证明；

（6）载明公司董事、监事、经理姓名、住所的文件以及有关委派、选举或聘用的证明；

（7）发起人的主体资格证明或自然人身份证明；

（8）企业名称预先核准通知书；

（9）公司法定代表人任职文件和身份证明；

（10）公司住所证明；

（11）国家工商行政管理总局规定要求提交的其他文件。

以募集方式设立股份有限公司的，还应当提交创立大会的会议记录；以募集方式设立股份有限公司公开发行股票的，还应当提交国务院证券监督管理机构的核准文件。

设立的股份有限公司必须报经批准的，还应当提交有关批准文件。

随堂测验

【单选】设立股份有限公司，应当向公司登记机关申请设立登记的是（　　）。

A．全体股东指定的代表　　B．全体发起人指定的代表

C．共同委托的代理人　　D．董事会

【答案】D

## 第 199 天　发照

课堂精讲

营业执照是企业或组织合法经营权的凭证。营业执照的登记事项为：名称、地址、负责人、资金数额、经济成分、经营范围、经营方式、从业人数、经营期限等。营业执照分正本和副本，二者具有相同的法律效力。正本应当置于公司住所或营业场所的醒目位置，营业执照不得伪造、涂改、出租、出借、转让。

依法设立的公司，由公司登记机关发给《企业法人营业执照》。对于符合条件的，予以登记，发给营业执照，公司即告成立；对于不符合规定的，不予登记。对公司登记机关不予登记的决定不服的，可以依法提起行政诉讼。营业执照的签发日期为公司的成立日期。公司自成立之日起取得法人资格，并可以开始营业，即可以公司名义对外从事经营活动。公司设立登记即告完成。

公司营业执照签发日期为公司成立日期。公司凭公司登记机关核发的《企业法人营业执照》刻制印章开立银行账户，申请纳税登记。

随堂测验

【单选】我国《公司法》规定，有限责任公司的成立日为（　　）。

A．股东出资缴足以后　　B．营业执照签发之日

C．公司章程制定之日　　　　D．创立大会召开之日

【答案】B

# 第 200 天　公司申请变更及注销登记

## 课堂精讲

### 1．公司申请变更

公司登记事项变更时，应向原公司登记机关申请变更登记。未经批准，公司不得擅自改变登记事项。

公司变更登记事项涉及公司章程的，应当提交由公司法定代表人签署的修改后的公司章程或公司章程修正案。变更登记事项依照法律、行政法规或国务院决定规定在登记前须经批准的，还应当向公司登记机关提交有关批准文件。具体变更事项及要求如表 8-1 所示。

表 8-1　公司变更事项及要求

| 变更事项 | 具体要求 |
| --- | --- |
| 变更公司名称 | 自变更决议或决定作出之日起 30 日内申请变更登记 |
| 变更住所 | 在迁入新住所前申请变更登记，并提交新住所使用证明 |
| | 公司变更住所跨公司登记机关辖区的，应当在迁入新住所前向迁入地公司登记机关申请变更登记；迁入地公司登记机关受理的，由原公司登记机关将公司登记档案移送迁入地公司登记机关 |
| 变更法定代表人 | 自变更决议或决定作出之日起 30 日内申请变更登记 |
| 变更注册资本 | 提交依法设立的验资机构出具的验资证明 |
| 变更实收资本 | 提交依法设立的验资机构出具的验资证明，并按照公司章程载明的出资时间、出资方式缴纳出资。公司应当自足额缴纳出资额或股款之日起 30 日内申请变更登记 |
| 变更经营范围 | 自变更决议或决定作出之日起 30 日内申请变更登记 |
| | 变更经营范围涉及法律、行政法规或国务院决定规定在登记前须经批准的项目的，应当自国家有关部门批准之日起 30 日内申请变更登记。公司的经营范围中属于法律、行政法规或国务院决定规定须经批准的项目被吊销、撤销许可证或其他批准文件，或者许可证、其他批准文件有效期届满的，应当自吊销、撤销许可证、其他批准文件或许可证、其他批准文件有效期届满之日起 30 日内申请变更登记或依照规定办理注销登记 |

（续表）

| 变更事项 | 具体要求 |
|---|---|
| 变更公司类型 | 按照拟变更的公司类型的设立条件，在规定的期限内向公司登记机关申请变更登记，并提交有关文件 |
| 公司登记事项变更涉及分公司登记事项的 | 自公司变更登记之日起 30 日内申请分公司变更登记。登记事项发生变更的，应当办理变更登记 |
| 公司章程修改未涉及登记事项的 | 将修改后的公司章程或公司章程修正案送原公司登记机关备案 |
| 公司董事、监事、经理发生变动的 | 向原公司登记机关备案 |
| 变更登记事项涉及《企业法人营业执照》载明事项的 | 公司登记机关应当换发营业执照 |

**2．公司注销登记**

按照《公司登记注册条例》第三十六条的规定，公司注销登记的申请由公司的清算组织进行，公司清算组织应当自公司清算结束之日起 30 日内向原公司登记机关申请注销登记，并提交有关文件和证件。

**随堂测验**

【判断】公司需要变更注册资本的，需要在变更决议或决定作出之日起 30 日内申请变更登记。（　）

【答案】√

## 第 201 天　公司合并

**课堂精讲**

公司合并是指两个或两个以上的公司，订立合并协议，根据《公司法》的规定，不经过清算程序，直接结合为一个公司的法律行为。

**1．公司合并形式**

公司合并有以下两种形式：

（1）吸收合并是指一个公司吸收其他公司后存续，被吸收的公司解散；

（2）新设合并是指两个或两个以上的公司合并设立一个新的公司，合并各方解散。

**2. 公司合并的程序**

根据《公司法》第一百八十四条的规定，公司合并程序如图 8-2 所示。

| | |
| --- | --- |
| **第 1 步：作出合并决定或决议** | 其中，股份有限公司的合并还必须经国务院授权的部门或省级人民政府批准 |
| **第 2 步：签订合并协议** | 合并协议应当包括下列主要内容：合并各方的名称、住所；合并后存续公司或新设公司的名称、住所；合并各方的资产状况及其处理办法；合并各方的债权债务处理办法（应当由合并存续的公司或新设的公司承继） |
| **第 3 步：编制资产负债表和财产清单** | 财务人员按照规定及要求编制资产负债表和财产清单 |
| **第 4 步：通知债权人** | 公司应当自作出合并决议之日起 10 日内通知债权人，并于 30 日内在报纸上公告。债权人自接到通知书之日起 30 日内，未接到通知书的自公告之日起 45 日内，有权要求公司清偿债务或提供相应的担保。不清偿债务或不提供相应担保的，公司不得合并 |
| **第 5 步：办理合并登记手续** | 公司合并应当自合并决议或决定作出之日起 90 日后申请登记 |

**图 8-2 公司合并程序**

**随堂测验**

【判断】公司合并的主要形式有吸收合并和新设合并。（　　）

【答案】√

# 第 202 天　公司分立

**课堂精讲**

公司分立是指一个公司通过依法签订分立协议，不经过清算程序，分为两个或两个以上公司的法律行为。公司分立有两种形式：

（1）派生分立是指公司以其部分资产另设一个或数个新的公司，原公司存续；

（2）新设分立是指公司全部资产分别划归两个或两个以上的新公司，原公司解散。

根据《合同法》的规定，法人分立后，除债权人和债务人另有约定的外，由分立的法人对合同的权利和义务享有连带债权，承担连带债务。

**随堂测验**

【判断】公司分立前的债务由分立后的公司承担连带责任，但公司在分立前与债权人就债务清偿达成的书面协议另有约定的除外。（　）

【答案】√

# 第 203 天　公司解散清算

**课堂精讲**

公司解散是指已成立的公司基于一定的合法事由而使公司消灭的法律行为。

### 1．公司解散的原因

公司解散的原因有两类：一类是一般解散，另一类是强制解散。具体说明如表 8-2 所示。

表 8-2　公司解散的原因

| 类别 | 解释 | 解散原因 |
| --- | --- | --- |
| 一般解散 | 一般解散是指只要出现了解散公司的事由，公司就可以解散 | 公司章程规定的营业期限届满或公司章程规定的其他解散事由出现 |
| | | 股东会（股东大会）决议解散 |
| | | 因公司合并或分立需要解散 |
| 强制解散 | 强制解散是指由于某种情况的出现，主管机关或人民法院命令公司解散 | 主管机关决定 |
| | | 责令关闭 |
| | | 吊销营业执照 |

### 2．公司解散清算程序

清算是终结已解散公司的一切法律关系，处理公司剩余财产的程序。根据《公司法》的规定，公司除因合并或分立解散无须清算，以及因破产而解散的公司适用破产清算程序外，因其他原因解散的公司，都应当按《公司法》的规定进行清算。具体解散清算程序如图 8-3 所示。

| | |
| --- | --- |
| 第 1 步：成立清算组 | 解散的公司应当自解散之日起 15 日内成立清算组。清算组负责解散公司财产的保管、清理、处理和分配工作 |
| 第 2 步：清理财产、清偿债务 | 清算组对公司资产、债权、债务进行清理。在清算期间，公司不得开展新的经营活动。任何人未经清算组批准，不得处分公司财产。清算组在清理公司财产、编制资产负债表和财产清单后，发现公司财产不足清偿债务的，应当立即向人民法院申请宣告破产。公司经人民法院裁定宣告破产后，清算组应当将清算事务移交给人民法院。公司财产能够清偿公司债务的，清算组应先拨付清算费用，然后按照下列顺序清偿：职工工资和劳动保险费用、所欠税款、公司债务 |
| 第 3 步：分配剩余财产 | 在支付清算费用和清偿公司债务后，清算组应将剩余的公司财产分配给股东。有限责任公司按照股东的出资比例进行分配，股份有限公司按照股东持有的股份比例进行分配 |
| 第 4 步：清算终结 | 公司清算结束后，清算组应当制作清算报告，国有独资公司报国家授权的机构或部门确认，国有独资公司以外的其他有限责任公司提交股东会确认，股份有限公司提交股东大会确认 |

图 8-3　公司解散清算程序

### 随堂测验

【单选】某有限责任公司股东会通过了解散公司的决议，并决定在 15 日内成立清算组。下列有关该公司清算组的组成中符合公司法律制度规定的是（　　）。

A．由人民法院指定股东、有关机构及有关专业人员组成

B．由公司的股东组成

C．由公司股东会确定的人员组成

D．由主管部门指定股东、有关机构及有关专业人员组成

【答案】B

## 第 204 天　公司破产清算

### 课堂精讲

《公司法》中的破产清算是指处理经济上破产时债务如何清偿的一种法律制度，即在

债务人丧失清偿能力时，由法院强制执行其全部财产，公平清偿全体债权人的法律制度。破产概念专指破产清算制度，即对债务人宣告破产、清算还债的法律制度。

公司破产清算是公司破产的主要核心工作，工作量很大，涉及的法律法规也比较广，因此公司破产清算的工作程序非常复杂。具体破产清算程序如图 8-4 所示。

| | |
| --- | --- |
| 第 1 步：公司宣告破产 | 当公司因经营管理不善，导致严重亏损，无力清偿到期债务，经和解整顿仍不能实现和解协议约定的清偿义务，由人民法院裁定后，宣告破产 |
| 第 2 步：组建清算组 | 公司破产清算组由人民法院主持成立，成员由破产公司的上级主管部门、政府财政部门、工商、审计、经委、税务、物价、劳动、社保、土地、国资、人事等部门组成，银行可派人参与。其主要职责是清理破产公司的财产，处理破产公司的善后事宜，代表破产公司参与民事诉讼活动 |
| 第 3 步：接管破产公司 | 清算组在人民法院宣告公司破产之日起 5 日内组成，立即接管破产公司的账册、文书、资料、印章，行使法律赋予的权利 |
| 第 4 步：处理善后事宜 | 清算组依法接管破产公司后，对破产公司的财产进行保管、清算、估价、变卖、分配，决定是否履行未履行完毕的合同，交付属于他人的财产，追收破产公司在法院受理破产案件前 6 个月至宣告破产之日期间内非法处理的财产 |
| 第 5 步：编写破产财产分配方案 | 清算组在清理破产公司的财产、处理完善后事宜、验证破产债权后，在确定破产公司的财产的基础上编写财产分配方案，提交债权人会议讨论，通过后交人民法院裁定 |
| 第 6 步：清偿债务 | 清算组编写的破产财产分配方案经人民法院裁定后，清算组根据方案的要求以现金或实物偿还破产公司的债务。清偿结果如果有剩余财产，则在公司所有者之间进行再次分配 |
| 第 7 步：报告清算工作 | 清算组接管破产公司后，应定期或不定期向人民法院报告清算工作的进度，向人民法院负责 |
| 第 8 步：提请终结破产程序 | 清算组清偿完破产公司的债务后，清算工作结束，应当向人民法院报告，请求终结破产程序、解散清算组 |
| 第 9 步：追究破产责任 | 由监察和审计部门负责，查明公司破产的责任，对责任人依责任大小给予行政、刑事处罚 |
| 第 10 步：办理注销登记 | 人民法院终结破产程序后，清算组应当在原破产公司登记机关注销其登记，终止其法人地位 |
| 第 11 步：追回非法处分的财产 | 自破产程序终结之日起一年内，发现破产公司有故意损害债权人利益的非法处置的财产，由人民法院负责追回，按原清算组拟定并经债权人讨论、人民法院裁定的方案进行分配，如有剩余，公司所有人可进行再次分配 |

图 8-4　公司破产清算程序

### 随堂测验

【单选】根据公司破产法律制度的规定，国有企业在破产清算时，应优先从破产财产中拨付的款项是（　　）。

A．破产费用　　B．所欠税款　　C．所欠债务　　D．所欠职工工资

【答案】A

## 第 205 天　企业年检的内容和程序

### 课堂精讲

企业年度检验是指工商行政管理机关依法按年度对企业进行检查，确认企业具备继续经营资格的法定制度。凡当年 12 月 31 日前领取由工商部门核发的《中华人民共和国企业法人营业执照》、《中华人民共和国营业执照》、《企业法人营业执照》和《营业执照》的有限责任公司、股份有限公司、非企业法人和其他经营企业，均须参加年检。

根据《企业年度检验办法》第五条的规定，年检起止日期为每年的 3 月 1 日至 6 月 30 日。登记主管机关在规定的时间内，对企业上一年度的情况进行检查。

#### 1．企业年检应提交的文件

凡领取《企业法人营业执照》的有限责任公司、股份有限公司的企业法人和领取《营业执照》的其他经营单位都应该按时参加年检。

企业年检应提交的文件如表 8-3 所示。

**表 8-3　企业年检应提交的文件**

| | |
|---|---|
| 企业年检应提交的文件 | 年检报告书 |
| | 营业执照正副本 |
| | 年度损益表汇总 |
| | 年度资产负债表汇总 |
| | 工商行政管理机关要求提供的其他资料 |
| 非法人分支机构年检应提交的文件 | 年检报告书 |
| | 营业执照正副本 |
| | 所属法人营业执照复印件（登记主管机关相关公章） |
| 外商投资企业应提交的文件 | 外商投资企业在年检时应提交年度审计报告；不足一个会计年度新设立的法人企业和按照章程或合同规定出资期限到期的外商投资企业，年检时应提交验资报告 |

### 2．企业年检的内容

企业年检的内容如表 8-4 所示。

表 8-4　企业年检的内容

| 内容 | 说明 |
| --- | --- |
| 事项执行与变动情况 | 企业法人登记事项的执行和变动情况 |
| 投资情况 | 年检中检查企业的投资情况，主要是指企业以股东身份向其他企业法人的投资，或者以联营者的身份在联营企业法人中的出资 |
| 资产负债及损益情况 | 企业必须如实地在资产负债表和损益表中反映生产经营情况和资产的运用效益情况，向有关部门申报，接受其监督管理和指导 |
| 投资者出资情况 | 投资者按照企业章程或协议规定，准时足额投入企业的资金数额 |

### 3．企业年检的程序

企业年检的程序如图 8-5 所示

| | |
| --- | --- |
| 第 1 步 | 企业领取、报送《年检报告书》和其他有关资料 |
| 第 2 步 | 登记主管机关受理审核年检材料 |
| 第 3 步 | 登记主管机关对核准通过年检的企业，在其营业执照上贴当年度通过年检的标识或加盖年检戳记。年检标识分“A 级”和“B 级”两种。对遵守工商企业登记管理法规行为的企业定为“A 级”，对有违反工商企业登记管理法规行为的企业定为“B 级” |
| 第 4 步 | 缴纳年检费，发还营业执照 |

图 8-5　企业年检的程序

**随堂测验**

【单选】根据《企业年度检验办法》的规定，企业年检的起止日期为（　　）。

A．1 月 1 日至 1 月 31 日

B．1 月 1 日至 3 月 31 日

C．3 月 1 日至 3 月 31 日

D．3 月 1 日至 6 月 30 日

【答案】D

# 第 206 天 企业年检的事后处理

课堂精讲

### 1. 不予通过年检的企业及对未通过年检的企业的处理

《企业年度检验办法》第十五条规定，登记主管机关对下列情形之一的企业，不予通过年检：

（1）企业实收资本未能达到法律、行政法规规定的最低限额；

（2）企业实收资本虽然达到法律、行政法规规定的最低限额，但与注册资本相差悬殊的；

（3）有其他严重违法、违规行为的。

登记主管机关对不予通过年检的企业，依照《企业法人登记管理条例》及其《实施细则》和《公司登记管理条例》的有关规定进行处罚。

### 2. 对未按期申报年检和未参加年检的企业的处理

对未按期申报年检和未参加年检的企业的处理如表 8-5 所示。

表 8-5 对未按期申报年检和未参加年检的企业的处理

| 具体情况 | 相关处理 |
| --- | --- |
| 对未按期申报年检的企业的处理 | 《企业年度检验办法》第十八条规定，企业无正当理由在 3 月 15 日前未报送年检材料的，由登记主管机关处以 1 000 元以下的罚款。在年检截止日期前未申报年检，属于公司的，依照《公司登记管理条例》第六十八条的规定，处以 1 万元以上 10 万元以下的罚款；属于非公司企业法人或属于非法人经营单位的，处以违法所得额 3 倍以下的罚款，但最高不超过 3 万元，没有违法所得的，处以 1 万元的罚款 |
| 对未参加年检的企业的处理 | 《企业年度检验办法》第十九条规定，企业未参加年检不得继续从事经营活动。登记主管机关对年检截止日期前未参加年检的企业法人进行公告。自公告发布之日起 30 日内仍未申报年检的，吊销营业执照 |
| 未参加或未通过年检的企业不得办理变更和注销登记 | 根据《国家工商局关于年检工作若干问题的意见》（工商企字〔1995〕第 258 号文件）的规定，企业申请变更或注销登记时，如发现该企业未办理年检手续或年检未通过的，工商行政管理机关不得受理其变更（包括增设分支机构和对外投资）或注销申请，须待其办理年检手续后再予受理 |

### 随堂测验

【单选】企业在 3 月 15 日前无正当理由未报送年检材料的，由登记主管机关处以（　　）的罚款。

A．1 000 元以下　　B．5 000 元以下　　C．1 万元以下　　D．3 万元以下

【答案】A

## 第 207 天　募股申请提交的文件

### 课堂精讲

股票是股份公司签发的证明股东所持股份的凭证。设立股份有限公司公开发行股票，应当符合《公司法》规定的条件和经国务院批准的国务院证券监督管理机构规定的其他条件，向国务院证券监督管理机构报送募股申请以及下列文件：

（1）公司章程；

（2）发起人协议；

（3）发起人姓名或名称，发起人认购的股份数、出资种类及验资证明；

（4）招股说明书；

（5）代收股款银行的名称及地址；

（6）承销机构名称及有关协议。

依照该法规聘请保荐人的，还应当报送保荐人出具的发行保荐书。法律、行政法规规定设立公司必须报经批准的，还应当提交相应的批准文件。

股份有限公司成立后，基于增资目的而再次申请公开发行股票，在《公司法》中称为发行新股。发行新股包括增发和配股。增发是指再次向社会公众公开发行，配股是指向原有股东配售新发行的股票。

### 随堂测验

【多选】募股申请需要提交的文件有（　　）。

A．公司章程　　B．发起人协议

C．招股说明书　　D．承销机构名称及有关协议

E．发起人姓名或名称，发起人认购的股份数、出资种类及验资证明

【答案】ABCDE

## 第 208 天 新股发行的条件

**课堂精讲**

根据《证券法》和《公司法》的规定，公司发行新股必须具备以下条件：

（1）具备健全且运行良好的组织机构；

（2）具有持续盈利能力，财务状况良好；

（3）最近三年财务会计文件无虚假记载，无其他重大违法行为；

（4）经国务院批准的国务院证券监督管理机构规定的其他条件。

上市公司非公开发行新股，应当符合经国务院批准的国务院证券监督管理机构规定的条件，并报国务院证券监督管理机构核准。

公司以当年利润分派新股不受前述第二项的限制。公司对公开发行股票所募集到的资金，必须按照招股说明书所列资金用途使用。改变招股说明书所列资金用途，必须经股东大会作出决议。擅自改变资金用途而未进行纠正，或者未经股东大会认可，公司不得公开发行新股。

**随堂测验**

【多选】公司发行新股必须具备的条件是（　　）。

A．具备健全且运行良好的组织机构

B．具有持续盈利能力

C．财务状况良好

D．最近三年财务会计文件无虚假记载

E．无其他重大违法行为

【答案】ABCDE

## 第 209 天 股票上市的条件

**课堂精讲**

股票上市是指已经发行的股票经证券交易所批准后，在交易所公开挂牌交易的法律行为。股票上市是连接股票发行和股票交易的“桥梁”。

股份有限公司申请股票上市，应当符合下列条件：

（1）股票经国务院证券监督管理机构核准已公开发行；

（2）公司股本总额不少于人民币 3 000 万元；

（3）公开发行的股份达到公司股份总数的 25%以上；

（4）公司股本总额超过人民币 4 亿元的，公开发行股份的比例为 10%以上；

（5）公司最近三年无重大违法行为，财务会计报告无虚假记载。

证券交易所可以规定高于前款规定的上市条件，并报国务院证券监督管理机构批准。国家鼓励符合产业政策并符合上市条件的公司股票上市交易。

### 随堂测验

【判断】甲股份有限公司申请股票上市，已知其注册资本为 5 亿元人民币，其公开发行的股份最少应当达到公司股份总数的 10%。（　　）

【答案】√

## 第 210 天　股票上市交易的暂停与终止

### 课堂精讲

股票上市后，当上市公司经营情况发生重大变化，不再符合股票上市条件时，证券交易所可以依法暂停该股票的上市交易或取消其上市资格。具体说明如表 8-6 所示。

**表 8-6　股票上市交易的暂停与终止**

| 项目 | 说明 | 相关规定 |
| --- | --- | --- |
| 暂停上市 | 暂停上市又称停牌，是证券交易所依法对上市公司股票作出的暂时停止上市交易的措施 | 《证券法》第五十五条规定，上市公司有下列情形之一的，由证券交易所决定暂停其股票上市交易：公司股本总额、股权分布等发生变化不再具备上市条件；公司不按照规定公开其财务状况，或者对财务会计报告作虚假记载，可能误导投资者；公司有重大违法行为；公司最近三年连续亏损；证券交易所上市规则规定的其他情形 |
| 终止上市 | 终止上市又称退市，是指证券交易所依法对上市股票作出的取消上市交易资格的措施 | 根据《证券法》第五十六条的规定，上市公司有下列情形之一的，由证券交易所决定终止其股票上市交易：公司股本总额、股权分布等发生变化不再具备上市条件，在证券交易所规定的期限内仍不能达到上市条件；公司不按照规定公开其财务状况，或者对财务会计报告作虚假记载且拒绝纠正；公司最近三年连续亏损，在其后一个年度内未能恢复盈利；公司解散或被宣告破产；证券交易所上市规则规定的其他情形 |

**随堂测验**

【多选】上市公司出现下列哪些情形会造成企业的停牌？（ ）

A．公司股本总额、股权分布发生变化不再具备上市条件

B．公司有重大违法行为

C．公司最近三年连续亏损

D．公司不按照规定公开其财务状况

E．公司对财务会计报告作虚假记载

【答案】ABCDE

# 第 211 天 公司债券的发行

**课堂精讲**

公司债券是指公司依照法定条件和程序发行的，约定在一定期限内还本付息的有价证券。

### 1．公司债券的特点和分类

公司债券的特点和分类如表 8-7 所示。

**表 8-7 公司债券的特点和分类**

| | |
|---|---|
| 公司债券的特点 | 公司债券是一种有价证券 |
| | 公司债券是由股份有限公司和特定的有限责任公司发行的 |
| | 公司债券是一种要式证券，其制作必须遵照《公司法》第一百六十七条的规定，记载公司名称、债券票面金额、利率、偿还期限等事项，并由董事长签名，公司盖章 |
| | 公司债券持有人具有广泛性，可以向社会公众公开募集 |
| | 公司债券是公司以借贷方式向公众筹集资金，具有利率固定、风险小、较易于吸引投资者的优点 |
| 公司债券的种类 | 记名公司债券和无记名公司债券 |
| | 转换公司债券和非转换公司债券 |
| | 担保公司债券和无担保公司债券 |

### 2．公司债券的发行条件

（1）股份有限公司的净资产额不低于人民币 3 000 万元，有限责任公司的净资产额不低于人民币 6 000 万元。

（2）累计债券总额不超过公司净资产额的 40%。已经发行过公司债券的，若前一次发行的公司债券尚未募足，或者对已发行的公司债券有违约或延迟支付本息的事实，并且仍处于继续状态的，即使累计总额不超过公司净资产的 40%，也不得再次发行公司债券。

（3）最近三年平均可分配利润足以支付公司债券一年的利息。

（4）筹集的资金投向符合国家产业政策，而且各项公司债券筹集的资金必须用于审批机关批准的用途，不得用于弥补亏损和非生产性支出。

（5）债券的利率不得超过国务院限定的利率水平。

（6）国务院规定的其他条件。

**随堂测验**

【判断】A 股份有限公司申请发行债券 1 000 万元，已知其净资产额为 5 000 万元，A 股份有限公司最近三年可分配利润可以支付公司债券一年的利息，因此 A 股份有限公司具备债券发行条件。（　　）

【答案】√

## 第 212 天　公司债券的募集方式

**课堂精讲**

公司债券的募集方式可分为直接发行和间接发行两种。具体说明如表 8-8 所示。

**表 8-8　公司债券的募集方式**

| 募集方式 | 说明 |
| --- | --- |
| 直接发行 | 公司自己向社会公众募集和接受应募 |
| 间接发行（又称承销发行） | 公司委托他人（通常为证券商）向社会公众募集和接受应募。间接发行分为包销和代销两种 |
| | 包销是指将公司债券的发行全部交给证券商承销，承销期结束时，无论公司债券是否发行完毕，证券商均应向公司付清全部价款 |
| | 代销是指将公司债券的发行委托给证券商承销，代销人只收取代销手续费，并且不对未被售出的公司债券承担责任 |

### 随堂测验

【填空】公司募集债券的方式有________、________。

【答案】直接发行、间接发行

## 第 213 天 公告公司债券募集办法

### 课堂精讲

发行公司债券的申请被批准后，公司应当公告公司债券募集办法。公司债券募集办法应当载明下列主要事项：

（1）公司名称；

（2）债券总额和债券的票面金额；

（3）债券的利率；

（4）还本付息的期限和方式；

（5）债券发行的起止日期；

（6）公司净资产额；

（7）已发行的尚未到期的公司债券总额；

（8）公司债券的承销机构；

（9）发行公告上还应载明公司债券的发行价格和发行地点。

### 随堂测验

【多选】发行公司债券的申请被批准后，公司公告公司债券募集办法中应当载明的主要事项有哪些？（  ）

A．公司净资产

B．债券总额和债券的票面金额

C．债券发行的起止日期

D．还本付息的期限和方式

E．公司债券的承销机构

【答案】ABCDE

# 第 214 天　公司债券的发行程序及相关要求

## 课堂精讲

### 1．公司债券的发行程序

公司债券的发行程序如图 8-6 所示。

| | |
| --- | --- |
| 第 1 步：作出决议或决定 | 股份有限公司、有限责任公司发行公司债券，要由董事会制定发行公司债券的方案，提交股东会审议并作出决议 |
| 第 2 步：提出申请 | 公司应当向国务院证券管理部门提出发行公司债券的申请，提交的文件包括公司登记证明、公司章程、公司债券募集办法、资产评估报告和验资报告 |
| 第 3 步：经主管部门批准 | 国务院证券管理部门在审批公司债券的发行时，不得超过国务院确定的公司债券的发行规模。国务院证券管理部门对已作出发行公司债券的批准，如发现有不符合《公司法》规定的，应予以撤销。尚未发行公司债券的，停止发行；已经发行公司债券的，发行的公司应当向认购人退还所缴款项并加算银行同期存款利息 |

图 8-6　公司债券的发行程序

### 2．认购公司债券

社会公众认购公司债券以应募行为表示。应募的方式可以是先填写应募书，然后履行按期缴清价款的义务，也可以是当场以现金支付购买。当认购人缴足价款时，发行人负有在价款收讫时交付公司债券的义务。

### 3．置备存根簿

公司发行公司债券应当置备公司债券存根簿，载明下列事项：

（1）债券持有人的姓名或名称及住所；

（2）债券持有人取得债券的日期及债券的编号；

（3）债券总额、债券的票面金额、债券的利率、债券还本付息的期限和方式；

（4）债券的发行日期（发行无记名公司债券的，应当在公司债券存根簿上载明债券总额、利率、偿还期限和方式、发行日期及债券的编号）。

### 随堂测验

【填空】股份有限公司、有限责任公司发行公司债券，需要由________制定发行公司债券的方案，提交________审议并作出决议。

【答案】董事会、股东会

## 第 215 天 持续信息公开的意义和原则

### 课堂精讲

持续信息公开是指发行人和上市公司依法定程序和要求，在规定的时间内将自身的财务经营等情况及时向证券监督管理机构及证券交易所报告，并向社会公众公开的法律制度。

#### 1．持续信息公开的意义

（1）持续信息公开是《证券法》公开原则的具体体现，贯穿于证券发行与交易的全过程。

（2）发行人和上市公司依照法律规定的形式向证券监督管理机构报告，使证券监督机构能及时地对发行人和上市公司进行监管。

（3）向公众投资者公开公司有关的重要信息，使公众投资者及时了解所投资公司的现状，从而作出正确选择。

（4）持续信息公开充分保证了发行人和上市公司的证券能够在有效、公开、知情的市场中进行交易。

#### 2．持续信息公开的原则

持续信息公开实质上应遵循真实、准确、完整和及时的原则，并且不得有虚假记载、误导性陈述和重大遗漏。

（1）真实是指公开的信息必须真实可靠，没有虚假记载和误导性陈述。

（2）准确是指公开的数据精确，并有合法根据。

（3）完整是指公开的信息全面，无重大遗漏。

（4）及时是指应在法定期间内公开信息。

持续信息公开在形式上还应遵循规范性、易懂性和易得性原则。

随堂测验

【多选】持续信息公开原则包含（　　）。

A．真实　　B．准确　　C．及时　　D．完整

【答案】ABCD

# 第 216 天　持续信息公开的内容

课堂精讲

持续信息公开主要包括上市公司定期报告，即季报、半年报和年报；上市公司临时报告，即重大事件公告。具体说明如表 8-9 所示。

表 8-9　持续信息公开的内容

| 内容分类 | 说明 | 公告内容 |
| --- | --- | --- |
| 中期报告 | 上市公司和公司债券上市交易的公司应当在每个会计年度上半年结束之日起 2 个月内向国务院证券监督管理机构和证券交易所报送记载相关内容的中期报告，并予以公告 | 公司财务会计报告和经营情况 |
| | | 涉及公司的重大诉讼事项 |
| | | 已发行的股票、公司债券变动情况 |
| | | 提交股东大会审议的重要事项 |
| | | 国务院证券监督管理机构规定的其他事项 |
| 年度报告 | 上市公司和公司债券上市交易的公司应当在每个会计年度结束之日起 4 个月内向国务院证券监督管理机构和证券交易所报送记载相关内容的年度报告，并予以公告 | 公司概况 |
| | | 公司财务会计报告和经营情况 |
| | | 董事、监事、经理、高级管理人员简介及其持股情况 |
| | | 已发行的股票、公司债券情况，包括持有公司股份最多的前 10 名股东名单和持股数额 |
| | | 公司的实际控制人 |
| | | 国务院证券监督管理机构规定的其他事项 |

（续表）

| 内容分类 | 说明 | 公告内容 |
|---|---|---|
| 重大事件公告 | 重大事件是指上市公司发生的、可能对上市公司股票交易价格产生较大影响而投资者尚未得知的事件。由于重大事件可能会对公司的股票价格产生较大影响，为维护证券交易的秩序，做到公平、公正、公开，当发生重大事件时，上市公司应当立即将有关该重大事件的情况向国务院证券监督管理机构和证券交易所报告，并予以公告，说明事件的起因、目前的状态和可能产生的法律后果。同时，在证券监督管理机构指定的媒体发布 | 公司的经营方针和经营范围发生重大变化 |
| | | 公司的重大投资行为和重大的购置财产的决定 |
| | | 公司订立重要合同，而该合同可能对公司的资产、负债、权益和经营成果产生重要影响 |
| | | 公司发生重大债务和未能清偿到期重大债务的违约情况 |
| | | 公司发生重大亏损或重大损失 |
| | | 公司生产经营的外部条件发生重大变化 |
| | | 公司的董事、1/3 以上的监事或经理发生变动 |
| | | 持有公司 5%以上股份的股东或实际控制人，其持有股份或控制公司的情况发生较大变化 |
| | | 公司减资、合并、分立、解散及申请破产的决定 |
| | | 涉及公司的重大诉讼，股东大会、董事会决议被依法撤销或宣告无效 |
| | | 公司因涉嫌犯罪被司法机关立案调查，公司董事、监事、经理、高级管理人员因涉嫌犯罪被司法机关采取强制措施 |
| | | 国务院证券监督管理机构规定的其他事项 |

**随堂测验**

【判断】上市公司和公司债券上市交易的公司应当在每个会计年度结束之日起 6 个月内向国务院证券监督管理机构和证券交易所报送记载相关内容的年度报告。（　　）

【答案】×

# 第 217 天　证券交易禁止的行为

**课堂精讲**

《证券法》禁止的证券交易行为主要有：内幕交易、操纵市场、虚假陈述、欺诈客户等。

内幕交易是指证券交易内幕信息的知情人和非法获取内幕信息的人利用内幕信息从

事证券交易活动。

操纵市场是指在证券市场上，行为人通过不正当手段，人为扭曲证券的交易价格或制造虚假的证券交易量，引诱他人参与证券交易并从中谋取不正当利益。

虚假陈述是指负有陈述义务的行为人，在证券发行和证券交易过程中所公开的信息不符合真实性、准确性和完整性的要求。

欺诈客户是针对证券经营机构及其从业人员的，在证券交易中禁止各种诱骗投资者买卖证券以及其他违背投资者真实意愿、损害其利益的行为产生。

**1．禁止内幕信息的非法获取和利用**

内幕信息是指在证券交易活动中，涉及公司的经营、财务或对公司证券的市场价格有重大影响的尚未公开的信息。内幕信息的非法获取是指以不正当手段或不正当途径获取内幕信息，如以欺骗、盗窃和窃听等手段进行私下交易。对内幕信息的非法利用是指知悉证券交易内幕信息的知情人或非法获取内幕信息的其他人员利用内幕信息买入或卖出所持有的公司证券，或者泄露该信息，或者建议他人买卖该证券的行为。

内幕信息包括：

（1）属于重大事件；

（2）公司分配股利或增资计划；

（3）公司股权结构的重大变化；

（4）公司债务担保的重大变更；

（5）公司营业用主要资产的抵押、出售或报废一次超过该资产的 30%；

（6）公司的董事、监事、经理、高级管理人员的行为可能依法承担重大损失赔偿责任；

（7）上市公司收购的有关方案；

（8）国务院证券监督管理机构认定的对证券交易价格有显著影响的其他重要影响。

**2．禁止操纵证券市场**

《证券法》第七十七条规定，禁止任何人以下列手段操纵证券市场：

（1）单独或通过合谋，集中资金优势、持股优势或利用信息优势联合或连续买卖，操纵证券交易价格或证券交易量；

（2）与他人串通，以事先约定的时间、价格和方式相互进行证券交易，影响证券交易价格或证券交易量；

（3）在自己实际控制的账户之间进行证券交易，影响证券交易价格或证券交易量；

（4）以其他手段操纵证券市场。

操纵证券市场行为给投资者造成损失的，行为人应当依法承担赔偿责任。

**3．禁止虚假陈述**

《证券法》就禁止虚假陈述行为作出了明确规定：

（1）禁止国家工作人员、新闻媒体从业人员和有关人员编造并传播虚假信息，扰乱证券市场；

（2）禁止证券交易所、证券公司、证券登记结算机构、证券交易服务机构、社会中介机构及其从业人员，证券业协会、证券监督管理机构及其从业人员，在证券交易活动中进行虚假陈述或信息误导。

各种传播媒体传播的证券交易信息必须真实、客观，禁止误导投资者。

**4．禁止欺诈客户**

欺诈客户行为是《证券法》所禁止的，具体包括：

（1）违背客户的委托为其买卖证券；

（2）不在规定时间内向客户提供交易的书面确认文件；

（3）挪用客户所委托买卖的证券或客户账户上的资金；

（4）未经客户的委托擅自为客户买卖证券，或者假借客户的名义买卖证券；

（5）为牟取佣金收入，诱使客户进行不必要的证券买卖；

（6）利用传播媒体或通过其他方式提供、传播虚假或误导投资者的信息；

（7）其他违背客户真实意思表示，损害客户利益的行为。

**随堂测验**

【多选】哪些项目属于内幕信息？（　　）

A．公司重大事件　　　　B．公司股权结构的重大变化

C．公司分配股利或增资计划　　　　D．公司债务担保的重大变更

E．公司营业用主要资产的抵押、出售或报废一次超过该资产的30%

【答案】ABCDE

## 第218天　上市公司的收购制度

**课堂精讲**

上市公司收购是指投资者依法定程序公开收购股份有限公司已经发行上市的股份，以实现对该股份有限公司控股或兼并目的的行为。我国《证券法》规定了上市公司收购的方式为要约收购和协议收购。实施收购行为的投资者称为收购人，作为收购目的的上市公司称为被收购公司。

要约收购和协议收购的说明及法律条款如表8-10所述。

表 8-10　要约收购和协议收购的说明及法律条款

| 项目 | 说明 | 相关规定 | 法律条款 |
|---|---|---|---|
| 要约收购 | 指收购人通过向被收购公司的管理层和被收购公司的股东发出购买其所持该公司股份的书面意思表示，并按照其依法公告的收购要约所规定的收购条件、收购价格、收购期限以及其他规定事项，收购被收购公司股份的收购方式 | 不需要事先征得被收购公司管理层的同意 | 《证券法》第八十八条规定，通过证券交易所的证券交易，投资者持有或通过协议、其他安排与他人共同持有一个上市公司已发行的股份达到30%时，继续进行收购的，应当依法向该上市公司所有股东发出收购上市公司全部或部分股份的要约。收购上市公司部分股份的收购要约应当约定，被收购公司股东承诺出售的股份数额超过预定收购的股份数额的，收购人按比例进行收购 |
| 协议收购 | 指收购人通过与被收购公司的股东反复磋商达成协议，并按照协议所规定的收购条件、收购价格、收购期限以及其他规定事项，收购被收购公司股份 | 必须事先与被收购公司的股东达成书面的转让股份的协议 | 《证券法》第九十六条规定，采取协议收购方式的，收购人收购或通过协议、其他安排与他人共同收购一个上市公司已发行的股份达到30%时，继续进行收购的，应当向该上市公司所有股东发出收购上市公司全部或部分股份的要约。但是，经国务院证券监督管理机构免除发出要约的除外 |

**随堂测验**

【判断】某投资者发出收购A上市公司部分股份的要约，如果被收购公司股东承诺出售的股份数额超过预定收购的股份数额的70%的，收购人应将部分要约改为全部要约。（　　）

【答案】×

# 第 219 天　企业上市收购的要求

**课堂精讲**

### 1．上市公司收购的一般要求

《证券法》第八十六条规定，通过证券交易所的证券交易，投资者持有或通过协议、其他安排与他人共同持有一个上市公司已发行的股份达到 5%，应当在该事实发生之日起 3 日内，向国务院证券监督管理机构和证券交易所提交书面报告，通知该上市公司并予公告；在上述期限内，不得再行买卖该上市公司的股票。投资者持有或通过协议、其他安排与他人共同持有一个上市公司已发行的股份达到 5%，其所持该上市公司已发行的股份比例每增加或减少 5%，应当依照前款规定进行报告和公告。在报告期限内和提交报告、发表公告后 2 日内，不得再行买卖该上市公司的股票。

### 2．要约收购的要求

收购上市公司部分股份的收购要约应当约定，被收购公司股东承诺出售的股份数额超过预定收购的股份数额的，收购人按比例进行收购。发出收购要约前需事先向国务院证券监督管理机构报送上市公司收购报告书，并于报送之日起 15 日后公告其收购要约。收购要约的期限不得少于 30 日，并不得超过 60 日。在收购要约确定的承诺期限内，收购人不得撤销其收购要约；在收购期限内不得卖出被收购公司的股票，也不得采取要约规定以外的形式和超出要约的条件买入被收购公司的股票。

### 3．协议收购的要求

以协议方式收购上市公司时，达成协议后，收购人必须在 3 日内将该收购协议向国务院证券监督管理机构及证券交易所提交书面报告，并予以公告。在公告前不得履行收购协议。收购人收购或通过协议、其他安排与他人共同收购一个上市公司已发行的股份达到 30%，继续进行收购的，应当向该上市公司所有股东发出收购上市公司全部或部分股份的要约。但是，经国务院证券监督管理机构免除发出要约的除外。

收购期限届满，被收购公司股权分布不符合上市条件的，该上市公司的股票应当由证券交易所依法终止上市交易；其余仍持有被收购公司股票的股东，有权向收购人以收购要约的同等条件出售其股票，收购人应当收购。在上市公司收购中，收购人持有的被收购上市公司的股票，在收购行为完成后的 12 个月内不得转让。收购行为完成后，收购人与被收购公司合并，并将该公司解散的，被解散公司的原有股票由收购人依法更换。收购行为完成后，收购人应当在 15 日内将收购情况报告国务院证券监督管理机构和证券交易所，并予以公告。

**随堂测验**

【单选】收购要约的期限不得少于（　　）日，也不得超过（　　）日。

A．10，30　　B．20，60　　C．30，60　　D．30，90

【答案】C

# 第 220 天　违反《证券法》的相关法律责任

## 课堂精讲

违反《证券法》的法律责任是指证券法律关系的主体在证券的发行与交易过程中违反了证券法的相关规定而应当承担的某种不利的法律后果，包括民事责任、行政责任和刑事责任。

### 1. 应当承担法律责任的证券违法主体

《证券法》规定应当承担法律责任的证券违法主体主要有：证券发行人，证券公司，信息披露义务人，内幕知情人员，法人，禁止参与股票交易的人员，有证券从业资格的会计师事务所、资产评估机构、律师事务所，证券交易所，证券公司，证券登记结算机构，证券交易服务机构的从业人员，证券监督管理机构的工作人员，证券业协会的工作人员，国家工作人员以及其他人员。

### 2. 相关规定

《证券法》对应当承担法律责任的违法行为作出了具体规定，违反《证券法》承担法律责任的形式包括民事责任、行政责任和刑事责任。具体包括赔偿损失，取缔、撤销证券任职或从业资格，暂停或撤销证券自营业务或相关业务许可，吊销营业执照，警告，罚款，没收违法所得，行政处分等。违反《证券法》的规定，构成犯罪的要依法追究刑事责任。

## 随堂测验

【多选】违反《证券法》的规定，可能承担法律责任的主体主要有（　　）。

A. 股东　　　　B. 保荐人

C. 上市公司的董事　　　　D. 收购人

【答案】BCD

# 第 221 天　证券违法行为

## 课堂精讲

《证券法》规定的应当承担法律责任的证券违法行为如表 8-11 所示。

表 8-11 证券违法行为

| 序号 | 证券违法行为 |
| --- | --- |
| 1 | 未经法定机构核准，擅自公开或变相公开发行证券 |
| 2 | 发行人不符合发行条件，以欺骗手段骗取发行核准 |
| 3 | 证券公司承销或代理买卖未经核准擅自公开发行的证券 |
| 4 | 证券公司在承销证券中进行的虚假或误导投资者的广告或其他宣传活动，或者以不正当竞争手段招揽承销业务，或者其他违反证券承销业务规定的行为 |
| 5 | 保荐人出具有虚假记载、误导性陈述或重大遗漏的保荐书，或者不履行其他法定职责 |
| 6 | 发行人、上市公司或其他信息披露义务人未按照规定披露信息，或者所披露的信息有虚假记载、误导性陈述或重大遗漏的，未按期公告其上市文件或报送有关报告 |
| 7 | 发行人、上市公司或其他信息披露义务人未按照规定报送有关报告，或者报送的报告有虚假记载、误导性陈述或重大遗漏 |
| 8 | 发行人、上市公司擅自改变公开发行证券所募集资金的用途 |
| 9 | 上市公司的董事、监事、高级管理人员、持有上市公司股份 5%以上的股东，违反《证券法》的规定买卖本公司股票 |
| 10 | 非法开设证券交易场所 |
| 11 | 未经批准擅自设立证券公司或非法经营证券业务 |
| 12 | 聘用不具有任职资格、证券从业资格的人员 |
| 13 | 法律、行政法规规定禁止参与股票交易的人员，直接或以化名、借他人名义持有和买卖股票 |
| 14 | 证券交易所、证券公司、证券登记结算机构、证券服务机构的从业人员或证券业协会的工作人员，故意提供虚假资料、隐匿、伪造、篡改或销毁交易记录，诱骗投资者买卖证券 |
| 15 | 在法律禁止买卖股票的期限内买卖股票 |
| 16 | 从事内幕交易 |
| 17 | 操纵证券市场 |
| 18 | 在法律规定限制转让的期限内买卖证券 |
| 19 | 证券公司违法为客户买卖证券提供融资融券服务 |
| 20 | 扰乱证券市场 |
| 21 | 在证券交易活动中作虚假陈述或信息误导 |
| 22 | 企业法人违反规定以他人名义设立账户或利用他人账户买卖证券 |
| 23 | 证券公司假借他人名义或以个人名义从事证券自营业务 |
| 24 | 证券公司违背客户的委托买卖证券、办理交易事项，或者违背客户真实意思，办理交易以外的其他事项 |
| 25 | 证券公司、证券登记结算机构挪用客户资金或证券，或者未经客户委托，擅自为客户买卖证券 |

（续表）

| 序号 | 行为 |
|---|---|
| 26 | 证券公司办理经纪业务，接受客户的全权委托买卖证券，或者证券公司对客户买卖证券的收益或赔偿证券买卖的损失作出承诺 |
| 27 | 利用上市公司收购牟取不正当权益 |
| 28 | 证券公司及其从业人员私下接受客户委托买卖证券 |
| 29 | 证券公司未经批准经营非上市挂牌证券交易 |
| 30 | 证券公司成立后无正当理由超过3个月未开始营业，或者开业后自行停业连续3个月以上 |
| 31 | 证券公司擅自设立、收购、撤销分支机构，或者合并、分立、停业、解散、破产，或者在境外设立、收购、参股证券经营机构 |
| 32 | 证券公司超越业务许可范围经营证券业务 |
| 33 | 证券公司不依法将证券经纪业务、证券承销业务、证券自营业务、证券资产管理业务分开办理，混合操作 |
| 34 | 提交虚假证明文件或采取其他欺诈手段隐瞒重要事实骗取证券业务许可，或者证券公司在证券交易中严重违法、不再具备经营资格 |
| 35 | 证券公司或其股东、实际控制人拒绝向证券监督管理机构报送或提供经营管理信息和资料，或者报送、提供的经营管理信息和资料有虚假记载、误导性陈述或重大遗漏 |
| 36 | 证券公司为其股东或股东的关联人提供融资或担保 |
| 37 | 证券服务机构未勤勉尽责，所制作、出具的文件有虚假记载、误导性陈述或重大遗漏 |
| 38 | 违法发行、承销公司债券 |
| 39 | 未按规定保管有关文件和资料 |
| 40 | 擅自设立证券登记结算机构或证券服务机构 |
| 41 | 证券监督管理机构违法核准证券发行、设立证券公司等申请，或者不按规定进行现场检查、调查取证、查询、冻结、查封等措施，或者违反规定对有关机构和人员实施行政处罚 |
| 42 | 证券监督管理机构的工作人员和发行审核委员会的组成人员不履行职责，滥用职权、玩忽职守，利用职务之便谋取不正当利益，或者泄露所知悉的有关单位和个人的商业秘密 |
| 43 | 证券交易所对不符合法律规定条件的证券上市申请予以审核同意 |
| 44 | 拒绝、阻碍证券监督管理机构及其工作人员依法行使监督检查、调查职权 |

### 随堂测验

【多选】下列属于证券违法行为的是（　　）。

A．利用上市公司收购谋取不正当权益

B．操纵证券市场

C．证券公司未经批准经营非上市挂牌证券交易

D．证券公司成立后无正当理由超过 3 个月未开始营业

E．聘任不具有任职资格、证券从业资格的人员

【答案】ABCDE

## 第 222 天　合同的法律特征

### 课堂精讲

合同也叫协议、契约，依据《中华人民共和国合同法》（以下简称《合同法》）的规定，合同是平等主体的自然人、法人和其他组织之间设立、变更、终止民事关系的协议。合同的法律特征包括以下三个。

（1）合同是平等主体的自然人、法人和其他组织所实施的一种民事行为，其以设立、变更或终止民事权利义务关系为目的和宗旨，非此目的的不属于合同。

（2）合同是当事人协商一致的产物或意思表示一致的协议，其成立与否必须有两方以上的当事人相互作出意思表示，并取得一致。

（3）合同具有相对性，合同关系只能发生在特定的合同当事人之间，只有合同当事人一方能够向另一方基于合同提出请求或提起诉讼；与合同当事人没有发生合同上权利义务关系的第三人，不能依据合同向合同当事人提出请求或提起诉讼，也不应承担合同的义务或责任；非依法律或合同规定，第三人不能主张合同上的权利。

### 随堂测验

【判断】只有合同当事人一方能够向另一方基于合同提出请求或提起诉讼，与合同当事人没有发生合同上权利义务关系的第三人，不能依据合同向合同当事人提出请求或提起诉讼。（　　）

【答案】√

## 第 223 天　合同的分类

### 课堂精讲

合同的分类如表 8-12 所示。

表 8-12　合同的分类

| 分类依据 | 分类名称 | 解释说明 |
|---|---|---|
| 在法律上有无名称 | 有名合同 | 法律上已经赋予一定名称的合同 |
| | 无名合同 | 法律上没有赋予一定名称的合同，如参观合同。无名合同并非没有自己的名称，而是法律未对这类合同进行明确规定 |
| 双方当事人是否因给付而获得利益 | 有偿合同 | 双方当事人都因向对方给付而获得相应利益的合同，如租赁、买卖合同 |
| | 无偿合同 | 向对方给予但不能取得利益的合同，如赠与合同 |
| 是一方当事人负有义务还是双方当事人都负有义务 | 单务合同 | 只有一方当事人负有义务的合同，如借用、赠与合同 |
| | 双务合同 | 双方都负有义务的合同，如运输、买卖合同 |
| 合同的成立是否需要履行特定的形式和手续 | 要式合同 | 法律规定必须具备一定的形式和手续的合同 |
| | 非要式合同 | 法律规定不需要具备一定的形式和手续的合同 |
| 合同的生效是否以标的物的交付为要件 | 诺成合同 | 仅以双方当事人意思表示一致为生效要件的合同 |
| | 实践合同 | 除双方当事人意思表示一致外，还要求以标的物的交付作为合同生效要件的合同 |
| 能否独立存在 | 主合同 | 能够独立存在的合同 |
| | 从合同 | 依附于主合同才能存在的合同。主合同无效，从合同也无效；从合同无效，不影响主合同的效力 |

### 随堂测验

【多选】下列属于双务合同的是（　　）。

A．运输合同　　B．租赁合同　　C．买卖合同

D．借款合同　　E．赠与合同

【答案】AC

## 第 224 天　合同的形式

### 课堂精讲

合同的形式是指合同当事人意思表示一致的外在表现形式。

**1．书面形式**

书面形式是指合同书、信件以及数据电文（包括电报、电传、传真、电子数据交换

和电子邮件）等可以有形地表现所载内容的形式。在实践中，书面形式是当事人最为普遍采用的一种合同约定形式。当事人协商同意的有关修改合同的文书、电报和图表，也是合同的组成部分。书面合同较口头合同复杂，在当事人发生纠纷时举证方便，容易分清责任，也便于主管机关和合同管理机关监督、检查。法律法规规定采用书面形式的，应当采用书面形式。当事人约定采用书面形式的，应当采用书面形式。

### 2. 口头形式

口头形式的合同简称口头合同，是指当事人只以口头意思表示达成协议的合同。口头合同在发生纠纷时难以取证，不易分清责任，所以不即时清结和较重要的合同，不宜采用口头形式约定。

### 3. 默示合同

除了口头形式和书面形式之外，合同还可以以其他形式成立。法律没有列举具体的“其他形式”，但可以根据当事人的行为或特定情形推定合同的成立。这种形式的合同也称为默示合同，即当事人未用语言或文字明确表示意见，而是根据当事人的行为表明其已经接受或在特定的情形下推定成立的合同。

**随堂测验**

【填空】合同的形式是指合同当事人意思表示一致的外在表现形式，它的形式主要有________、________、________。

【答案】书面合同、口头合同、默示合同

## 第 225 天　合同条款的订立

**课堂精讲**

合同的条款包含合同权利和义务。合同条款是否齐备、准确，决定了合同能否成立、生效以及顺利地履行。虽然不同性质合同的具体条款各不相同，但为明确合同当事人的基本权利和义务，其主要条款大致相同。我国《合同法》规定，合同条款应由当事人约定，一般包括如下内容。

### 1. 当事人的名称或姓名和住所

当事人是合同权利和义务的承受者，这是每一个合同必须具备的条款。没有当事人，合同权利和义务就失去了存在的意义，给付和受领给付也就无从谈起。因此，订立合同时要注明当事人的名称或姓名和住所。

### 2．标的

标的是合同权利和义务指向的对象。标的是所有合同的必备条款，必须清楚地写明标的名称，以使标的特定化。合同标的主要有四类：

（1）有形资产是指具有价值和使用价值且法律允许流通的有形物，如生产资料、货币等；

（2）无形资产是指具有价值和使用价值且法律允许流通的不以实物形态存在的智力成果；

（3）劳务是指不以有形财产体现其成果的劳动与服务，如运输行为、保管行为等；

（4）工作成果是指在合同履行过程中产生的，体现履约行为的有形物或无形物。

### 3．质量和数量

质量和数量是确定合同标的的具体条件，是区别同类标的的具体特征。订立标的的质量和数量时，要求质量详细具体、数量准确。

### 4．价款或酬金

价款或酬金是指一方当事人向对方当事人所付代价的货币支付。比如，买卖合同中的货款、租赁合同中的租金等。

### 5．履行期限、地点和方式

履行期限是合同当事人行使合同权利和履行合同义务的期间。履行期限分为即时履行和分期履行：即时履行的，要在一定期限内履行；分期履行的，应写明每期的准确时间。

履行地点是确定验收地点，运输费用由谁负担，风险由谁承受，标的物所有权是否移转、何时移转，以及确定诉讼管辖的依据。

履行方式是指是一次交付还是分期分批交付，是交付实物还是交付标的物的所有权凭证，是空运、水运还是铁路运输等。

### 6．违约责任

违约责任是促使当事人履行债务，使守约方免受或少受损失的法律措施，对当事人的利益关系重大，合同应对此予以明确。违约责任是合同具有法律约束力的重要体现，也是保证合同履行的主要条款，可以促使当事人履行合同义务，使对方免受或少受损失。

### 7．解决争议的方法

解决争议的方法包括有关解决争议运用什么程序、适用何种法律、选择哪家检验或鉴定机构等的内容。当事人双方在合同中约定的仲裁条款、选择诉讼法院的条款等，均属解决争议的条款。

### 随堂测验

【判断】当合同双方当事人在合同执行中出现争议时，可以通过仲裁或诉讼的方式解决争议。（　）

【答案】√

## 第226天　合同订立的程序

### 课堂精讲

合同订立主要包括要约和承诺两个阶段，一般情况下，承诺生效时合同成立。合同订立程序如图8-7所示。

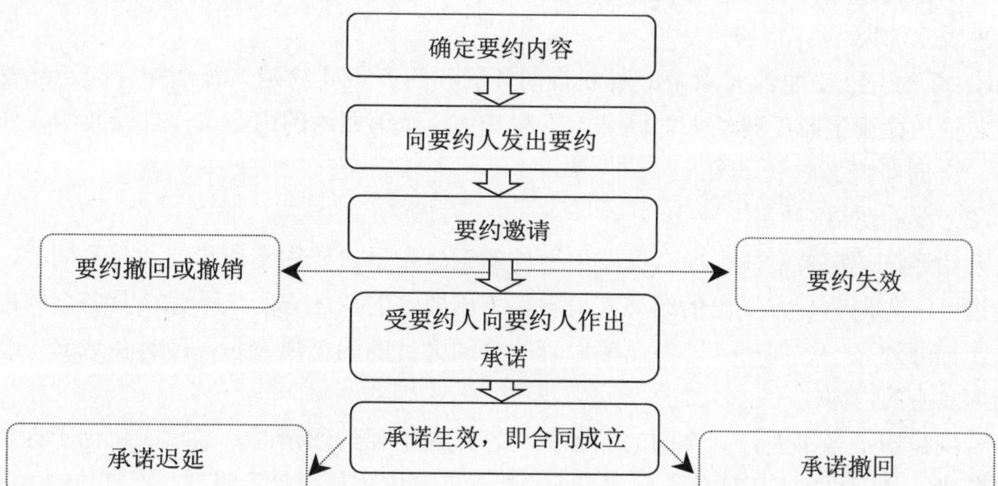


图8-7　合同订立的程序

### 随堂测验

【填空】合同的订立需要经过两个阶段，即__________、__________。

【答案】要约、承诺

# 第 227 天 要约

## 课堂精讲

要约也称发价、发盘。根据《合同法》的规定，要约是希望和他人订立合同的意思表示。要约是指一方当事人以缔结合同为目的，向对方当事人所作的意思表示。要约发出人称为要约人，要约接受人称为受要约人或相对人。

（1）要约的构成要件

① 要约的内容要具体、明确。要约的内容必须是合同成立所必需的条款，即合同的主要条款，如标的、数量、履行期限，并且内容要明确，不能含糊不清，使要约人难明其意。

② 必须是特定人所为的意思表示。要约旨在与他人订立合同，所以，要约人必须是订立合同的一方当事人，是特定的人。

③ 具有目的性。要约要具有明确的订立合同的意图。根据《合同法》的规定，要约是希望和他人订立合同的意思表示，要约中必须表明要约经受要约人承诺，要约人即受该意思表示约束。

④ 要约一经受要约人承诺即成立合同并受其约束。要约是一种法律行为，其发出后，非依法律规定或受要约人的同意，不得变更、撤销要约的内容；一旦受要约人作出承诺，合同即宣告成立。

（2）要约邀请

要约邀请是指希望他人向自己发出要约的意思表示。要约邀请与要约是不同的，要约邀请是一方向另一方发出的邀请其向自己发出要约的意思表示，不完全具备合同内容条款；而要约是一方向另一方发出的以订立合同为目的的意思表示，应具备成立一个合同所应具有的内容。

要约邀请是当事人订立合同的预备行为，在发出要约邀请时，当事人仍处于订约的准备阶段，其目的在于引诱他人向自己发出要约，其内容往往是不明确、不具体的，其相对人是不特定的，所以，要约邀请不具有要约的约束力，发出要约邀请的人不受其约束。

根据《合同法》的规定，寄送的价目表、拍卖公告、招标公告、招股说明书、商业广告等为要约邀请。但商业广告的内容符合要约规定的，视为要约。

（3）要约的法律效力

要约一经到达，要约人即受到要约的约束。到达并不一定实际送达到受要约人及其代理人手中，只要要约送达到受要约人所能够控制的地方即视为到达。采用数据电文形式订立合同，收件人指定特定系统接受数据电文的，该数据电文进入特定系统的时间视为到达时间；未指定特定系统的，该数据电文进入收件人的任何系统的首次时间视为到达时间。一个要约如果符合一定的构成要件，那么就会对要约人和受要约人产生一定的效力，要约人不得随意取消，受要约人也取得了承诺的机会。

（4）要约的撤回和撤销

要约的撤回是指在要约发出之后但在发生法律效力以前，要约人欲使该要约不发生法律效力而作出的意思表示。《合同法》第十七条规定，要约可以撤回。撤回要约的通知应当在要约到达受要约人之前或与要约同时到达受要约人。

要约的撤销是指要约人在要约发生法律效力之后、受要约人承诺之前，欲使该要约失去法律效力的意思表示。因为要约的撤销往往不利于受要约人，所以只有在符合一定的条件下才被允许。有下列情形之一的，要约不得撤销：

① 要约人确定了承诺期限或以其他形式明示要约不可撤销；

② 受要约人有理由认为要约是不可撤销的，并已经为履行合同做好了准备工作。

（5）要约失效

要约失效是指要约丧失了法律约束力，即不再对要约人和受要约人产生约束力。根据《合同法》的规定，要约失效的原因主要有以下几个：

① 拒绝要约的通知到达要约人；

② 要约人依法撤销要约；

③ 承诺期限届满，受要约人未作出承诺；

④ 受要约人对要约的内容作出实质性变更，即对要约的实质内容作出限制、更改或扩张。其表明受要约人已拒绝了要约，同时也向要约人提出了一项反要约。

### 随堂测验

【例】甲公司向乙公司发了一封传真，称“现有150吨红糖，每吨售价2 400元，如有意购买，请于5月31日前到我公司提货”。该传真是否属于要约？

【解析】甲向乙发出的传真符合要约的构成要件，即由特定人作出的意思表示，具有明确订立合同的意思，内容具体、明确，所以是一份向特定人发出的要约。

## 第228天　承诺

### 课堂精讲

承诺是指受要约人同意接受要约的条件以缔结合同的意思表示。承诺的法律效力在于，承诺一经作出并送达要约人，合同便宣告成立。

（1）承诺必需的条件

① 必须由受要约人向要约人作出。只有接受要约的人（即受要约人）才有作出承诺的权利，受要约人以外的第三人无资格向要约人作出承诺。同时，承诺必须向要约人作出，如果向要约人以外的其他人作出承诺，那么只能视为对他人发出要约，不能产生承诺效力。

② 要以通知的方式作出，但根据交易习惯或要约表明可以通过行为作出承诺的除外。

③ 必须在合理的期限内作出。根据《合同法》的规定，承诺应当在要约确定的期限内到达要约人。承诺的期限通常都是在要约人发出的要约中规定的，如果要约规定了承诺期限，那么承诺应当在规定的期限内到达；如果没有规定期限，要约以对话形式作出时，那么承诺人应当即时作出承诺；要约以非对话形式作出的，承诺应当在合理的期限内作出并到达要约人。

④ 承诺的内容应当与要约的内容一致。这是承诺最核心的要件，要约的内容是将来合同的主要条款，因此承诺必须是对要约完全的、单纯的同意。《合同法》针对受要约人对要约内容修改的性质作出相应规定。受要约人对要约的内容作出实质性变更的，为新要约。要约内容的实质性变更是指对合同的标的、价款、数量、质量、报酬、履行地点和方式、履行期限、违约责任及解决争议方法等的变更。承诺对要约的内容作出非实质性变更的，除要约人及时表示反对或要约表明承诺不得对要约的内容作出任何变更的以外，该承诺有效，合同的内容以承诺的内容为准。

（2）承诺的效力与期限

承诺的效力是指承诺所产生的法律效果。《合同法》第二十五条规定，承诺生效时合同成立。因此承诺的效果在于使合同成立，即一旦承诺生效，合同便宣告成立。承诺生效时间以到达要约人时为准。

（3）承诺迟延

承诺迟延是指受要约人未在承诺期限内发出承诺。超过承诺期限作出承诺，该承诺不产生效力。根据《合同法》第二十八条的规定，受要约人超过承诺期限发出承诺的，除要约人及时通知受要约人该承诺有效的以外，为新要约。这就是说，对于迟延的承诺，要约人可承认其有效，但要约人应及时通知受要约人。如果要约人不愿承认其为承诺，则该迟延的承诺为新要约，要约人将处于承诺人的地位。

（4）承诺撤回

承诺可以撤回，撤回承诺的通知应当在承诺通知到达要约人之前，或者与承诺通知同时到达要约人，即在承诺生效前到达要约人。如果承诺通知已经到达要约人，合同已经成立，那么受要约人不能再撤回承诺。

### 随堂测验

【例】乙公司接到甲公司发出的传真，称“现有 120 吨白糖，每吨售价 2 400 元，如有意购买，请于 5 月 30 日前到我公司提货”。乙公司在第二天给甲公司回了一封传真，称“我公司同意按你公司提出的条件购买白糖，并将于 5 月 28 日到你公司提货”。该传真于当天到达甲公司。乙公司给甲公司发出的传真是否属于承诺？

【解析】乙公司给甲公司发出的传真属于承诺，因为符合承诺的构成要件：由受要约人向要约人作出；内容与要约的内容一致；在合理期限内到达要约人。

## 第 229 天　合同的效力

### 课堂精讲

合同的效力就是合同的法律效力，即已经成立的合同开始产生以国家强制力保障的法律约束力。符合法定生效要件的合同受法律的保护，并能产生合同当事人所期望的法律结果。当事人应该按照约定履行自己的义务，不得擅自变更或解除合同。

#### 1．合同生效的基本条件

合同具备一定的要件后，就会产生法律效力，主要体现在以下几个方面：

（1）行为人具有相应的民事行为能力；

（2）意思表示真实；

（3）不违反法律和社会公共利益，如买卖妇女或儿童的合同为无效合同。

#### 2．生效时限

根据《合同法》的规定，不同类型合同生效的时间分为以下三类：

（1）成立生效。依法成立的合同自成立时生效。法律、行政法规规定应当办理批准、登记等手续的，在依照其规定办理批准、登记等手续后生效。例如，《担保法》规定，房屋抵押合同自办理登记手续之日起生效。

（2）附条件生效。当事人对合同的效力可以约定附条件。附生效条件的合同，自条件成就时生效。附解除条件的合同，自条件成就时起失效。当事人为自己的利益不正当地阻止条件成就的，视为条件已成就；不正当地促成条件成就的，视为条件不成就。

（3）附期限生效。当事人对合同的效力可以约定附期限。附生效期限的合同，自期限届满时生效。附终止期限的合同，自期限届满时失效。

### 随堂测验

【判断】房屋抵押合同生效日期是自办理登记手续之日开始的，属于成立生效时间类

型的合同。(　　)

【答案】√

## 第 230 天　无效合同

### 课堂精讲

所谓无效合同，是指欠缺合同的生效要件，虽已成立，但不能依当事人意思发生法律效力的合同。无效的合同自始没有法律约束力，即无效合同自始无效。根据《合同法》第五十二条的规定，无效合同的种类如下：

（1）一方以欺诈、胁迫手段订立的损害国家利益的合同；

（2）恶意串通，损害国家、集体或第三人利益的合同；

（3）以合法形式掩盖非法目的的合同；

（4）损害社会公共利益的合同；

（5）违反法律、行政法规的强制性规定的合同。

### 随堂测验

【例】甲乙双方签订了一项买卖合同，甲方向乙方购买一批布料，约定由乙方负责加工服装 500 件，并加贴某名牌商标，以利销售，价款 10 万元，交货时付清全部价款，交货时间为合同签订后两个月内。实际履行时，乙方延迟 10 天交货，甲方付款时以资金紧张为由仅付了 3 万元，余下 7 万元约定在 15 天后付清。15 天后，甲方未付余款，乙方多次催讨未果，遂向法院起诉。根据《合同法》的规定，本案应如何处理？

【解析】法院判决该合同无效。因为，合同内容违反法律、行政法规的强制性规定，故判决收缴服装 500 件，货款 10 万元全部没收。

## 第 231 天　可撤销、可变更的合同

### 课堂精讲

可撤销、可变更的合同是指合同欠缺生效要件，但一方当事人可依照自己的意思使合同的内容变更或使合同的效力归于消灭的合同。对于可撤销、可变更的合同，当事人有权诉诸法院或仲裁机构予以变更、撤销。

### 1．可撤销、可变更合同的种类

（1）因重大误解订立的合同；
（2）订立合同时显失公平的；
（3）一方以欺诈、胁迫手段或乘人之危，使对方在违背真实意图的情况下订立的合同，受损害方有权请求人民法院或仲裁机构变更或撤销合同。

### 2．撤销权人

撤销权是撤销权人依其单方的意思表示使合同效力溯及既往的消灭的权利。撤销权是诉权，只能通过法院或仲裁机构行使。因撤销原因的不同，撤销权人也不同：
（1）因重大误解订立的合同，误解人是撤销权人；
（2）在订立合同时显失公平的，遭受明显不公的人是撤销权人；
（3）一方以欺诈、胁迫手段或乘人之危，使对方在违背真实意思的情况下订立合同，受欺诈、受胁迫的人是撤销权人。

### 3．撤销权消灭

根据《合同法》的规定，有下列情形之一的，撤销权消灭：
（1）具有撤销权的当事人自知道或应当知道撤销事由之日起一年内没有行使撤销权：
（2）具有撤销权的当事人知道撤销事由后明确表示或以自己的行为放弃撤销权。

### 4．合同被确认无效或被撤销的后果

合同被确认无效或被撤销后，并非不产生任何法律后果。无效的合同或被撤销的合同自始没有法律约束力。合同部分无效，不影响其他部分效力的，其他部分仍然有效。
（1）返还财产。合同无效或被撤销后，因该合同取得的财产，应当予以返还；不能返还或没有必要返还的，应当折价补偿。当事人恶意串通，损害国家、集体或第三人利益的，因此取得的财产收归国家所有或返还集体、第三人。
（2）赔偿损失。合同无效或者被撤销后，有过错的一方应当赔偿对方因此所受到的损失；双方都存在过错的，应当各自承担相应的责任。

**随堂测验**

【例】甲公司向乙公司订购壁纸一批，乙公司在订立合同时谎称国产壁纸为进口壁纸。甲公司得知实情后，适逢国产壁纸热销，甲公司有意履行合同，而乙公司则希望以更高的价格将这批壁纸卖给别人。这种情况下，此案该如何处理呢？

【解析】甲公司向乙公司催告交货或预付货款或递交确认合同有效的通知，则合同成

为确定的有效合同；乙公司不能以合同订立存在欺诈为由主张撤销，使合同失去约束力。

## 第 232 天　正确认识合同的履行

### 课堂精讲

合同的履行是指合同生效后，债务人全面而适当地完成其合同义务。这也是合同履行的起码要求。

合同的履行又称债务清偿。因为，从合同效力方面来看，合同的履行是依法成立的合同所必然发生的法律效果，并且是构成合同法律效力的主要内容。但从合同关系消灭的角度来看，债务人全面而适当地履行合同，导致了合同关系的消灭。合同履行是合同关系消灭的原因，并且是正常消灭的原因。

### 随堂测验

【判断】合同的履行又称债务清偿，债务人需要全面而适当地完成其合同义务。(　　)

【答案】√

## 第 233 天　合同履行的原则

### 课堂精讲

**1. 合同履行的基本原则**

合同履行的原则是当事人在履行合同债务时所应遵循的基本准则。具体说明如表 8-13 所示。

表 8-13　合同履行的原则

| 原则 | 解释 | 说明 |
| --- | --- | --- |
| 全面履行 | 指合同当事人应在适当的时间和地点，以适当的方式，按照合同中约定的数量和质量，履行合同中约定的义务。全面履行原则包括正确履行和协作履行 | 正确履行又称适当履行，是指当事人按照合同规定的标的及其质量、数量，由适当的主体在适当的履行期限、地点以适当的履行方式全面完成合同义务 |
| | | 协作履行是指当事人不仅要适当履行自己的合同债务，还要协助对方当事人履行债务 |

（续表）

| 原则 | 解释 | 说明 |
|---|---|---|
| 诚实守信 | 指合同当事人应根据诚实守信原则履行合同约定之外的附随义务，包括协助义务、通知义务和保密义务等 | 附随义务是基于诚实守信原则而产生的一项合同义务，虽然当事人在合同中可能没有约定此项义务，但任何合同的当事人在履行时都必须遵守 |
| 情势变更 | 指合同依法成立后，因不可归责于双方当事人的原因发生了不可预见的情势变更，致使合同的基础丧失或动摇，若继续维护合同原有效力则显失公平，从而允许变更或解除合同 | 须有情势变更的事实 |
| | | 须情势变更的发生不可归责于当事人，即由不可抗力及其他意外事故引起 |
| | | 情势变更须发生在合同成立以后，履行完毕之前 |
| | | 须情势变更使履行原合同显失公平 |
| | | 须情势变更是当事人所不可预见的 |

**2．合同约定不明时的履行原则**

约定不明合同的存在，势必要给当事人履行合同造成困难，但为了鼓励交易、节约交易成本，应当尽量予以补充，并使合同具有可履行性。

（1）当事人协议补充

根据《合同法》第六十一条的规定，合同生效后，当事人就质量、价款或报酬、履行地点等内容没有约定或约定不明确的，可以协议补充。

（2）按照合同有关条款或交易习惯确定

约定不明合同在履行中形成纠纷的，首先，应适用当事人协议补充原则；其次，如果不能达成补充协议，则按照合同有关条款或交易习惯确定。按照合同有关条款确定是指结合合同的其他方面内容加以确定，使合同更加具体和明确。

（3）法定补充原则

合同内容约定不明确，在适用当事人协议补充原则、按照合同有关条款或交易习惯确定原则仍不能确定的，适用法定补充原则。

① 质量要求不明确的，按照国家标准、行业标准履行；没有国家标准、行业标准的，按照通常标准或符合合同目的的特定标准履行。

② 价款或报酬不明确的，按照订立合同时履行地的市场价格履行；依法应当执行政府定价或政府指导价的，按照规定履行。

③ 履行地点不明确的，给付货币的，在接受货币一方所在地履行；交付不动产的，在不动产所在地履行；其他标的，在履行义务一方所在地履行。

④ 履行期限不明确的，债务人可以随时履行，债权人也可以随时请求履行，但应当给对方必要的准备时间。

⑤ 履行方式不明确的，按照有利于实现合同目的的方式履行。

⑥ 履行费用的负担不明确的，由履行义务一方负担。

（4）执行政府定价或指导价合同的履行原则

根据《合同法》的规定，当事人逾期交付标的物的，标的物的政府定价或指导价提高时，按原定的价格即原价格执行；价格降低时，按已降低的价格（即新价格）执行。当事人逾期提取标的物或逾期付款的，标的物的政府定价或指导价提高时，按已提高的价格即新价格执行；价格降低时，按原定的价格即原价格执行。

### 随堂测验

【判断】合同依法成立后，因不可归责于双方当事人的原因发生了不可预见的情势变更，合同双方依旧需要继续执行合同。（　　）

【答案】×

## 第 234 天　合同履行中的抗辩权

### 课堂精讲

抗辩权是指在合同的履行中，一方当事人在对方不履行或履行不符合约定时，依法对抗对方要求或否认对方权利主张的权利。

根据《合同法》的规定，当事人可享有同时履行抗辩权、后履行抗辩权和不安抗辩权。这些抗辩权的设置，可以更好地维护当事人的合法权益。抗辩权的分类与适用范围如表 8-14 所示。

表 8-14　抗辩权的分类与适用范围

| 分类 | 概念 | 行使条件 | 适用范围 |
|---|---|---|---|
| 同时履行抗辩权 | 指双务合同的当事人应同时履行义务的，一方在对方未履行前，有拒绝对方请求自己履行合同的权利 | (1)由同一双务合同产生互负债务<br>(2)在合同中未约定履行顺序<br>(3)对方未履行债务或未按照约定正确履行债务<br>(4)对方的对等给付是可能履行的 | （1）当一方当事人不能履行或拒绝履行合同时，另一方当事人就享有也不履行合同的权利<br>（2）当一方当事人部分履行合同时，另一方当事人有权就未履行部分提出抗辩，拒绝相应的给付，只履行对应的部分；当一方当事人履行合同不符合约定时，另一方当事人有权拒绝其相应的履行请求 |

（续表）

| 分类 | 概念 | 行使条件 | 适用范围 |
| --- | --- | --- | --- |
| 后履行抗辩权 | 指双务合同中应先履行义务的一方当事人未履行时，另一方当事人有拒绝对方请求履行的权利 | （1）由同一双务合同产生互负债务<br>（2）债务的履行有先后顺序<br>（3）应该先履行或履行债务不符合规定<br>（4）应该先履行的债务有履行的可能 | （1）如果先履行的一方当事人不履行到期债务，那么后履行的当事人有权不履行义务<br>（2）如果先履行的一方当事人履行有瑕疵或部分履行的，那么后履行当事人有权不履行相应的合同义务 |
| 不安抗辩权 | 指双务合同中应先履行义务的一方当事人，有证据证明另一方当事人不能或可能不履行合同义务时，在另一方当事人未履行合同或就合同履行提供担保之前，有暂时中止履行合同的权利 | （1）经营状况严重恶化<br>（2）转移财产、抽调资金以逃避债务<br>（3）丧失商业信誉<br>（4）有丧失或可能丧失履行债务能力的其他情形 | （1）中止合同，即先履行合同的当事人停止履行或延期履行合同<br>（2）解除合同，即中止履行合同后，如果对方在合理期限内未恢复履行能力且未提供适当担保的，那么中止履行合同的一方可以解除合同 |

**随堂测验**

【例】甲乙双方经过协商达成协议，由乙方购买甲方在建的商品房一套。同年 11 月 30 日，乙方预付了购房款 60 000 元。多日后，乙方得知甲方所预售的商品房未取得商品房预售许可证，因此停止支付剩余房款，也不接收已竣工的房屋，并向法院起诉，要求确认购房协议无效，甲方返还 60 000 元预购房款，附带赔偿其利息损失。对此，法院是否能支持乙方的请求呢？

【解析】法院经审理认为，甲方预售商品房未依法取得商品房预售许可证，违反了有关法律规定，并且甲方在诉讼中仍未取得商品房预售许可证，应认定该商品房预售合同无效，导致合同无效的责任在甲方，甲方应承担返还预购房款、赔偿损失的民事责任。据此，法院支持了乙方的全部诉讼请求。法院判决甲方返还乙方预购房款 60 000 元及赔偿其利息损失。

## 第 235 天　合同的变更

**课堂精讲**

这里的合同变更仅指合同内容的变更，即合同成立后，双方当事人根据客观情况的变化，依照法律规定的条件和程序，经协商一致，对原合同内容进行修改、补充或完善，合同性质并不改变。

**1．合同变更的效力**

（1）合同变更的实质在于使变更后的合同代替原合同。合同变更后，当事人应按变更后的合同内容履行。

（2）合同的变更原则是将来发生效力，未变更的权利义务继续有效，已经履行的债务不因合同的变更而失去合法性。

（3）合同的变更不影响当事人要求赔偿损失的权利。原则上，提出变更的一方当事人对对方当事人因合同变更所受损失应负赔偿责任。

**2．合同变更的条件**

（1）当事人之间已经存在合同关系，即在原合同基础上由当事人对其非实质性内容加以改变。若无原合同关系，则无变更对象，也就不存在合同变更的问题。

（2）合同内容发生变更，如合同标的、履行期限、履行地点的变更等，但变更前后合同关系应保持连续性和同一性。

（3）必须遵守法律的规定和当事人的约定。

### 随堂测验

【多选】下列属于合同变更条件的是（　　）。

A．合同标的发生变更　　B．当事人之间的关系发生改变

C．合同履行期限发生变化　　D．合同价格发生变化

【答案】ABCD

## 第236天　合同的转让

### 课堂精讲

合同的转让就是合同权利义务的转让，是指合同当事人一方依法将合同权利义务全部或部分转让给第三人。合同转让包括合同权利的转让、合同义务的转让和合同权利义务的概括转让。

**1．合同转让的性质**

（1）合同的转让并不改变合同原有的权利义务的内容。

（2）合同的转让使合同主体发生变化。

（3）合同的转让涉及原合同当事人双方之间的权利义务关系，以及转让人与受让人之间的权利义务关系。

### 2．合同权利的转让

合同权利转让是指不改变合同的内容，由合同债权人将其权利全部或部分转让给第三人享有的行为。合同权利转让又称债权让与，转让合同债权的一方称让与人，接受转让的一方称受让人。合同权利转让的效力包括以下几点。

（1）合同权利由让与人转让给受让人。如果是全部转让，则受让人取代原债权人的地位而享有合同权利，让与人脱离原合同关系。如果是部分转让，则受让人加入合同关系，成为与原债权人共享合同权利的新债权人。

（2）合同权利转让时，受让人取得与合同债权有关的从权利，如保证债权、担保物权、完全债权、违约债权等，但该从权利专属于债权人自身的除外。

（3）债务人收到转让通知后，即应当将受让人作为债权人而履行债务。受让人取代原债权人成为新债权人，享有和原债权人同样的权利。

（4）为了保护债务人不因转让合同权利而受损害，债务人接到转让通知时，债务人对让与人的抗辩，均可向受让人主张。

（5）债权人转让权利的，应当通知债务人。未经通知，该转让对债务人不发生效力。债权人转让权利的通知不得撤销，但经受让人同意的除外。债务人接到转让通知时，债务人对让与人享有到期债权的，债务人可以依据抵销规则向受让人主张抵销。

### 3．合同义务的转让

合同义务转让又称债务承担，是指在不改变合同内容的前提下，经债权人同意，债务人将债务全部或部分移转给第三人。债务人将其全部合同义务转让给第三人，由该第三人取代债务人的地位；债务人将其合同义务部分转让给第三人，该债务人与第三人连带地向债权人负责。合同义务的转移会产生如下法律后果：

（1）新债务人成为合同一方当事人，如果不履行或不适当履行合同义务，那么债权人可以向其请求履行债务或承担违约责任；

（2）债务人转移义务的，新债务人可以主张原债务人对债权人的抗辩；

（3）从属于主债务的从债务一般随主债务的转移而转移；

（4）原第三人向债权人提供的担保，若担保人未明确表示继续承担担保责任，则担保责任因债务转移而消灭。

### 4．合同权利义务的概括移转

合同权利义务概括转移是指原合同当事人一方将其合同权利义务一并移转给第三

人，由第三人概括地继受这些权利义务。

合同权利义务的概括移转可以是合同权利义务全部由出让人移转至承受人，即全部移转；也可以是合同权利义务的一部分由出让人移转至承受人，即部分移转。

随堂测验

【判断】合同权利义务的移转，可以是合同权利义务全部移转，也可以是合同权利义务部分移转。（　）

【答案】√

# 第 237 天　合同的终止

课堂精讲

合同的终止又称合同的消灭，是指合同关系在客观上不复存在，合同权利和合同义务归于消灭。

根据《合同法》的规定，合同终止的情形有债务已经按照约定履行、合同解除、债务相互抵销、债务人依法将标的物提存、债权人免除债务、债权债务同归于一人、法律规定或当事人约定终止的其他情形。

**1．债务已经按照约定履行**

债务已经按照约定履行又称债务清偿，是指债务人按照合同约定向债权人履行义务，实现债务目的的行为。债务按照合同约定得到履行，一方面可以使合同债权得到满足，另一方面也可以使合同债务归于消灭，使合同的权利和义务终止。

**2．合同解除**

合同解除是指合同有效成立后，在一定条件下通过当事人的单方行为或双方合意终止合同效力或溯及地消灭合同关系的行为。

合同解除可分为法定解除与约定解除。法定解除是指合同解除的条件由法律直接加以规定。协议解除是指当事人双方通过协商同意将合同解除。

合同解除后，尚未履行的，终止履行；已经履行的，根据履行情况和合同性质，当事人可以请求恢复原状或采取其他补救措施，并有权要求赔偿损失。合同解除具有两方面效力：

（1）将来发生效力，即终止履行；

（2）产生溯及力。

### 3. 债务相互抵销

债务相互抵销是指合同双方当事人互负债务时，各方相互冲抵债务，而使各自的债务在对等额内相互消灭。抵销可分为合意抵销和法定抵销。合意抵销是指依双方当事人的合意所作的抵销。合意抵销是由当事人约定的，其条件和效力取决于当事人的约定。法定抵销是指在具备法律所规定的条件时，依一方当事人的意思表示所作的抵销。当事人依一方的意思表示而使双方的债权按同等数额消灭的权利也就是抵销权。通常所说的抵销一般就是指法定抵销。

有关法律规定，下列债务不能抵销：

（1）按照合同性质不能抵销；

（2）按照约定应当向第三人给付的债务；

（3）因故意实施侵权行为产生的债务；

（4）法律规定不得抵销的其他情形，如被法院查封、扣押、冻结的财产，当事人已无处分权，不能用来抵销。

### 4. 债务人依法将标的物提存

债务人依法将标的物提存是指债务人于债务已届履行期时，将无法给付的标的物提交给提存机关，以消灭合同债务的行为。有下列情形之一，难以履行债务的，债务人可以依法办理提存：债权人无正当理由拒绝受领、债权人下落不明、债权人死亡未确定继承人或丧失民事行为能力未确定监护人以及法律规定的其他情形。

债权债务因提存而消灭，债务人不再负清偿责任，提存物的所有权转归债权人。标的物提存后，毁损、灭失的风险由债权人承担。提存期间，标的物的孳息归债权人所有。提存费用由债权人负担。提存之债从提存之日即告清偿。但因提存部门过错造成毁损、灭失的，提存部门负有赔偿责任。

### 5. 债权人免除债务

债权人免除债务是指债权人抛弃债权，从而全部或部分终止合同关系的单方行为。债务免除的意思表示无须特定形式，口头形式或书面形式均可。

免除为单方行为，自向债务人或其代理人表示后，即产生债务消灭的效果。因而，一旦债权人作出免除的意思表示，便不得撤回。

债权人免除债务人部分或全部债务，合同权利义务部分或全部终止。免除发生债务绝对消灭的效力。因免除使债权消灭，故债权的从权利，如利息债权、担保权等，也同时归于消灭。仅免除部分债务的，债的关系仅部分终止。免除不得损害第三人的合法权益。

**6．债权债务同归于一人**

债权债务同归于一人致使债务关系消灭，这一事实被称为混同。债权债务的混同由债权或债务的承受而产生，债权债务的概括承受是混同的主要原因，即一方当事人概括承受另一方当事人的债权债务，如企业合并使合并前的两个企业之间的债权债务关系因同归于一个企业而消灭；债权债务的特定承受也是混同的原因之一，即因债权让与或债务承担而承受权利或义务，如债务人从债权人处受让债权，债权债务就因同归于一人而发生混同。

但是，有一种情况不适用：根据《合同法》的规定，债权债务同归于一人的，合同权利义务终止，但涉及第三人利益的除外。

**7．法律规定或当事人约定终止的其他情形**

（1）委托人或受托人死亡、丧失民事行为能力或破产的，委托合同终止。

（2）代理人死亡、丧失民事行为能力，作为被代理人或代理人的法人终止，委托代理终止。

（3）当事人也可以约定合同终止的情形，如附解除条件的合同，当解除条件成就时，债权债务关系消灭，合同终止。

**随堂测验**

【单选】合同权利义务的终止是指（　　）。

A．合同的变更　　　　B．合同的消灭

C．合同效力的暂时停止　　　　D．合同的解除

【答案】B

## 第238天　违约责任

**课堂精讲**

违约责任是指当事人违反合同义务所应承担的民事责任。

**1．违约的类型**

违约责任主要表现为财产责任。违约的类型有三个。

（1）当事人一方不履行合同义务或履行合同义务不符合约定的，应当承担继续履行、

采取补救措施或赔偿损失等违约责任。

（2）当事人双方都违反合同的，应当各自承担相应的责任。

（3）当事人一方因为第三人的原因造成违约的，应当向对方承担违约责任；当事人一方和第三人之间的纠纷，依照法律规定或按照约定解决。

**2．归责原则**

归责原则是指在进行违约行为所导致的事实后果的归属判断活动时应当遵循的原则和基本标准。我国《合同法》在对待违约责任的问题上采取严格责任原则。严格责任原则又称无过错责任，是指违约发生以后，不考虑合同当事人对违约是否在主观上存在过错，只要一方当事人不履行合同义务或履行合同义务不符合约定的，就应该承担违约责任，但因不可抗力导致不能履行合同的另有规定。

### 随堂测验

【判断】违约责任是指当事人违反合同义务所应承担的刑事责任。（　　）

【答案】×

## 第 239 天　违约行为

### 课堂精讲

违约行为是指当事人一方不履行合同义务或履行合同义务不符合约定条件的行为。

**1．违约行为的三层含义**

（1）违约行为的主体是合同当事人。合同具有相对性，违反合同的行为只能是合同当事人的行为。

（2）违约行为是一种客观的违反合同的行为，而不管行为人的主观状态如何。

（3）违约行为侵害的客体是合同对方的债权。因违约行为的发生，使债权人的债权无法实现，从而侵害了债权。

**2．单方违约**

合同的双方当事人只有一方违约时，应由违约方向非违约方承担违约责任，但非违约方负有减损义务，即当事人一方违约后，对方应当采取适当措施防止损失的扩大，没有采取适当措施而致使损失扩大的，不得就扩大的损失要求赔偿。当事人因防止损失扩大而支出的合理费用，由违约方承担。

**3．双方违约**

当事人双方都违反合同的，应当各自承担相应的责任。

**4．因第三人的原因造成的违约**

当事人一方因第三人的原因造成违约的，应当向对方承担违约责任。当事人一方和第三人之间的纠纷，依照法律规定或按照约定解决。

**随堂测验**

【判断】违约可以是单方违约，也可以是双方违约，还可以是因第三人原因造成的违约。（　　）

【答案】√

## 第 240 天　违约责任的承担方式

**课堂精讲**

《合同法》规定的承担违约责任的主要方式有继续履行、补救措施、赔偿损失、支付违约金和支付定金。

**1．继续履行**

继续履行也称强制履行，是指违反合同的当事人不论是否已经承担赔偿金或违约金责任，都必须根据对方的要求，在自己能够履行的条件下，履行原合同未履行的部分。

金钱债务的继续履行。当事人一方未支付价款或报酬的，对方可以要求其支付价款或报酬。金钱债务中不能适用免除继续履行义务。

非金钱债务的继续履行。当事人一方不履行非金钱债务或履行非金钱债务不符合约定的，对方可以要求履行。但是，有下列情形之一的除外：法律上或事实上不能履行，债务的标的不适于强制履行或履行费用过高，债权人在合理期限内未要求履行。

**2．补救措施**

补救措施是债务人履行合同义务不符合约定，债权人在请求法院或仲裁机构强制债务人实际履行合同义务的同时，可根据合同履行情况要求债务人采取的补救履行措施。《合同法》规定，质量不符合约定的，应当按照当事人的约定承担违约责任。对违约责任没有约定或约定不明确，受损害方根据标的的性质以及损失的大小，可以合理选择要求对方承担修理、更换、重做、退货、更换、减少价款或报酬等违约责任。

### 3. 赔偿损失

赔偿损失是违约责任的一种重要形式。当事人一方不履行合同义务或履行合同义务不符合约定的，在履行义务或采取补救措施后，对方还有其他损失的，应当赔偿损失。损失赔偿额应相当于由违约所造成的损失，包括合同履行后可以获得的利益，但不得超过违反合同一方订立合同时预见到或应当预见到的因违反合同可能造成的损失。当事人可以在合同中约定因违约产生的损失赔偿额的计算方法。

### 4. 支付违约金

违约金是指由合同约定的，在发生违约事实时，违约方支付的一定数额的金钱或财物。约定的违约金低于造成的损失的，当事人可以请求法院或仲裁机构予以增加；约定的违约金过分高于造成的损失的，当事人可以请求法院或仲裁机构予以适当减少。

### 5. 支付定金

定金是指合同当事人为了确保合同的履行，根据双方约定，由一方按合同标的额的一定比例预先给付对方的金钱或其他替代物。

给付定金的一方不履行约定的债务的，无权要求返还定金；收受定金的一方不履行约定的债务的，应当双倍返还定金。据此，在当事人约定了定金担保的情况下，如一方违约，定金罚则即成为一种违约责任形式。合同当事人在合同中既约定定金又约定违约金的，一方违约时，另一方可选择适用定金或违约金条款。

这里要注意一点，当事人在合同中既约定违约金又约定定金的，一方违约时，对方可以选择适用违约金或定金条款，但两者不可同时并用。

### 随堂测验

【例】2012 年 4 月 3 日，A 公司与 B 公司签订购销塑钢合同一份。合同约定：A 公司卖给 B 公司塑钢 500 吨，单价每吨 1 000 元，总价款 50 万元，交货时间为同年 9 月 30 日，交货地点为 B 公司所在地码头。如果逾期交货，则 A 公司应支付违约金 5 万元。同年 9 月 30 日，A 公司未交货。经 B 公司多次催讨，A 公司同年 11 月 3 日才提出交货。此时，塑钢价格已降至每吨 400 元，B 公司认为交货已失去意义，便于同日传真通知 A 公司解除合同，并要求 A 公司支付违约金 5 万元和赔偿损失 1 万元。此案该如何判决呢？

【解析】根据《合同法》的规定，B 公司可以通知 A 公司解除合同。因为 A 公司迟延交货的行为使得 B 公司不能实现合同的目的。B 公司要求 A 公司支付违约金的请求符合《合同法》的规定，但要求另赔偿损失的请求不符合《合同法》的规定。因为合同中已事先约定违约金 5 万元，已足够弥补 B 公司的损失，故不需要另行赔偿损失。

# 第 241 天　违约的免责事由

## 课堂精讲

### 1. 免责事由

免责事由也称免责条件，是指当事人对其违约行为免于承担违约责任的事由。《合同法》中的免责事由可分为两大类，即法定免责事由和约定免责事由。法定免责事由是指由法律直接规定、不需要当事人约定即可援用的免责事由，主要指不可抗力。约定免责事由是指当事人约定的免责条款。

### 2. 不可抗力

根据我国法律的规定，所谓不可抗力，是指不能预见、不能避免、不能克服的客观情况。不可抗力主要包括以下几种情形：自然灾害，如台风、洪水、冰雹；政府行为，如征收、征用；社会异常事件，如罢工、骚乱。

因不可抗力不能履行合同的，根据不可抗力的影响，违约方可部分或全部免除责任。但迟延履行期间发生的不可抗力不具有免责效力。

### 3. 免责条款

免责条款是指当事人在合同中约定免除将来可能发生的违约责任的条款，其所规定的免责事由即约定免责事由。值得注意的是，免责条款不能排除当事人的基本义务，也不能排除故意或重大过失的责任。

## 随堂测验

【多选】下列哪些可以作为违约的免责事由？（　　）

A. 自然灾害　　B. 罢工　　C. 政府征用　　D. 行为人自身错误

【答案】ABC

# Part 9

# 出纳日常工作——纳税实务操作指引

## 第 242 天　办理税务登记的时间

### 课堂精讲

企业在外地设立的分支机构和从事生产、经营的场所，个体工商户和从事生产、经营的事业单位（以下统称“从事生产、经营的纳税人”）自领取营业执照之日起 30 日内，向生产、经营地或纳税义务发生地税务登记机关申报办理税务登记。其他纳税人自依照税收法律、行政法规规定成为纳税义务人之日起 30 日内，向所在地税务登记机关申请办理税务登记。

根据《中华人民共和国税收征收管理法》第六十条的规定，纳税人有下列行为之一的，由税务机关责令限期改正，可以处 2 000 元以下的罚款；情节严重的，处 2 000 元以上 10 000 元以下的罚款：未按照规定的期限申报办理税务登记、变更或注销登记的；纳税人不办理税务登记的，由税务机关责令限期改正；逾期不改正的，经税务机关提请，由工商行政管理机关吊销其营业执照。

### 随堂测验

【填空】个体工商户和从事生产、经营的事业单位（以下统称“从事生产、经营的纳税人”）自领取营业执照之日起____日内，向生产、经营地或纳税义务发生地税务登记机关申报办理税务登记。

【答案】30

## 第 243 天　开业税务登记的办理

### 课堂精讲

**1．办理开业税务登记的时间**

（1）从事生产、经营的纳税人应当自领取营业执照之日起 30 日内，主动依法向国家税务机关申报办理税务登记。

（2）按照规定不需要领取营业执照的纳税人，应当自有关部门批准之日起 30 日内，或者自发生纳税义务之日起 30 日内，主动依法向主管国家税务机关申报办理税务登记。

### 2．办理开业税务登记的地点

（1）纳税企业和事业单位向当地主管国家税务机关申报办理税务登记。

（2）纳税企业和事业单位跨县（市）、区设立的分支机构和从事生产、经营的场所，除总机构向当地主管国家税务机关申报办理税务登记外，分支机构还应当向其所在地主管国家税务机关申报办理税务登记。

（3）有固定生产、经营场所的个体工商户向经营地主管国家税务机关申报办理税务登记；流动经营的个体工商户，向户籍所在地主管国家税务机关申报办理税务登记。

（4）未领取营业执照从事承包、租赁经营的纳税人向经营地主管国家税务机关申报办理税务登记。

### 3．办理开业税务登记的手续

（1）纳税人必须提出书面申请报告，并提供下列有关证件、资料：

① 营业执照；

② 有关章程、合同、协议书；

③ 银行账号证明；

④ 法定代表人或业主居民身份证、护照或回乡证等其他合法证件；

⑤ 总机构所在地国家税务机关证明；

⑥ 国家税务机关要求提供的其他有关证件、资料。

（2）填报税务登记表。纳税人领取税务登记表或注册税务登记表后，应当按照规定内容逐项如实填写，并加盖企业印章，经法定代表人签字或业主签字后，将税务登记表或注册税务登记表报送主管国家税务机关。企业在外地设立的分支机构或从事生产、经营的场所，还应当按照规定内容逐项如实填报总机构名称、地址、法定代表人、主要业务范围、财务负责人等。

（3）领取税务登记证件。纳税人报送的税务登记表或注册税务登记表和提供的有关证件、资料，经主管国家税务机关审核后，报有关国家税务机关批准予以登记的，应当按照规定的期限到主管国家税务机关领取税务登记证或注册税务登记证及其副本，并按规定缴付工本管理费。

**随堂测验**

【单选】从事生产、经营的纳税人应当自领取营业执照之日起（　　）日内，主动依法向国家税务机关申报办理税务登记。

A．5　　B．10　　C．15　　D．30

【答案】D

# 第 244 天　变更税务登记的办理

## 课堂精讲

（1）纳税人办理开业税务登记后，有以下税务登记内容发生变化的，必须申报办理变更税务登记。

① 单位名称、法定代表人或业主姓名及其身份证、护照或其他合法证件的号码。

② 住所、经营地点（注册地址）。

③ 登记注册类型。

④ 生产经营或经营方式。

⑤ 生产经营范围。

⑥ 注册资金（资本）、投资总额、注册资本金账户的开户银行和账号。

⑦ 生产经营期限、从业人数、营业执照号码。

⑧ 企业隶属关系、生产经营权属。

⑨ 财务负责人、办税人员的联系电话。

⑩ 进出口经营权批准文号。

其他有关事项，如企业投资方的名称、地址，以及企业的总机构或分支机构的名称、地址、法定代表人、主要业务范围；其他需变更的事项或工商行政管理机关等政府管理部门已变更营业执照的其他内容。

（2）在工商行政管理机关办理注册登记的纳税人，由于税务登记的内容发生变化需要变更税务登记，并且税务登记变更内容与工商登记变更内容一致的，应当自工商行政管理机关办理变更登记之日起 30 日内，持有关证件向原税务登记机关填报“税务登记变更表”申报办理变更税务登记，并同时提交以下资料。

① 工商变更登记表及工商执照（注册登记执照）复印件。

② 税务登记机关发放的原税务登记证件。

③ 税务登记机关要求提供的其他有关资料。

（3）按照规定不需要在工商行政管理机关办理注册登记的纳税人，由于税务登记内容发生变化需要办理变更登记的，或者虽在工商行政管理机关办理注册登记，但变更税务登记与工商登记内容无关的，应当自有关机关批准或宣布变更之日起 30 日内，向原税务登记机关填报“税务登记变更表”，办理变更税务登记申报手续，并同时提交以下资料。

① 纳税人提交变更内容的决议及有关证明资料。

② 原税务登记证件。

③ 税务登记机关要求提供的其他有关资料。

### 随堂测验

【判断】由于税务登记的内容发生变化需要变更税务登记，并且税务登记变更内容与工商登记变更内容一致的，应当自工商行政管理机关办理变更登记之日起 15 日内持有关证件向原税务登记机关填报“税务登记变更表”申报办理变更税务登记。（　）

【答案】×

## 第 245 天　注销税务登记的办理

### 课堂精讲

#### 1．注销税务登记的对象和时间

（1）纳税人发生破产、解散、撤销以及其他依法应当终止履行纳税义务的，应当在向工商行政管理机关办理注销登记前，持有关证件向原主管国家税务机关提出注销税务登记书面申请报告；未办理工商登记的应当自有关机关批准或宣布终止之日起 15 日内，持有关证件向原主管国家税务机关提出注销税务登记书面申请报告。

（2）纳税人因变动经营地点、住所而涉及改变主管国家税务机关的，应当在向工商行政管理机关申报办理变更或注销工商登记前，或者在经营地点、住所变动之前申报办理注销税务登记，同时纳税人应当自迁达地工商行政管理机关办理工商登记之日起 15 日内或在迁达地成为纳税人之日起 15 日内重新办理税务登记。其程序和手续比照开业登记办理。

（3）纳税人被工商行政管理机关吊销营业执照的，应当自营业执照被吊销之日起 15 日内，向原主管国家税务机关提出注销税务登记书面申请报告。

#### 2．注销税务登记的要求

纳税人在办理注销税务登记前，应当向原主管国家税务机关缴清应纳税款、滞纳金、罚款，缴销原主管国家税务机关核发的税务登记证及其副本、注册税务登记证及其副本、未使用的发票、发票领购簿、发票专用章以及税收缴款书和国家税务机关核发的其他证件。

#### 3．注销税务登记的手续

纳税人办理注销税务登记时，应当向主管国家税务机关领取注销税务登记表（一式三份），并根据表内的内容逐项如实填写，加盖企业印章后，于领取注销税务登记表之日起 10 日内报送主管国家税务机关，经主管国家税务机关核准后，报有关国家税务机关批准予以注销。

**4．注销税务登记的资料**

纳税人应在规定的期限内申请办理注销税务登记，领取并填写“注销税务登记申请审批表”，同时附送以下资料：

（1）上级主管部门批文或董事会、职代会的决议及其他有关证明文件；

（2）工商行政管理机关吊销营业执照的文件；

（3）原发放的税务登记证正、副本；

（4）税务登记机关需要的其他有关资料。

**随堂测验**

【单选】纳税人被工商行政管理机关吊销营业执照的，应当自营业执照被吊销之日起（　　）日内，向原主管国家税务机关提出注销税务登记书面申请报告。

A．5　　　B．10　　　C．15　　　D．30

【答案】C

# 第 246 天　税务登记证的使用、管理和遗失处理

**课堂精讲**

**1．税务登记证的使用、管理**

（1）纳税人领取税务登记证后，应当在其生产、经营场所内明显的地方张挂税务登记证，亮证经营。出县（市）经营的纳税人必须持有所在地国家税务机关填发的“外出经营活动税收管理证明”、税务登记证或注册税务登记证副本，向经营地国家税务机关报验登记，接受税务管理。

（2）纳税人办理下列事项时必须持税务登记证副本或注册税务登记证副本。

① 申请减税、免税、退税、先征税后返还。

② 申请领购发票。

③ 申请办理“外出经营活动税收管理证明”。

④ 其他有关税务事项。

（3）税务登记证件只限纳税人自己使用，不得转借、涂改、损毁、买卖或伪造。

**2．税务登记证的遗失处理**

纳税人自遗失税务登记证之日起 15 日内，向主管税务机关提交书面报告，如实填写

“税务登记证遗失报告表”，并就纳税人的名称、税务登记证名称、税务登记证号码、税务登记证有效期、发证机关名称在主管税务机关认可的报刊上刊登遗失声明，凭报刊上刊登的遗失声明向主管税务机关申请补办税务登记证，并按规定缴付工本管理费。

**随堂测验**

【单选】纳税人自遗失税务登记证之日起（　　）日内，向主管税务机关提交书面报告。

A．5　　　　B．10　　　　C．15　　　　D．30

【答案】C

## 第 247 天　税务年检的办理

**课堂精讲**

### 1．年检范围和时间

凡是在本市从事生产、经营，由主管税务机关核发国税、地税税务登记证或注册税务登记证的纳税人均属于税务登记年检范围。

凡是在本市从事生产、经营，应办理税务登记而未办理税务登记的纳税人，应主动到税务机关申请补办税务登记。

税务登记年检的时间除实行税务登记全面换证年度外每年一次，具体时间和实施意见由市税务机关决定。

### 2．年检项目

（1）纳税人的税务登记项目是否与实际情况和工商执照相符。税务登记项目主要包括纳税人名称、纳税人地址、实际生产经营地址、法定代表人、登记注册类型、经营方式、经营范围、经营期限、总机构名称和总机构地址。

（2）纳税人税务登记项目发生变更或纳税人发生分立、合并、税收征管关系变化，是否及时向税务机关办理变更或注销税务登记。

（3）纳税人是否按规定使用税务登记证件。

（4）纳税人遗失税务登记证件是否办理遗失声明，是否及时办理补证手续。

### 3．年检方法

（1）主管税务机关对纳税人税务登记年检采用书面核对和实地检查相结合的办法。

（2）税务登记年检结果为合格和限期整改。年检结果为合格的，主管税务机关在税务登记证正、副本上粘贴年检标志；年检结果为限期整改的，主管税务机关应根据不同情况进行处理，限期整改的日期为自主管税务机关告知纳税人之日起 15 日内。

（3）主管税务机关采取税务登记项目与纳税人提供的证件、证明、资料核对的办法进行年检，同时采用在年检年度内对部分纳税人进行实地检查的办法检验年检的有效性和真实性。

（4）其他事项。

① 纳税人未在市税务机关或主管税务机关规定的年检时间内申请税务登记年检的，主管税务机关按《中华人民共和国税收征收管理法》及其《实施细则》等法律、法规的规定处罚，包括责令改正、罚款。

② 主管税务机关在纳税人税务登记年检过程中发现应办理税务登记而未办理、应办理变更登记而未办理等情况的，主管税务机关按《中华人民共和国税收征收管理法》及其《实施细则》等法律、法规的规定，责令限期改正，并予以相应的处罚。

### 随堂测验

【判断】年检结果为限期整改的，主管税务机关应根据不同情况进行处理，限期整改的日期为自税务机关告知纳税人之日起 15 日内。（　　）

【答案】√

## 第 248 天　增值税的纳税人与征税范围

### 课堂精讲

**1．增值税的概念**

增值税是对在我国境内从事销售货物或提供加工、修理修配劳务，以及从事进口货物的单位和个人取得的增值额为课税对象征收的一种税。从计税原理而言，增值税是对商品生产和流通中各环节的新增或商品附加值征税。

**2．增值税纳税义务人**

根据《中华人民共和国增值税暂行条例》（以下简称《增值税暂行条例》）的规定，凡在中华人民共和国境内从事销售货物或提供加工、修理修配劳务，以及从事进口货物的单位和个人，为增值税纳税义务人。

（1）单位。一切从事销售或进口货物、提供应税劳务的单位都是增值税纳税义务人，包括国有企业、集体企业、私有企业、股份制企业、其他企业和行政单位、事业单位、军事单位、社会团体及其他单位。

（2）个人。凡从事货物销售或进口、提供应税劳务的个人都是增值税纳税义务人，包括个体经营者及其他个人。

（3）外商投资企业和外国企业。根据1993年12月29日第八届全国人民代表大会常务委员会第五次会议通过的决定，从1994年1月1日起，外商投资企业和外国企业凡从事货物销售或进口、提供应税劳务的，都不再缴纳工商统一税，改为统一缴纳增值税，为增值税纳税义务人。

（4）承租人和承包人。企业租赁或承包给他人经营的，以承租人或承包人为纳税义务人。

### 3. 增值税扣缴义务人

扣缴义务人是指境外的单位或个人在境内销售应税劳务而在境内未设有经营机构的，其应纳税款以代理人为扣缴义务人；没有代理人的，以购买者为扣缴义务人。

### 4. 增值税征税范围

（1）销售或进口的货物。货物是指有形动产，包括电力、热力、气体在内供出售的物品。

（2）提供的加工、修理修配劳务。

（3）属于征税范围的特殊项目：货物期货；银行销售金银的业务；典当行销售的死当物品，寄售商店代销的寄售物品；集邮商品的生产、调拨，以及邮政部门以外的其他单位和个人销售的集邮商品。

（4）属于征税范围的特殊行为。

① 视同销售货物行为。

② 混合销售行为。从事货物的生产、批发或零售的企业、企业性单位及个体经营者发生混合销售行为，视为销售货物，应当征收增值税。

③ 兼营非应税劳务行为。增值税纳税人兼营非应税劳务，如果不分别核算或不能准确核算货物或应税劳务的销售额和非应税劳务的营业额，那么非应税劳务应与货物或应税劳务一并征收增值税。

**随堂测验**

【多选】下列属于增值税兼营行为的有（　　）。

A. 运输企业销售货物并运输所售货物

B. 建材商店销售建材，并提供装饰装修服务

C. 电梯厂销售电梯并负责安装

D. 商场销售商品，并为顾客提供餐饮娱乐服务

【答案】BD

# 第 249 天　增值税应纳税额的计算

## 课堂精讲

### 1．增值税税率

（1）基本税率。增值税一般纳税人销售或进口货物，提供加工、修理修配劳务，除低税率适用范围和销售个别旧货适用征收率外，税率一律为 17%，这就是通常所说的基本税率。

（2）低税率。增值税一般纳税人销售或进口农业产品、音像制品、电子出版物、暖气、冷气、热水、煤气、石油液化气、天然气、沼气、居民用煤制品、金属矿采选产品、非金属矿采选产品等，按低税率计征增值税（低税率为 13%）。

（3）征收率。考虑到小规模纳税人经营规模小，并且会计核算不健全，难以按上述两档税率计税和使用增值税专用发票抵扣进项税款，因此实行按销售额与征收率计算应纳税额的简易办法。小规模纳税人适用征收率规定为 3%。

### 2．增值税应纳税额的计算

纳税人销售货物或提供应税劳务，其应纳税额为当期销项税额抵扣当期进项税额后的余额。其基本计算公式为：

**应纳税额＝当期销项税额–当期进项税额**

（1）销项税额的计算。销项税额是指纳税人销售货物或提供应税劳务，按照销售额或应税劳务收入和规定的税率计算并向购买方收取的增值税税额。销项税额的计算公式为：

**销项税额＝销售额×适用税率**

（2）进项税额的计算。纳税人购进货物或接受应税劳务所支付或负担的增值税税额为进项税额。进项税额的计算公式为：

**进项税额＝含税销售额/（1＋税率）×税率**

## 随堂测验

【例】某生产企业为增值税一般纳税人，适用增值税税率为 17%，5 月有关生产经营业务如下。

（1）销售甲产品给某大商场，开具增值税专用发票，取得不含税销售额 80 万元。另外，还开具普通发票，取得销售甲产品的送货运输费收入 5.85 万元。

（2）销售乙产品，开具普通发票，取得含税销售额 29.25 万元。

（3）将试制的一批应税新产品用于本企业基建工程，成本价为 20 万元，成本利润率为 10%，该新产品无同类产品市场销售价格。

（4）销售使用过的进口摩托车 5 辆，开具普通发票，每辆取得含税销售额 1.04 万元；该摩托车原值每辆 0.9 万元。

（5）购进货物取得增值税专用发票，注明支付的货款 60 万元、进项税额 10.2 万元，货物验收入库。另外，支付购货的运输费用 6 万元，取得运输公司开具的普通发票。

（6）向农业生产者购进免税农产品一批，支付收购价 30 万元，支付给运输单位的运费 5 万元，取得相关的合法票据，农产品验收入库，本月下旬将购进的农产品的 20%用于本企业职工福利。

计算该企业 5 月应缴纳的增值税税额。

【解析】

（1）销售甲产品的销项税额：

$80\times17\%+5.85\div(1+17\%)\times17\%=14.45$（万元）

（2）销售乙产品的销项税额：

$29.25\div(1+17\%)\times17\%=4.25$（万元）

（3）自用新产品的销项税额：

$20\times(1+10\%)\times17\%=3.74$（万元）

（4）销售使用过的摩托车应纳税额：

$1.04\div(1+4\%)\times4\%\times50\%\times5=0.1$（万元）

（5）外购货物应抵扣的进项税额：

$10.2+6\times7\%=10.62$（万元）

（6）外购免税农产品应抵扣的进项税额：

$(30\times13\%+5\times7\%)\times(1-20\%)=3.4$（万元）

该企业 5 月份应缴纳的增值税税额：

$14.45+4.25+3.74+0.1-10.62-3.4=8.52$（万元）

# 第 250 天　增值税的申报缴纳

## 课堂精讲

### 1．增值税的纳税期限

根据条例规定，增值税的纳税期限分别为 1 日、3 日、5 日、10 日、15 日或 1 个月。纳税人的具体纳税期限由主管税务机关根据纳税人应纳税额的大小分别核定；不能按照固定期限纳税的，可以按次纳税。

纳税人以 1 个月为一期纳税的，自期满之日起 10 日内申报纳税；以 1 日、3 日、5 日、10 日或 15 日为一期纳税的，自期满之日起 5 日内预缴税款，于次月 1 日起 10 日内申报纳税并结清上月应纳税款。

纳税人进口货物，应当自海关填发税款缴纳书之日起 15 日内缴纳税款。

纳税人出口适用税率为零的货物，可以按月向税务机关申报办理该项出口货物的退税。

### 2. 增值税的纳税地点

为了保证纳税人按期申报纳税，根据企业跨地区经营和搞活商品流通的特点及不同情况，《税法》还具体规定了增值税的纳税地点。

（1）固定业户应当向其机构所在地主管税务机关申报纳税。

（2）固定业户到外县（市）销售货物的，应当向其机构所在地主管税务机关申请开具外出经营活动税收管理证明，向其机构所在地主管税务机关申报纳税。

（3）非固定业户销售货物或应税劳务，应当向销售地主管税务机关申报纳税。

（4）进口货物，应当由进口人或其代理人向报关地海关申报纳税。

（5）非固定业户到外县（市）销售货物或应税劳务，未向销售地主管税务机关申报纳税的，由其机构所在地或居住地主管税务机关补征税款。

### 随堂测验

【判断】某大商场经营电动自行车销售业务，同时附设了电动自行车修理修配门市部。该商场进行增值税纳税申报时，应将该门市部提供劳务收入计入应税销售额。（　　）

【答案】√

## 第 251 天　消费税的纳税人与征税范围

### 课堂精讲

### 1. 消费税的概念

消费税是对特定的消费品和消费行为在特定的环节征收的一种流转税。

《中华人民共和国消费税暂行条例》（以下简称《消费税暂行条例》）规定，消费税指对在我国境内从事生产销售、委托加工和进口应税消费品的单位和个人征收的一种税。

### 2．消费税纳税人

消费税的纳税人是指在我国境内从事生产、委托加工和进口应税消费品的单位和个人。这里所称的单位是指国有企业、集体企业、私有企业、股份制企业、其他企业和行政单位、事业单位、军事单位、社会团体及其他单位；个人是指个体经营者及其他个人。

### 3．消费税征税范围

消费税一共设有14个税目，分别采用比例税率和定额税率标准。

（1）烟：凡是以烟叶为原料加工生产的产品，不论使用何种辅料，均属于本税目征收范围。本税目下设甲类卷烟、乙类卷烟、雪茄烟、烟丝4个子目。

（2）酒及酒精：本税目下设粮食白酒、薯类白酒、黄酒、啤酒、其他酒、酒精6个子目。

（3）化妆品：本税目征收范围包括各类美容、修饰类化妆品，以及高档护肤类化妆品和成套化妆品。

（4）贵重首饰及珠宝玉石：本税目征收范围包括各种金银珠宝首饰和经采掘、打磨、加工的各种珠宝玉石。对出国人员免税商店销售的金银首饰征收消费税。

（5）鞭炮、焰火：本税目征收范围包括各种鞭炮、焰火。

（6）成品油：本税目下设汽油、柴油、石脑油、溶剂油、航空煤油、润滑油、燃料油7个子目。

（7）汽车轮胎：本税目征收范围是用于各种汽车、挂车、专用车和其他机动车上的内、外胎。自2001年1月1日起，对“汽车轮胎”税目中的子午线轮胎免征消费税。对翻新轮胎停止征收消费税。

（8）摩托车：本税目征收范围包括轻便摩托车、摩托车。

（9）小汽车：本税目征收范围包括含驾驶员座位在内最多不超过9个座位（含）的、在设计和技术特性上用于载运乘客和货物的各类乘用车和含驾驶员座位在内座位数在10～23座（含23座）的、在设计和技术特性上用于载运乘客和货物的各类中轻型商用客车。

（10）高尔夫球及球具：本税目征收范围包括高尔夫球、高尔夫球杆、高尔夫球包（袋）。高尔夫球杆的杆头、杆身和握把也属于本税目征收范围。

（11）高档手表：本税目征收范围包括销售价格（不含增值税）每只在10 000元（含）以上的各类手表。

（12）游艇：本税目征收范围包括艇身长度大于8米（含）小于90米（含），内置发动机，可以在水上移动，一般为私人或团体购置，主要用于水上运动和休闲娱乐等非谋利活动的各类机动艇。

（13）木制一次性筷子：本税目征收范围包括各种规格的木制一次性筷子。未经打磨、倒角的木制一次性筷子属于本税目征收范围。

（14）实木地板：本税目征收范围包括各类规格的实木地板、实木指接地板、实木复合地板，以及用于装饰墙壁、天棚的侧端面为榫、槽的实木装饰板。未经涂饰的素板也属于本税目征收范围。

### 随堂测验

【单选】以下消费品属于消费税征收范围的是（　　）。

A．电动汽车　　B．木制一次性筷子　　C．体育用的发令纸　　D．子午线轮胎

【答案】B

## 第 252 天　消费税应纳税额的计算

### 课堂精讲

**1．消费税税率**

消费税的税率有三种形式：比例税率、定额税率和复合税率。具体说明如表 9-1 所示。

表 9-1　消费税税率表

| 税目 | 税率 |
|---|---|
| 一、烟 | |
| 1．卷烟 | |
| （1）甲类卷烟 | 45%加 0.003 元/支 |
| （2）乙类卷烟 | 30%加 0.003 元/支 |
| 2．雪茄烟 | 25% |
| 3．烟丝 | 30% |
| 二、酒及酒精 | |
| 1．白酒 | 20%加 0.5 元/500 克（或者 500 毫升） |
| 2．黄酒 | 240 元/吨 |
| 3．啤酒 | |
| （1）甲类啤酒 | 250 元/吨 |
| （2）乙类啤酒 | 220 元/吨 |
| 4．其他酒 | 10% |
| 5．酒精 | 5% |

（续表）

| 税目 | 税率 |
| --- | --- |
| 三、化妆品 | 30% |
| 四、贵重首饰及珠宝玉石<br>1．金银首饰、铂金首饰和钻石及钻石饰品<br>2．其他贵重首饰和珠宝玉石 | <br>5%<br>10% |
| 五、鞭炮、焰火 | 15% |
| 六、成品油<br>1．汽油<br>（1）含铅汽油<br>（2）无铅汽油<br>2．柴油<br>3．航空煤油<br>4．石脑油<br>5．溶剂油<br>6．润滑油<br>7．燃料油 | <br><br>0.28 元/升<br>0.20 元/升<br>0.10 元/升<br>0.10 元/升<br>0.20 元/升<br>0.20 元/升<br>0.20 元/升<br>0.10 元/升 |
| 七、汽车轮胎 | 3% |
| 八、摩托车<br>1．气缸容量（排气量，下同）在 250 毫升（含 250 毫升）以下的<br>2．气缸容量在 250 毫升以上的 | <br>3%<br>10% |
| 九、小汽车<br>1．乘用车<br>（1）气缸容量（排气量，下同）在 1.0 升（含 1.0 升）以下的<br>（2）气缸容量在 1.0 升以上至 1.5 升（含 1.5 升）的<br>（3）气缸容量在 1.5 升以上至 2.0 升（含 2.0 升）的<br>（4）气缸容量在 2.0 升以上至 2.5 升（含 2.5 升）的<br>（5）气缸容量在 2.5 升以上至 3.0 升（含 3.0 升）的<br>（6）气缸容量在 3.0 升以上至 4.0 升（含 4.0 升）的<br>（7）气缸容量在 4.0 升以上的<br>2．中轻型商用客车 | <br><br>1%<br>3%<br>5%<br>9%<br>12%<br>25%<br>40%<br>5% |
| 十、高尔夫球及球具 | 10% |
| 十一、高档手表 | 20% |
| 十二、游艇 | 10% |
| 十三、木制一次性筷子 | 5% |
| 十四、实木地板 | 5% |

### 2. 消费税应纳税额的计算

（1）自产自销消费品消费税的计算

① 按从价定率法计算：

应纳税额＝销售额×税率

② 按从量定额法计算：

应纳税额＝销售数量×单位税额

③ 按复合计税办法确定消费税

（2）自产自用消费品消费税的计算

纳税人以自己生产的应税消费品自用，大体上有两种情况：一是继续用于生产应税消费品；二是脱离应税消费品的生产范围而用于其他方面。税法规定对继续用于生产的应税消费品不征税，而用于其他方面的于移送使用时纳税。

纳税人自产自用消费品的纳税义务发生时间为移送使用的当天。

① 按从价定率办法计税：

应税消费品应纳税额＝按纳税人生产的同类消费品的销售价确定的销售额×税率

② 按从量定额办法计税：

应税消费品应纳税额＝移送使用的应税消费品数量×单位税额

（3）委托加工的应税消费品消费税的计算

委托加工的应税消费品是指由委托方提供原料和主要材料，受托方只收取加工费和代垫部分辅助材料加工的应税消费品。对于由受托方提供原料生产的应税消费品，或者受托方先将原材料卖给委托方，然后再接受加工的应税消费品，都不得作为委托加工应税消费品，而应当按照销售自制应税消费品缴纳消费税。纳税人委托加工的应税消费品，其纳税义务发生时间为纳税人提货的当天。

① 按从价定率办法计税：

应纳税额＝按受托方同类消费品的销售价确定的销售额×消费税税率

② 按从量定额办法计税：

应纳税额＝委托加工的应税消费品数量×单位税额

（4）随同商品销售的包装物消费税的计算

按照规定，对于实行从价定率办法计算应纳税额的应税消费品连同包装销售的，无论包装是否单独计价，也不论在会计上如何核算，均应并入应税消费品的销售额中征收消费税。如果包装物不作价随同产品销售，而是收取押金，此项押金则不征收消费税。

（5）兼营不同税率应税消费品消费税的计算

纳税人生产、销售应税消费品，如果不是单一经营某一税率的产品，而是经营多种不同税率的产品，这就是兼营行为。纳税人兼营不同税率应税消费品，应当分别核算不同税率应税消费品的销售额、销售数量。未分别核算销售额、销售数量，或者将不同税率的应税消费品组成成套消费品销售的，从高适用税率。

（6）进口应税消费品消费税的计算

进口应税消费品应于报关进口时缴纳消费税；进口应税消费品的消费税由海关代征；进口应税消费品由进口人或其代理人向报关地海关申报纳税；纳税人进口应税消费品，应当自海关填发税款缴纳证的次日起 7 日内缴纳税款。纳税人进口应税消费品，按照组成计税价格规定的税率计算应纳税额。

**随堂测验**

【例】某卷烟厂本月销售卷烟 100 箱，每标准箱 250 标准条，共计 50 000 支。每标准条（200 支）调拨价 50 元（不含增值税）。这批卷烟生产加工耗用外购已税烟丝 11.7 万元（含税价格），计算应纳消费税税额。

【解析】

（1）卷烟销售额＝50×250×100＝1 250 000（元）

（2）所用外购烟丝的不含税价格＝117 000÷（1＋17%）＝100 000（元）

（3）准予扣除的外购烟丝已纳税款＝100 000×30%＝30 000（元）

（4）应纳消费税税额＝（100×150＋1 250 000×45%）−30 000＝547 500（元）

## 第 253 天　消费税的申报缴纳

**课堂精讲**

### 1．消费税纳税义务发生时间

（1）纳税人销售应税消费品，其纳税义务发生时间按不同的销售结算方式分别为：

① 采取赊销和分期收款结算方式的，为书面合同约定的收款日期的当天，书面合同没有约定收款日期或无书面合同的，为发出应税消费品的当天；

② 采取预收货款结算方式的，为发出应税消费品的当天；

③ 采取托收承付和委托银行收款方式的，为发出应税消费品并办妥托收手续的当天；

④ 采取其他结算方式的，为收讫销售款或取得索取销售款凭据的当天。

（2）纳税人自产自用应税消费品的，为移送使用的当天。

（3）纳税人委托加工应税消费品的，为纳税人提货的当天。

（4）纳税人进口应税消费品的，为报关进口的当天。

### 2. 消费税的纳税期限

消费税的纳税期限分别为 1 日、3 日、5 日、10 日、15 日、1 个月或 1 个季度。纳税人的具体纳税期限由主管税务机关根据纳税人应纳税额的大小分别核定；不能按照固定期限纳税的，可以按次纳税。

纳税人以 1 个月或 1 个季度为一期纳税的，自期满之日起 15 日内申报纳税；以 1 日、3 日、5 日、10 日或 15 日为一期纳税的，自期满之日起 5 日内预缴税款，于次月 1 日起 15 日内申报纳税并结清上月应纳税款。

纳税人进口应税消费品，应当自海关填发海关进口消费税专用缴款书之日起 15 日内缴纳税款。

### 3. 消费税的纳税地点

消费税由税务机关征收，进口应税消费品的消费税由海关代征。

个人携带或邮寄进境的应税消费品的消费税连同关税一并计征。具体办法由国务院关税税则委员会会同有关部门制定。

纳税人销售的应税消费品，以及自产自用的应税消费品，除国务院财政、税务主管部门另有规定外，应当向纳税人机构所在地或居住地的主管税务机关申报纳税。

委托加工的应税消费品，除受托方为个人外，由受托方向机构所在地或居住地的主管税务机关解缴消费税税款。

进口应税消费品应当向报关地海关申报纳税。

**随堂测验**

【多选】消费税的纳税期限（　　）。

A．3 日　　B．5 日　　C．10 日　　D．15 日

【答案】ABCD

## 第 254 天　营业税的纳税人与征税范围

**课堂精讲**

### 1. 营业税的概念

营业税是对在我国境内提供应税劳务、转让无形资产和销售不动产的行为为课税对

象所征收的一种税。

### 2．营业税纳税义务人

（1）纳税义务人的一般规定：在中华人民共和国境内提供应税劳务、转让无形资产或销售不动产的单位和个人为营业税纳税义务人。

（2）纳税义务人的特殊规定：

① 铁路运输的纳税人；

② 从事水路运输、航空运输、管道运输或其他陆路运输业务并负有营业税纳税义务的单位，为从事运输业务并计算盈亏的单位；

③ 企业租赁或承包给他人经营的，以承租人或承包人为纳税人；

④ 建筑安装业务实行分包或转包的，分包或转包者为纳税人；

⑤ 金融保险业纳税人。

### 3．营业税扣缴义务人

（1）委托金融机构发放贷款的，其应纳税款以受托发放贷款的金融机构为扣缴义务人。

（2）建筑安装业务实行分包或转包的，其应纳税款以总承包人为扣缴义务人。

（3）境外单位或个人在境内发生应税行为而在境内未设有机构的，其应纳税款以代理人为扣缴义务人；没有代理人的，以受让者或购买者为扣缴义务人。

（4）单位或个人进行演出，由他人售票的，其应纳税款以售票者为扣缴义务人；演出经纪人为个人的，其办理演出业务的应纳税款也以售票者为扣缴义务人。

（5）分保险业务，其应纳税款以初保人为扣缴义务人。

（6）个人转让专利权、非专利技术、商标权、著作权、商誉的，其应纳税款以受让者为扣缴义务人。

（7）财政部规定的其他扣缴义务人。

### 4．营业税征税范围

营业税的税目按照行业、类别的不同分别设置，现行营业税共设置了 9 个税目。

（1）交通运输业：包括陆路运输、水路运输、航空运输、管道运输和装卸搬运五大类。特别注意：自 2005 年 6 月 1 日起，对公路经营企业收取的高速公路车辆通行费收入统一减按 3%的税率征收营业税。

（2）建筑业：指建筑安装工程作业等，包括建筑、安装、修缮、装饰和其他工程作业等内容。

（3）金融保险业：指经营金融、保险的业务。

（4）邮电通信业：指专门办理信息传递的业务，包括邮政、电信。

（5）文化体育业：指经营文化、体育活动的业务，包括文化业、体育业。

（6）娱乐业：指为娱乐活动提供场所和服务的业务，包括经营歌厅、舞厅、卡拉 OK 歌舞厅、音乐茶座、台球厅、高尔夫球场、保龄球场、网吧、游艺场等娱乐场所，以及娱乐场所为顾客进行娱乐活动提供服务的业务。娱乐场所为顾客提供的饮食服务及其他各种服务也按照娱乐业征税。

（7）服务业。

（8）转让无形资产：指转让无形资产的所有权或使用权的行为，包括转让土地使用权、转让商标权、转让专利权、转让非专利技术、出租电影拷贝、转让著作权和转让商誉。自 2003 年 1 月 1 日起，以无形资产投资入股，参与接受投资方的利润分配、共同承担投资风险的行为，不征收营业税。在投资后转让其股权的，也不征收营业税。

（9）销售不动产：销售不动产是指有偿转让不动产所有权的行为，包括销售建筑物或构筑物和销售其他土地附着物。在销售不动产时连同不动产所占土地的使用权一并转让的行为，比照销售不动产征收营业税。纳税人自建住房销售给本单位职工，属于销售不动产行为，应照章征收营业税。

### 随堂测验

【单选】根据《营业税暂行条例》的规定，下列各项中，属于营业税征收范围的是（　　）。

A．销售货物　　B．进口货物　　C．转让无形资产　　D．提供修理修配劳务

【答案】C

## 第 255 天　营业税应纳税额的计算

### 课堂精讲

#### 1．营业税税率

营业税按照行业、类别的不同分别采用不同的比例税率，具体规定如下：

（1）交通运输业、建筑业、邮电通信业、文化体育业税率为 3%；

（2）服务业、销售不动产、转让无形资产税率为 5%；

（3）金融保险业税率为 5%；

（4）娱乐业执行 5%～20%的幅度税率，具体适用税率由各省、自治区、直辖市人民政府根据当地的实际情况在《税法》规定的幅度内决定。

从 2001 年 5 月 1 日起，对夜总会、歌厅、舞厅、射击、狩猎、跑马、游戏、高尔夫

球、游艺、电子游戏厅等娱乐行为一律按20%的税率征收营业税。

自2004年7月1日起，保龄球、台球按5%的税率征收营业税，税目仍属于“娱乐业”。

### 2. 营业税计税依据

营业税的计税依据是营业额，营业额为纳税人提供应税劳务、转让无形资产或销售不动产向对方收取的全部价款和价外费用。

价外费用包括向对方收取的手续费、基金、集资费、代收款项、代垫款项及其他各种性质的价外收费。

### 3. 营业税应纳税额的计算

营业税税款的计算比较简单。纳税人提供应税劳务、转让无形资产或销售不动产，按照营业额和规定的适用税率计算应纳税额。其计算公式为：

**应纳税额＝营业额×税率**

应纳税额以人民币为计算单位，如果纳税人以外汇结算营业额的，须按外汇市场价格折合成人民币计算。人民币的折合率可以选择当天，也可以选择当月1日的国家外汇牌价。但金融保险业以外汇结算营业额的，金融业按其收到外汇的当天或当季季末中国人民银行公布的基准汇价折合营业额，保险业按其收到外汇的当天或当月月末中国人民银行公布的基准汇价折合营业额，并计算营业税。折合率确定后，1年之内不得变动。

**随堂测验**

【例】某运输公司某月运营售票收入总额为600万元，从中支付联运业务的金额为100万元。计算该运输公司应缴纳的营业税税额。

【解析】

应纳税额＝（售票收入总额－联运业务支出）×适用税率

＝（600−100）×3%＝15（万元）

## 第256天　营业税的申报缴纳

**课堂精讲**

### 1. 营业税纳税义务发生时间

营业税的纳税义务发生时间为纳税人收讫营业收入款项或取得索取营业收入款项凭

据的当天。对某些具体项目进一步明确如下。

（1）转让土地使用权或销售不动产，采用预收款方式的，其纳税义务发生时间为收到预收款的当天。

（2）单位或个人自己新建建筑物后销售，其自建行为的纳税义务发生时间为其销售自建建筑物并收讫营业额或取得营业额凭据的当天。

（3）单位将不动产无偿赠与他人，其纳税义务发生时间为不动产所有权转移的当天。

（4）会员费、席位费和资格保证金纳税义务发生时间为会员组织收取会员费、席位费、资格保证金和其他类似费用款项或取得这些款项凭据的当天。

（5）扣缴税款义务发生时间为扣缴义务人代纳税人收讫营业收入款项或取得营业收入款项凭据的当天。

（6）建筑业纳税义务发生时间比较复杂，通常划分为以下几种具体情况：一是实行合同完成后一次性结算价款办法的工程项目，其纳税义务发生时间为施工单位与发包单位进行工程合同价款结算的当天；二是实行旬末或月中预支、月终结算、竣工后清算办法的工程项目，其纳税义务发生时间为月份终了与发包单位进行已完工程价款结算的当天；三是实行按工程形象进度划分不同阶段结算价款办法的工程项目，其纳税义务发生时间为各月份终了与发包单位进行已完工程价款结算的当天；四是实行其他结算方式的工程项目，其纳税义务发生时间为与发包单位结算工程价款的当天。

（7）贷款业务。自 2003 年 1 月 1 日起，金融企业发放的贷款逾期（含展期）90 天（含 90 天）尚未收回的，纳税义务发生时间为纳税人取得利息收入权利的当天。

（8）融资租赁业务。纳税义务发生时间为取得租金收入或取得租金收入价款凭据的当天。

（9）金融商品转让业务。纳税义务发生时间为金融商品所有权转移之日。

（10）金融经纪业务和其他金融业务。纳税义务发生时间为取得营业收入或取得营业收入价款凭据的当天。

（11）保险业务。纳税义务发生时间为取得保费收入或取得保费收入价款凭据的当天。

（12）金融企业承办委托贷款业务。营业税的扣缴义务发生时间为受托发放贷款的金融机构代委托人收讫贷款利息的当天。

（13）电信部门销售有价电话卡。纳税义务发生时间为售出电话卡并取得售卡收入或取得售卡收入凭据的当天。

（14）单位和个人提供应税劳务、转让专利权、非专利技术、商标权、著作权和商誉时，向对方收取的预收性质的价款（包括预收款、预付款、预存费用、预收定金等，下同），其营业税纳税义务发生时间以按照财务会计制度的规定，该项预收性质的价款被确认为收入的时间为准。

**2．营业税的纳税期限**

（1）营业税的纳税期限分别为 5 日、10 日、15 日或 1 个月。纳税人的具体纳税期限由主管税务机关根据纳税人应纳税额的大小分别核定；不能按照固定期限纳税的，可以按次纳税。纳税人以 1 个月为一期纳税的，自期满之日起 10 日内申报纳税；以 5 日、10 日或 15 日为一期纳税的，自期满之日起 5 日内预缴税款，于次月 1 日起 10 日内申报纳税并结清上月应纳税款。

（2）扣缴义务人的解缴税款期限，比照上述规定执行。

（3）金融业（不包括典当业）的纳税期限为 1 个季度，自纳税期满之日起 10 日内申报纳税。其他纳税人从事金融业务，应按月申报纳税。

（4）保险业的纳税期限为 1 个月。

### 3．营业税的纳税地点

营业税的纳税地点原则上采取属地征收的方法，就是纳税人在经营行为发生地缴纳应纳税款。具体规定如下。

（1）纳税人提供应税劳务，应当向应税劳务发生地的主管税务机关申报纳税。纳税人从事运输业务的，应当向其机构所在地主管税务机关申报纳税。

（2）纳税人转让土地使用权，应当向土地所在地主管税务机关申报纳税。纳税人转让其他无形资产，应当向其机构所在地的主管税务机关申报纳税。

（3）单位和个人出租土地使用权、不动产的营业税纳税地点为土地、不动产所在地；单位和个人出租物品、设备等动产的营业税纳税地点为出租单位机构所在地或个人居住地。

（4）纳税人销售不动产，应当向不动产所在地主管税务机关申报纳税。

（5）纳税人提供的应税劳务发生在外县（市），应向应税劳务发生地的主管税务机关申报纳税；如未向应税劳务发生地申报纳税的，由其机构所在地或居住地主管税务机关补征税款。

（6）纳税人承包的工程跨省、自治区、直辖市的，向其机构所在地主管税务机关申报纳税。

（7）各航空公司所属分公司，无论是否单独计算盈亏，均应作为纳税人向分公司所在地主管税务机关缴纳营业税。

（8）纳税人在本省、自治区、直辖市范围内发生应税行为，其纳税地点需要调整的，由省、自治区、直辖市人民政府所属税务机关确定。

（9）扣缴义务人应当向其机构所在地的主管税务机关申报缴纳其扣缴的营业税税款。但建筑安装工程业务的总承包人，扣缴分包或转包的非跨省（自治区、直辖市）工程的营业税税款，应当向分包或转包工程的劳务发生地主管税务机关解缴。

（10）在中华人民共和国境内的电信单位提供电信业务的营业税纳税地点为电信单位机构所在地。

（11）在中华人民共和国境内的单位提供的设计（包括在开展设计时进行的勘探、测量等业务，下同）、工程监理，调试和咨询等应税劳务的，其营业税纳税地点为单位机构所在地。

（12）在中华人民共和国境内的单位通过网络为其他单位和个人提供培训、信息和远程调试、检测等服务的，其营业税纳税地点为单位机构所在地。

### 随堂测验

【判断】保险业的纳税期限为 2 个月。（　　）

【答案】×

## 第 257 天　关税的纳税人与征税范围

### 课堂精讲

**1．关税的概念**

关税是海关依法对进出境货物、物品征收的一种税。

**2．关税纳税义务人**

进口货物的收货人、出口货物的发货人、进出境物品的所有人是关税的纳税义务人。进出口货物的收、发货人是依法取得对外贸易经营权，并进口或出口货物的法人或其他社会团体。进出境物品的所有人包括该物品的所有人和推定为所有人的人。一般情况下，对于携带进境的物品，推定其携带人为所有人；对分离运输的行李，推定相应的进出境旅客为所有人；对以邮递方式进境的物品，推定其收件人为所有人；以邮递或其他运输方式出境的物品，推定其寄件人或托运人为所有人。

**3．关税征税对象**

关税的征税对象是准许进出境的货物和物品。货物是指贸易性商品；物品是指入境旅客随身携带的行李物品、个人邮递物品、各种运输工具上的服务人员携带进口的自用物品、馈赠物品以及其他方式进境的个人物品。

**4．关税征税范围**

（1）进口商品征税范围。我国对进口商品实行普遍征税，贸易性进口关税的征税范围是进口通过中国关境的货物。我国关税以国际通行的《商品名称及编码协调制度》为基础进行归类，把商品分为21大类，97章，以下再分为项目、一级子目、两级子目，共5个等级，7 445个税目，按8位数码编号，以确定具体商品适用的税目和税率。

（2）出口商品征税范围。中国对大部分出口商品不征税，只对出口盈利特高、防止削价竞销以及国内紧俏的少数商品征收出口关税。现在征收出口关税的商品有鳗鱼苗、部分有色金属矿砂石及其精矿、生锑、磷、氟钽酸钾、苯、山羊板皮、部分铁合金、钢铁废碎料、铜和铝原料及其制品、镍碇、锌碇、锑碇等36种。但对其中16种商品实行零税率，因此实际征收出口关税的商品只有20种。

### 随堂测验

【单选】下列不属于关税征税对象的是（　　）。

A．从国外进口的设备　　B．入境旅客随身携带的行李物品

C．企业出口的设备　　D．国家禁止出口的物品

【答案】D

## 第258天　关税应纳税额的计算

### 课堂精讲

#### 1．关税税率

《中华人民共和国进出口关税条例》（以下简称《进出口关税条例》）规定，进出口货物应当依照税则规定的归类原则归入合适的税号，并按照适用的税率征税。

（1）进出口货物应当按照纳税义务人申报进口或出口之日实施的税率征税。

（2）进口货物到达前，经海关核准先行申报的，应当按照装载此货物的运输工具申报进境之日实施的税率征税。

（3）进出口货物的补税和退税适用该进出口货物原申报进口或出口之日所实施的税率。

#### 2．关税应纳税额的计算

（1）从价税应纳税额的计算

**关税税额＝应税进（出）口货物数量×单位完税价格×税率**

（2）从量税应纳税额的计算

**关税税额＝应税进（出）口货物数量×单位货物税额**

（3）复合税应纳税额的计算

我国目前实行的复合税都是先计征从量税再计征从价税。

**关税税额＝应税进（出）口货物数量×单位货物税额＋应税进（出）口货物数量×单位完税价格×税率**

（4）滑准税应纳税额的计算

**关税税额＝应税进（出）口货物数量×单位完税价格×滑准税税率**

随堂测验

【单选】企业 2009 年 9 月 1 日从国外进口一套免税设备，其关税完税价是 300 万元。使用两年后，于 2011 年 9 月 1 日将设备卖出，价款是 160 万元。免税监管期为 5 年，关税税率为 10%，应补的进口关税是（　　）。

A．12 万元　　B．18 万元　　C．30 万元　　D．15 万元

【答案】B

# 第 259 天　关税的申报缴纳

课堂精讲

### 1．关税的缴纳

进口货物自运输工具申报进境之日起 14 日内，出口货物在货物运抵海关监管区后装货的 24 小时以前，应由进出口货物的纳税义务人向货物进（出）境地海关申报，海关根据税则归类和完税价格计算应缴纳的关税和进口环节代征税，并填发税款缴款书。纳税义务人应当自海关填发税款缴款书之日起 15 日内，向指定银行缴纳税款。如果关税缴纳期限的最后 1 日是周末或法定节假日，则关税缴纳期限顺延至周末或法定节假日过后的第 1 个工作日。为方便纳税义务人，经申请且海关同意，进（出）口货物的纳税义务人可以在设有海关的指运地（启运地）办理海关申报、纳税手续。

关税纳税义务人因不可抗力或在国家税收政策调整的情形下，不能按期缴纳税款的，经海关总署批准，可以延期缴纳税款，但最长不得超过 6 个月。

### 2．关税的强制执行

纳税义务人未在关税缴纳期限内缴纳税款，即构成关税滞纳。为保证海关征收关税决定的有效执行和国家财政收入的及时入库，《海关法》赋予海关对滞纳关税的纳税义务人强制执行的权利。强制措施主要有以下两类。

（1）征收关税滞纳金。滞纳金自关税缴纳期限届满之日起至纳税义务人缴纳关税之日止，按滞纳税款 0.5‰的比例按日征收，周末或法定节假日不予扣除。具体计算公式为：

**关税滞纳金金额=滞纳关税税额×滞纳金征收比率×滞纳天数**

（2）强制征收。纳税义务人自海关填发税款缴款书之日起 3 个月仍未缴纳税款，经海关关长批准，海关可以采取强制扣缴、变价抵缴等强制措施。强制扣缴是指海关从纳税义务人在开户银行或其他金融机构的存款中直接扣缴税款。变价抵缴是指海关将应税货物依法变卖，以变卖所得抵缴税款。

### 随堂测验

【单选】关税纳税义务人向指定银行缴纳税款的期限是（　　）。

A．自报关进口之日起 7 日内

B．自报关进口之日起 15 日内

C．自海关填发税款缴款书之日起 7 日内

D．自海关填发税款缴款书之日起 15 日内

【答案】D

## 第 260 天　企业所得税的纳税人与征税范围

### 课堂精讲

**1．企业所得税的概念**

所得税是以单位（法人）和个人（自然人）在一定时期内的纯所得（纯收入）额为课税对象的各所得税税种的总称。我国现有企业所得税和个人所得税两种。

**2．企业所得税纳税义务人**

在中华人民共和国境内，企业和其他取得收入的组织（以下统称“企业”）为企业所得税的纳税人，根据《中华人民共和国企业所得税法》（以下简称《企业所得税法》）的规定缴纳企业所得税。

个人独资企业、合伙企业不适用本法。

企业分为居民企业和非居民企业。

（1）居民企业应当就其来源于中国境内、境外的所得缴纳企业所得税。

（2）非居民企业在中国境内设立机构、场所的，应当就其所设机构、场所取得的来

源于中国境内的所得，以及发生在中国境外但与其所设机构、场所有实际联系的所得，缴纳企业所得税。

（3）非居民企业在中国境内未设立机构、场所的，或者虽设立机构、场所但取得的所得与其所设机构、场所没有实际联系的，应当就其来源于中国境内的所得缴纳企业所得税。

**3．企业所得税征税对象**

（1）销售货物所得是指企业销售商品、产品、原材料、包装物、低值易耗品以及其他存货取得的所得。

（2）提供劳务所得是指企业从事建筑安装、修理修配、交通运输、仓储租赁、金融保险、邮电通信、咨询经纪、文化体育、科学研究、技术服务、教育培训、餐饮住宿、中介代理、卫生保健、社区服务、旅游、娱乐、加工以及其他劳务服务活动取得的所得。

（3）转让财产所得是指企业转让固定资产、生物资产、无形资产、股权、债权等财产取得的所得。

（4）股息、红利等权益性投资收益是指企业因权益性投资从被投资方取得的所得。

（5）利息所得是指企业将资金提供他人使用但不构成权益性投资，或者因他人占用本企业资金取得的所得，包括存款利息、贷款利息、债券利息、欠款利息等所得。

（6）租金所得是指企业提供固定资产、包装物或其他资产的使用权取得的所得。

（7）特许权使用费所得是指企业提供专利权、非专利技术、商标权、著作权和其他特许权的使用权取得的所得。

（8）接受捐赠所得是指企业接受的来自其他企业、组织或个人无偿给予的货币性资产、非货币性资产。

（9）其他所得是指除以上列举外的也应当缴纳企业所得税的其他所得，包括企业资产溢余所得、逾期未退包装物押金所得、确实无法偿付的应付款项、已作坏账损失处理后又收回的应收款项、债务重组所得、补贴所得、违约金所得、汇兑收益等。

**随堂测验**

【单选】下列各项中，不属于企业所得税征税范围的是（　　）。

A．居民企业来源于境外的所得

B．非居民企业来源于中国境内的所得

C．非居民企业来源于中国境外的，与所设机构没有实际联系的所得

D．在中国设立机构、场所的非居民企业，取得的境内所得与其所设机构、场所有实际联系的所得

【答案】C

# 第 261 天　企业所得税应纳税额的计算

## 课堂精讲

### 1．企业所得税税率

企业所得税税率是指对纳税人应纳税所得额征税的比率，即企业应纳税额与应纳税所得额的比率。国家对纳税人征税多少及纳税人的税收负担水平均与税率的高低有直接关系。税率是《企业所得税法》的一个基本要素。

根据《企业所得税法》的规定，企业所得税实行 25%的比例税率。

非居民企业在中国境内未设立机构、场所的，或者虽设立机构、场所但取得的所得与其所设机构、场所没有实际联系的，适用税率为 20%。

### 2．企业所得税应纳税额的计算

（1）企业的应纳税所得额乘以适用税率，减去依照本法关于税收优惠的规定减免和抵免的税额后的余额，为应纳税额。

（2）企业取得的下列所得已在境外缴纳的所得税税额，可以从其当期应纳税额中抵免，抵免限额为该项所得依照本法规定计算的应纳税额；超过抵免限额的部分，可以在以后 5 个年度内，用每年度抵免限额抵免当年应抵税额后的余额进行抵补：

① 居民企业来源于中国境外的应税所得；

② 非居民企业在中国境内设立机构、场所，取得发生在中国境外但与该机构、场所有实际联系的应税所得。

（3）居民企业从其直接或间接控制的外国企业分得的来源于中国境外的股息、红利等权益性投资收益，外国企业在境外实际缴纳的所得税税额中属于该项所得负担的部分，可以作为该居民企业的可抵免境外所得税税额，在上述（2）规定的抵免限额内抵免。

**应纳税额＝应纳税所得额×适用税率–减免税额–抵免税额**

公式中的减免税额和抵免税额是指依照《企业所得税法》和国务院的税收优惠规定减征、免征和抵免的应纳税额。

境外缴纳的所得税税额是指企业来源于中国境外的所得依照中国境外税收法律以及相关规定应当缴纳并已经实际缴纳的企业所得税性质的税款。

抵免限额是指企业来源于中国境外的所得，依照《企业所得税法》及其《实施条例》的规定计算的应纳税额。除国务院财政、税务主管部门另有规定外，该抵免限额应当分国（地区）不分项计算，计算公式如下：

**抵免限额＝中国境内、境外所得依照《企业所得税法》及其《实施条例》的规定计算的应纳税总额×来源于某国（地区）的应纳税所得额÷中国境内、境外应纳税所得总额**

5 个年度是指从企业取得的来源于中国境外的所得，已经在中国境外缴纳的企业所得税性质的税额超过抵免限额的当年的次年起连续 5 个纳税年度。

直接控制是指居民企业直接持有外国企业 20%以上股份。

间接控制是指居民企业以间接持股方式持有外国企业 20%以上股份，具体认定办法由国务院财政、税务主管部门另行制定。

抵免企业所得税税额时，应当提供中国境外税务机关出具的税款所属年度的有关纳税凭证。

**随堂测验**

【单选】某居民企业 2011 年度境内生产经营亏损 10 万元，2012 年生产经营所得 220 万元，从境内居民企业分回投资收益 50 万元；国债利息收入 15 万元，国库券转让收益 25 万元；境外投资企业亏损 40 万元。该企业 2012 年应纳税额为（　　）万元。

A．35　　B．52.5　　C．48.75　　D．58.75

【答案】D

# 第 262 天　企业所得税的申报缴纳

**课堂精讲**

**1．企业所得税纳税年度的确定**

（1）企业所得税按纳税年度计算。纳税年度自公历 1 月 1 日起至 12 月 31 日止。

（2）企业在一个纳税年度中间开业或终止经营活动，致使该纳税年度的实际经营期不足 12 个月的，应当以其实际经营期为一个纳税年度。

（3）企业依法清算时，应当以清算期间作为一个纳税年度。

**2．企业所得税的纳税地点**

（1）居民企业以企业登记注册地为纳税地点；但登记注册地在境外的，以实际管理机构所在地为纳税地点。

（2）居民企业在中国境内设立不具有法人资格的营业机构的，应当汇总计算并缴纳企业所得税。

（3）非居民企业在中国境内设立机构、场所的，就其所设机构、场所取得的来源于中国境内的所得以及发生在中国境外的但与其所设机构、场所有实际联系的所得，以机构、场所所在地为纳税地点。非居民企业在中国境内设立两个或两个以上机构、场所的，经税务机关审核批准，可以选择由其主要机构、场所汇总缴纳企业所得税。

（4）非居民企业在中国境内未设立机构、场所的，或者虽设机构、场所但取得的所得与其所设机构、场所没有实际联系的，就其来源于中国境内的所得，以扣缴义务人所在地为纳税地点。

除国务院另有规定外，企业之间不得合并缴纳企业所得税。

### 3．企业所得税的申报

（1）企业所得税分月或分季预缴。

（2）企业应当自月份或季度终了之日起 15 日内，向税务机关报送“预缴企业所得税纳税申报表”，预缴税款。

（3）企业应当自年度终了之日起 5 个月内，向税务机关报送“年度企业所得税纳税申报表”，并汇算清缴，结清应缴应退税款。

（4）企业在报送“企业所得税纳税申报表”时，应当按照规定附送财务会计报告和其他有关资料。

（5）企业在年度中间终止经营活动的，应当自实际经营终止之日起 60 日内，向税务机关办理当期企业所得税汇算清缴。

（6）依照本法缴纳的企业所得税，以人民币计算。所得以人民币以外的货币计算的，应当折合成人民币计算并缴纳税款。

**随堂测验**

【判断】纳税人在纳税年度内无论盈利还是亏损，都应当在月份或季度终了后 15 日内预缴，年度终了后 4 个月内汇算清缴，多退少补。（ ）

【答案】×

## 第 263 天　个人所得税的纳税人与征税范围

**课堂精讲**

### 1．个人所得税的概念

个人所得税是对个人（自然人）的劳务和非劳务所得征收的一种税。

### 2. 个人所得税纳税义务人

个人所得税的纳税义务人包括中国公民、个体工商户以及在中国有所得的外籍人员（包括无国籍人员，下同）和香港、澳门、台湾同胞。上述纳税义务人依据住所和居住时间两个标准区分为居民和非居民，分别承担不同的纳税义务。

（1）居民纳税义务人是指在中国境内有住所，或者无住所而在中国境内居住满 1 年的个人。

（2）非居民纳税义务人是指在中国境内无住所又不居住或无住所而在境内居住不满 1 年的个人。

### 3. 个人所得税扣缴义务人

扣缴义务人在向纳税人支付各项应纳税所得（个体工商户的生产、经营所得除外）时，必须履行代扣代缴税款的义务。

### 4. 个人所得税征税范围

（1）工资、薪金所得是指个人因任职或受雇而取得的工资、薪金、奖金、年终加薪、劳动分红、津贴、补贴等。

（2）个体工商户的生产、经营所得。

（3）企事业单位的承包经营、承租经营所得是指个人承包经营或承租经营以及转包、转租取得的所得。

（4）劳务报酬所得是指个人从事设计、装潢、安装、制图、化验、测试、医疗、法律、会计、咨询、讲学、新闻、广播、翻译、审稿、书画、雕刻、影视、录音、录像、演出、表演、广告、展览、技术服务、介绍服务、经纪服务、代办服务以及其他劳务取得的所得。

（5）稿酬所得是指个人因其作品以图书、报刊形式出版发表而取得的所得。

（6）特许权使用费所得是指个人提供专利权、商标权、著作权、非专利技术以及其他特许权的使用权取得的所得。提供著作权的使用权取得的所得不包括稿酬所得。

（7）利息、股息、红利所得是指个人拥有债权、股权而取得的利息、股息、红利所得。

（8）财产转让所得是指个人转让有价证券、股权、建筑物、土地使用权、机器设备、车船以及其他财产取得的所得。

（9）偶然所得是指个人得奖、中奖、中彩以及其他偶然性质取得的所得。

（10）除上述列举的各项个人应税所得外，其他确有必要征税的个人所得由国务院财政部门确定；个人取得的所得，难以界定应纳税所得项目的，由主管税务机关确定。

### 随堂测验

【多选】根据个人所得税法律制度的有关规定，下列各项中，属于个人所得税应税项目的是（ ）。

A．劳动报酬所得　　B．稿酬所得　　C．保险赔款　　D．彩票中奖所得

【答案】ABD

## 第 264 天 个人所得税税率

### 课堂精讲

我国个人所得税实行分类征收，不同应税项目适用不同的税率，有超额累进税率和比例税率两类。

#### 1．3%～45%的 7 级超额累进税率

适用于工资、薪金所得（如表 9-2 所示）。

表 9-2 个人所得税税率表（一）

| 全月应纳税所得额 | 税率 | 速算扣除数（元） |
|---|---|---|
| 全月应纳税所得额不超过 1 500 元 | 3% | 0 |
| 全月应纳税所得额超过 1 500 元至 4 500 元 | 10% | 105 |
| 全月应纳税所得额超过 4 500 元至 9 000 元 | 20% | 555 |
| 全月应纳税所得额超过 9 000 元至 35 000 元 | 25% | 1 005 |
| 全月应纳税所得额超过 35 000 元至 55 000 元 | 30% | 2 755 |
| 全月应纳税所得额超过 55 000 元至 80 000 元 | 35% | 5 505 |
| 全月应纳税所得额超过 80 000 元 | 45% | 13 505 |

#### 2．5%～35%的 5 级超额累进税率

适用于个体工商户、个人独资企业、合伙企业的生产经营所得和对企事业单位的承包、承租经营所得（如表 9-3 所示）。

表 9-3　个人所得税税率表（二）

| 级数 | 含税级距 | 不含税级距 | 税率（%） | 速算扣除数（元） |
|---|---|---|---|---|
| 1 | 不超过 15 000 元的部分 | 不超过 14 250 元的部分 | 5 | 0 |
| 2 | 超过 15 000 元至 30 000 元的部分 | 超过 14 250 元至 27 750 元的部分 | 10 | 750 |
| 3 | 超过 30 000 元至 60 000 元的部分 | 超过 27 750 元至 51 750 元的部分 | 20 | 3 750 |
| 4 | 超过 60 000 元至 100 000 元的部分 | 超过 51 750 元至 79 750 元的部分 | 30 | 9 750 |
| 5 | 超过 100 000 元的部分 | 超过 79 750 元的部分 | 35 | 14 750 |

### 3．20%的比例税率

除了适用累进税率的三个个人所得税项目外，其他个人所得税应税项目的基本税率为 20%，其中部分项目在 20%的基础上税负有所加重；部分项目在 20%的基础上税负有所减轻。

（1）劳务报酬所得。对一次收入畸高的，加成征税（如表 9-4 所示）。

表 9-4　劳务报酬加成征收税率表

| 级数 | 每次应纳税所得额（含税级距） | 不含税级距 | 税率 | 速算扣除数 |
|---|---|---|---|---|
| 1 | 不超过 20 000 元的 | 不超过 16 000 元的 | 20% | 0 |
| 2 | 超过 20 000 元至 50 000 元的部分 | 超过 16 000 元至 37 000 元的部分 | 30% | 2 000 |
| 3 | 超过 50 000 元部分 | 超过 37 000 元的部分 | 40% | 7 000 |

个人一次取得劳务报酬所得，其应纳税所得额超过 20 000 元至 50 000 元的部分加征 5 成，超过 50 000 元的部分加征 10 成。

（2）稿酬所得。名义税率 20%，并按应纳税额减征 30%，其实际税率为 14%。

（3）自 2008 年 3 月 1 日起，个人出租房屋减按 10%的税率征收个人所得税。

（4）自 2008 年 10 月 9 日起，对储蓄存款利息所得免征个人所得税。

### 随堂测验

【多选】下列各项中，适用 20%比例税率的有（　　）。

A．对企事业单位的承包经营、承租经营所得

B．劳务报酬所得

C．稿酬所得

D．利息、股息、红利所得

【答案】BCD

# 第 265 天　工资、薪金所得应纳税额的计算

## 课堂精讲

### 1. 个人所得税的计算公式

（1）个人所得税的基本计算公式为：

应纳税额＝应纳税所得额×税率

应纳税所得额为收入减去扣除费用后的余额，但不同项目下的扣除费用有不同的情形。

（2）一般工资、薪金所得应纳税额的计算公式为：

应纳税额＝应纳税所得额×适用税率–速算扣除数

＝（每月收入额–3 500 元）×适用税率–速算扣除数

### 2. 附加减除费用的适用范围

（1）在中国境内的外商投资企业和外国企业中工作的外籍人员。

（2）在中国境内的企事业单位、社会团体、国家机关中工作的外籍专家。

（3）在中国境内有住所而在中国境外任职或受雇取得工资、薪金所得的个人。

（4）国务院财政、税务主管部门确定的其他人员：在中国境内的企事业单位取得工资、薪金所得的华侨、港澳台同胞等。

## 随堂测验

【例】某大学教师 2012 年 3 月份工资单的情况如下：岗位工资 680 元，薪级工资 391 元，保留津贴 33 元，职务补贴 622 元，午餐费 108 元，独生子女费 7.5 元，校内补贴 57 元，旅游补贴 50 元，基础津贴 777.8 元，超课时津贴 572.7 元。扣除的项目如下：失业保险 7.26 元，住房公积金 340 元，医疗保险 33.86 元，工会经费 7.5 元。计算该教师 3 月份应纳个人所得税税额。

【解析】

应纳税所得额=（680＋391＋33＋622＋108＋7.5＋57＋50＋777.8＋572.7–340–7.26–33.86–7.5）–2 000＝910.38（元）

应纳个人所得税税额＝500×5%+410.38×10%＝66.04（元）

# 第 266 天　个体工商户生产、经营所得应纳税额的计算

## 课堂精讲

### 1．个体工商户应纳税所得额

个体工商户生产、经营所得以每一纳税年度的收入总额减去成本、费用以及损失后的余额为应纳税所得额。

成本、费用是指纳税人从事生产经营所发生的各项直接支出和分配计入成本的间接费用以及期间费用。

损失是指纳税人在生产经营过程中发生的各项营业外支出。

### 2．个体工商户准予扣除的项目

（1）自 2008 年 3 月 1 日起，个体工商户业主的费用扣除标准统一确定为 24 000 元/年，即 2 000 元/月（注：业主的工资不能直接扣除）。

（2）个体工商户向其从业人员实际支付的合理的工资、薪金支出，允许在税前据实扣除。

（3）个体工商户拨缴的工会经费、发生的职工福利费、职工教育经费支出分别在工资薪金总额 2%、14%、2.5%的标准内据实扣除。

（4）个体工商户每一纳税年度发生的广告费和业务宣传费用不超过当年销售（营业）收入 15%的部分，可据实扣除；超过部分，准予在以后纳税年度结转扣除。

（5）个体工商户每一纳税年度发生的与其生产经营业务直接相关的业务招待费支出，按照发生额的 60%扣除，但最高不得超过当年销售（营业）收入的 5‰。

（6）个体工商户在生产、经营期间借款利息支出，未超过中国人民银行规定的同类、同期贷款利率计算的数额部分，准予扣除。

### 3．个人独资企业和合伙企业准予扣除的项目

个人独资企业与合伙企业比照个体工商户的生产、经营所得税目执行。

个人独资企业和合伙企业准予扣除的项目如下。

（1）投资者的费用扣除标准，从 2008 年 3 月 1 日起，投资者费用扣除标准每月为 2 000 元。投资者的工资不得在税前直接扣除。

（2）企业生产经营和投资者及其家庭生活共用的固定资产，难以划分的，由主管税

务机关根据企业的生产经营类型、规模等具体情况，核定准予在税前扣除的折旧费用的数额或比例。

（3）个人独资企业和合伙企业向其从业人员实际支付的合理的工资、薪金支出，允许在税前据实扣除。

（4）个人独资企业和合伙企业拨缴的工会经费、发生的职工福利费、职工教育经费支出分别在工资薪金总额2%、14%、2.5%的标准内据实扣除。

（5）个人独资企业和合伙企业每一纳税年度发生的广告费和业务宣传费用不超过当年销售（营业）收入15%的部分，可据实扣除；超过部分，准予在以后纳税年度结转扣除。

(6)个人独资企业和合伙企业每一纳税年度发生的与其生产经营业务直接相关的业务招待费支出，按照发生额的60%扣除，但最高不得超过当年销售（营业）收入的5‰。

（7）计提的各种准备金不得扣除。

（8）企业与其关联企业之间的业务往来，应当按照独立企业之间的业务往来收取或支付价款、费用。不按照独立企业之间的业务往来收取或支付价款、费用，而减少其应纳税所得额的，主管税务机关有权进行合理调整。

#### 4. 个体工商户的生产、经营所得个人所得税的计算

（1）查账征收。该方法适用于账簿健全的个体工商户、个人独资企业和合伙企业。

**应纳税额＝应纳税所得额×适用税率−速算扣除数**

**＝（全年收入总额−成本、费用及损失）×适用税率−速算扣除数**

（2）核定征收。该方法适用于账簿不健全或逾期未申报税款的个体工商户、个人独资企业和合伙企业。

**应纳税额＝应纳税所得额×适用税率**

**应纳税所得额＝收入总额×应税所得率**

**＝成本费用支出额÷（1−应税所得率）×应税所得率**

#### 5. 对企事业单位的承包、承租经营所得应纳税额的计算

**应纳税额＝应纳税所得额×适用税率−速算扣除数**

**＝（纳税年度收入总额−必要费用）×适用税率−速算扣除数**

### 随堂测验

【例】某市一海鲜酒楼为个体经营户，其账册较健全。2012年12月酒楼经营情况如下。

（1）12 月营业额为 150 000 元，购进各种原料、酒水的费用为 35 000 元，交纳房租、水电、煤气费 24 000 元，应交税费 6 000 元（无增值税），支付厨师、服务员工资 20 000 元，提取设备折旧费 2 000 元，被工商局罚款 2 000 元，其他管理费 5 800 元。本月购进一辆汽车价值 80 000 元。个体老板每月从酒楼预支工资 2 500 元。

（2）1—11 月累计应税所得为 125 000 元，已预缴所得税 32 000 元。

要求：按查账征收方法计算该个体经营户 2012 年该项目全年应纳个人所得税税额。

【解析】

12 月份应纳税所得额＝150 000−35 000−24 000−6 000−20 000−2 000−5 800−2 000＝55 200（元）

全年应纳税所得额＝55 200＋125 000＝180 200（元）

全年应纳个人所得税税额＝180 200×35%−6 750＝56 320（元）

## 第 267 天　劳务报酬所得应纳税额的计算

### 课堂精讲

劳务报酬所得以每次收入减去费用后的余额为应纳税所得额。每次收入不超过 4 000 元的，减去费用 800 元；4 000 元以上的，减去 20%的费用，其余额为应纳税所得额。所谓每次收入，是指属于一次性收入的，以取得该项收入为一次；属于同一事项连续取得收入的，以一个月内取得的收入为一次。

劳务报酬所得应纳税所得额的计算公式如下。

（1）每次收入在 4 000 元以下，适用定额扣除：

**应纳税所得额＝每次收入额−800**

（2）每次收入在 4 000 元以上，适用定率扣除。

**应纳税所得额＝每次收入额×（1−20%）**

### 随堂测验

【例】某演员为一企业拍摄电视广告，分两次等额取得报酬，每次取得 30 000 元。计算其应纳个人所得税。

【解析】

应纳税所得额＝60 000×（1−20%）＝48 000（元）

应纳税额＝48 000×30%−2 000＝12 400（元）

# 第 268 天 稿酬所得应纳税额的计算

## 课堂精讲

### 1. 稿酬所得应纳税所得额

稿酬所得以每次收入减去费用后的余额为应纳税所得额。每次收入不超过 4 000 元的，减除费用 800 元；4 000 元以上的，减除 20%的费用，其余额为应纳税所得额。

稿酬所得以每次出版发表取得的收入为一次。

（1）同一作品再版取得的所得，应视为另一次稿酬所得。

（2）同一作品在报刊上连载取得收入，以连载完成后取得的所有收入合并为一次。

（3）同一作品先在报刊连载后出版（或相反），视为两次稿酬所得征税。

（4）预付或分次支付稿酬，应合并计算为一次征税。

（5）同一作品因添加印数追加稿酬，应与以前出版发表时取得的稿酬合并为一次征税。

稿酬所得应纳税所得额的计算公式如下。

（1）每次收入在 4 000 元以下，适用定额扣除：

**应纳税所得额＝每次收入额−800**

（2）每次收入在 4 000 元以上，适用定率扣除：

**应纳税所得额＝每次收入额×（1−20%）**

### 2. 稿酬所得应纳税额

**应纳税额＝应纳税所得额×适用税率**

**实际缴纳税额＝应纳税额×（1−30%）**

## 随堂测验

【例】某教授 2012 年 8 月因其编著的教材出版，获得稿酬 10 000 元，2012 年 10 月因教材反响很好而加印又取得稿酬 5 000 元。该教授所取得的两次稿酬所得可以视为一次收入，应合并计算应纳税额。

【解析】

应纳税所得额＝（10 000＋5 000）×（1−20%）＝12 000（元）

应纳税额＝12 000×20%×（1−30%）＝1 680（元）

# 第 269 天 特许权使用费所得应纳税额的计算

课堂精讲

### 1. 特许权使用费所得应纳税所得额

特许权使用费所得以每次收入减去费用后的余额为应纳税所得额。所谓每次收入，是指以一项特许权的一次许可使用所取得的收入为一次。

特许权使用费所得应纳税所得额的计算公式如下。

（1）每次收入在 4 000 元以下，适用定额扣除：

**应纳税所得额＝每次收入额-800**

（2）每次收入在 4 000 元以上，适用定率扣除：

**应纳税所得额＝每次收入额×（1-20%）**

### 2. 特许权使用费所得应纳税额：

**应纳个人所得税税额＝应纳税所得额×20%**

随堂测验

【单选】著名设计师王某于 2012 年 8 月取得特许权使用费收入 5 000 元，10 月又取得另一项特许权使用费收入 3 000 元。王某两项收入应缴纳的个人所得税为（　　）元。

A．1 280　　B．1 240　　C．1 440　　D．1 600

【答案】B

# 第 270 天 财产租赁所得应纳税额的计算

课堂精讲

### 1. 财产租赁所得应纳税所得额

财产租赁所得以每次收入减去费用后的余额为应纳税所得额。所谓每次收入，是指以一个月内取得的收入为一次。每次收入不超过 4 000 元的，减去费用 800 元；4 000 元以上的，减去 20%的费用，其余额为应纳税所得额。

财产租赁所得应纳税所得额的计算公式如下。

（1）每次收入在 4 000 元以下，适用定额扣除。

**应纳税所得额＝每次收入额−800**

（2）每次收入在 4 000 元以上，适用定率扣除。

**应纳税所得额＝每次收入额×（1−20%）**

### 2. 财产租赁所得应纳税额

财产租赁所得除上述一般规定外，对个人出租房屋还有特殊规定。

（1）出租房屋所得的税率为 10%。

（2）出租房屋所得的扣除项目说明。

① 纳税人在出租房屋中缴纳营业税、城市维护建设税、教育费附加、房产税、印花税、城镇土地使用税，可持完税凭证，从其财产租赁收入中扣除。

② 纳税人在出租房屋中取得的财产租赁收入，在计算征税时，除可依法减除规定的费用和有关税费外，还准予扣除能够提供有效、准确凭证，证明由纳税人负担的该出租房屋实际开支的修缮费用。允许扣除的修缮费用，以每次 800 元为限，一次扣除不完的，准予在下一次继续扣除，直至扣完为止。

因此，个人出租房屋的应纳税额的确定方法如下。

• 每月租金不超过 4 000 元的：

**应纳税额＝（每月租金−其他税费−修缮费用−800）×10%**

• 每月租金超过 4 000 元的：

**应纳税额＝（每月租金−其他税费−修缮费用）×（1−20%）×10%**

在营业税税收优惠中，对按政府规定价格出租的公有住房和廉租住房暂免征收营业税；对个人按市场价格出租的居民用房，暂按 1.5%的税率征收营业税。

**随堂测验**

【例】张某于 2012 年 8 月将城区自有住房出租，月租金 2 000 元，年租金 24 000 元，租期一年，租金每月收取。扣除营业税、城建税、教育费附加后，其 2012 年应缴纳的个人所得税是多少（假设当地营业税起征点为月营业额 2 000 元，其他税费为免税）？

【解析】

应纳税额＝［2 000−2 000×1.5%×（1＋7%+3%）−800］×10%×5＝583.5（元）

# 第 271 天　财产转让所得应纳税额的计算

## 课堂精讲

财产转让所得应纳税额以转让财产的收入额减去财产原值和合理费用后的余额为应纳税所得额。其应纳税额的计算公式为：

应纳税额＝应纳税所得额×适用税率

＝（每次收入总额−财产原值−合理费用）×20%

个人将受赠不动产对外销售时，相关扣除规定如下。

（1）受赠人取得赠与人无偿赠与的不动产后，再次转让该项不动产的，在缴纳个人所得税时，以财产转让收入减去受赠、转让住房过程中缴纳的税金及有关合理费用后的余额为应纳税所得额，按 20%的适用税率计算缴纳个人所得税。

（2）个人在受赠和转让住房过程中缴纳的税金，按相关规定处理。

目前，财产转让所得中两个不缴税项目为：股票转让所得暂不征收个人所得税；对个人转让自用五年以上并且是家庭唯一生活用房取得的所得，免征个人所得税。

## 随堂测验

【例】某人建房一栋，造价 36 000 元，支付费用 2 000 元。该人转让房屋，售价 60 000 元，在卖房过程中按规定支付交易费等有关费用 2 500 元。计算其应纳个人所得税税额。

【解析】

应纳税所得额＝60 000−（36 000＋2 000）−2 500＝19 500（元）

应纳税额＝19 500×20%＝3 900（元）

# 第 272 天　偶然所得和其他所得应纳税额的计算

## 课堂精讲

### 1．偶然所得的概念

偶然所得是指个人得奖、中奖、中彩以及其他偶然性质的所得。得奖是指参加各种有奖竞赛活动，取得名次得到的奖金；中奖、中彩是指参加各种有奖活动，如有奖销售、有奖储蓄，或者购买彩票，经过规定程序，抽中、摇中号码而取得的奖金。偶然所得应缴纳的个人所得税，一律由发奖单位或机构代扣代缴。

**2．偶然所得应纳税额的计算**

应纳税额＝应纳税所得额×适用税率

＝每次收入额×20%

**随堂测验**

【单选】张小姐在参加商场的有奖销售活动中，中奖所得共计价值24 000元。张小姐领奖时从中奖收入中拿出5 000元通过教育部门向希望小学捐赠。张小姐中奖所得应缴纳个人所得税（　　）元。

A．3 200　　B．4 200　　C．2 560　　D．3 800

【答案】D

## 第273天　个人所得税的申报缴纳

**课堂精讲**

自行申报纳税是由纳税人自行在《税法》规定的纳税期限内，向税务机关申报取得的应税所得项目和数额，如实填写“个人所得税纳税申报表”，并按照《税法》规定计算应纳税额，据此缴纳个人所得税的一种方法。

**1．自行申报纳税的纳税义务人**

（1）自2006年1月1日起，年所得12万元以上的个人。

（2）从中国境内两处或两处以上取得工资、薪金所得的个人。

（3）从中国境外取得所得的个人。

（4）取得应税所得，没有扣缴义务人的个人。

（5）国务院规定的其他情形。

其中，年所得12万元以上的纳税人无论取得的各项所得是否已足额缴纳了个人所得税，均应当于纳税年度终了后向主管税务机关办理纳税申报；其他情形的纳税人均应当按照自行申报纳税管理办法的规定，于取得所得后向主管税务机关办理纳税申报。同时需注意的是，年所得12万元以上的纳税人，不包括在中国境内无住所且在一个纳税年度中在中国境内居住不满 1 年的个人。从中国境外取得所得的纳税人是指在中国境内有住所或无住所而在一个纳税年度中在中国境内居住满 1 年的个人。

### 2. 自行申报纳税的内容

年所得 12 万元以上的纳税人，在纳税年度终了后，应当填写“个人所得税纳税申报表（适用于年所得 12 万元以上的纳税人申报）”，并在办理纳税申报时报送主管税务机关，同时报送个人有效身份证件复印件，以及主管税务机关要求报送的其他有关资料。

### 3. 自行申报纳税的申报期限

（1）年所得 12 万元以上的纳税人，在纳税年度终了后 3 个月内向主管税务机关办理纳税申报。

（2）个体工商户和个人独资、合伙企业投资者取得的生产、经营所得应缴纳的税款，分月预缴的，纳税人在每月终了后 7 日内办理纳税申报；分季预缴的，纳税人在每个季度终了后 7 日内办理纳税申报。纳税年度终了后，纳税人在 3 个月内进行汇算清缴。

（3）纳税人年终一次性取得对企事业单位的承包经营、承租经营所得的，自取得所得之日起 30 日内办理纳税申报；在一个纳税年度内分次取得承包经营、承租经营所得的，在每次取得所得后的次月 7 日内申报预缴，纳税年度终了后 3 个月内汇算清缴。

（4）从中国境外取得所得的纳税人，在纳税年度终了后 30 日内向中国境内主管税务机关办理纳税申报。

（5）除以上规定的情形外，纳税人取得其他各项所得须申报纳税的在取得所得的次月 7 日内向主管税务机关办理纳税申报。

（6）纳税人不能按照规定的期限办理纳税申报，需要延期的，按照《税收征收管理法》第二十七条和《税收征收管理法实施细则》第三十七条的规定办理。

### 4. 自行申报纳税的申报方式

纳税人可以采取数据电文、邮寄等方式申报，也可以直接到主管税务机关申报，或者采取符合主管税务机关规定的其他方式申报。纳税人采取邮寄方式申报的，以邮政部门挂号信函收据作为申报凭据，以寄出的邮戳日期为实际申报日期。

纳税人也可以委托有税务代理资质的中介机构或他人代为办理纳税申报。

### 5. 自行申报纳税的申报地点

（1）在中国境内有任职、受雇单位的，向任职、受雇单位所在地主管税务机关申报。

（2）在中国境内有两处或两处以上任职、受雇单位的，选择并固定向其中两处单位所在地主管税务机关申报。

（3）在中国境内无任职、受雇单位，年所得项目中有个体工商户的生产、经营所得或对企事业单位的承包经营、承租经营所得（以下统称“生产、经营所得”）的，向其中一处实际经营所在地主管税务机关申报。

（4）在中国境内无任职、受雇单位，年所得项目中无生产、经营所得的，向户籍所在地主管税务机关申报。在中国境内有户籍，但户籍所在地与中国境内经常居住地不一致的，选择并固定向其中一地主管税务机关申报。在中国境内没有户籍的，向中国境内经常居住地主管税务机关申报。

### 随堂测验

【多选】在中国境内无住所的人员（非高管）取得的下列所得，须向中国税务机关申报缴纳个人所得税的有（　　）。

A．境内居住满 90 日或 183 日不足 1 年，境外工作期间境内支付的工资、薪金

B．境内居住已 3 年，境外工作期间境内支付的工资、薪金

C．境内居住已 7 年，境外工作期间境外支付的工资、薪金

D．境内居住不满 90 天，任职的企业采取核定利润方法计征企业所得税，境内工作期间境外企业支付的工资、薪金

【答案】BCD

## 第 274 天　城镇土地使用税的纳税人与征税范围

### 课堂精讲

**1．城镇土地使用税的概念**

城镇土地使用税是以城镇土地为征税对象，对拥有土地使用权的单位和个人征收的一种税。

**2．城镇土地使用税纳税义务人**

城镇土地使用税的纳税义务人是指承担缴纳城镇土地使用税义务的所有单位和个人。城镇土地使用税的纳税人通常包括以下几类：

（1）拥有土地使用权的单位和个人；

（2）拥有土地使用权的单位和个人不在土地所在地的，其土地的实际使用人和代管人为纳税人；

（3）土地使用权未确定或权属纠纷未解决的，其实际使用人为纳税人；

（4）土地使用权共有的，共有各方都是纳税人，由共有各方分别纳税。

几个人或几个单位共同拥有一块土地的使用权，这块土地的城镇土地使用税的纳税人应是对这块土地拥有使用权的每一个人或每一个单位。他们应以其实际使用的土地面积占总面积的比例，分别计算缴纳城镇土地使用税。

### 3．城镇土地使用税征税范围

城镇土地使用税的征税范围包括在城市、县城、建制镇和工矿区内的国家所有和集体所有的土地。

上述城市、县城、建制镇和工矿区分别按以下标准确认：

（1）城市是指经国务院批准设立的市；

（2）县城是指县人民政府所在地；

（3）建制镇是指经省、自治区、直辖市人民政府批准设立的建制镇；

（4）工矿区是指工商业比较发达、人口比较集中、符合国务院规定的建制镇标准但尚未设立建制镇的大中型工矿企业所在地，工矿区须经省、自治区、直辖市人民政府批准。

上述城镇土地使用税的征税范围中，城市的土地包括市区的土地，县城的土地是指县人民政府所在地的城镇的土地，建制镇的土地是指镇人民政府所在地的土地。

建立在城市、县城、建制镇和工矿区以外的工矿企业则不需缴纳城镇土地使用税。

对外商投资企业和外国企业在华机构的用地不征收城镇土地使用税。

**随堂测验**

【例】某城市的甲与乙共同拥有一块土地的使用权，这块土地面积为 1 500 平方米，甲实际使用 1/3，乙实际使用 2/3，则该项土地试用期的城镇土地使用税纳税人是谁及所占土地面积是多少？

【解析】

甲应是其所占的土地 500 平方米（1 500×1/3）的城镇土地使用税纳税人，乙是其所占的土地 1 000 平方米（1 500×2/3）的城镇土地使用税纳税人。

## 第 275 天　城镇土地使用税应纳税额的计算

**课堂精讲**

### 1．城镇土地使用税的计税依据

城镇土地使用税以纳税人实际占用的土地面积为计税依据，土地面积计量标准为每平方米，即税务机关根据纳税人实际占用的土地面积，按照规定的税额计算应纳税额，向纳税人征收城镇土地使用税。

纳税人实际占用的土地面积按下列办法确定：

（1）凡有由省、自治区、直辖市人民政府确定的单位组织测定土地面积的，以测定的面积为准；

（2）尚未组织测量，但纳税人持有政府部门核发的土地使用证书的，以证书确认的土地面积为准；

（3）尚未核发土地使用证书的，应由纳税人申报土地面积据以纳税，待核发土地使用证书以后再作调整。

### 2．城镇土地使用税的税率

城镇土地使用税采用定额税率，即采用有幅度的差别税额，按大、中、小城市和县城、建制镇、工矿区分别规定每平方米土地使用税年应纳税额。具体标准如下：

（1）大城市 1.5～30 元；

（2）中等城市 1.2～24 元；

（3）小城市 0.9～18 元；

（4）县城、建制镇、工矿区 0.6～12 元。

大、中、小城市以公安部门登记在册的非农业正式户口人数为依据，按照国务院颁布的《城市规划条例》中规定的标准划分。人口在 50 万以上者为大城市，人口在 20 万～50 万之间者为中等城市，人口在 20 万以下者为小城市。城镇土地使用税的税率如表 9-5 所示。

表 9-5　城镇土地使用税税率表

| 级别 | 人口（人） | 每平方米税额（元） |
| --- | --- | --- |
| 大城市 | 50 万以上 | 1.5～30 |
| 中等城市 | 20～50 万 | 1.2～24 |
| 小城市 | 20 万以下 | 0.9～18 |
| 县城、建制镇、工矿区 | | 0.6～12 |

各省、自治区、直辖市人民政府可根据市政建设情况和经济繁荣程度在规定税额幅度内，确定所辖地区的适用税额幅度。经济落后地区，土地使用税的适用税额标准可适当降低，但降低额不得超过上述规定最低税额的 30%，经济发达地区的适用税额标准可以适当提高，但须报财政部批准。

### 3．城镇土地使用税应纳税额的计算

城镇土地使用税的应纳税额可以通过纳税人实际占用的土地面积乘以该土地所在地段的适用税额求得。其计算公式为：

全年应纳税额＝实际占用应税土地面积（平方米）×适用税额

随堂测验

【例】设在某城市的一企业使用土地面积为1万平方米，经税务机关核定，该土地为应税土地，每平方米年税额为4元。请计算其全年应缴纳的城镇土地使用税。

【解析】

全年应纳税额＝10 000×4＝40 000（元）

# 第276天　城镇土地使用税的申报缴纳

课堂精讲

### 1．城镇土地使用税的纳税义务发生时间

（1）纳税人购置新建商品房，自房屋交付使用的次月起，缴纳城镇土地使用税。

（2）纳税人购置存量房，自办理房屋权属转移、变更登记手续，以及房地产权属登记机关签发房屋权属证书的次月起，缴纳城镇土地使用税。

（3）纳税人出租、出借房产，自交付出租、出借房产的次月起，缴纳城镇土地使用税。

（4）以出让或转让方式有偿取得土地使用权的，应由受让方从合同约定交付土地时间的次月起缴纳城镇土地使用税；合同未约定交付土地时间的，由受让方从合同签订的次月起缴纳城镇土地使用税。

（5）纳税人新征用的耕地，自批准征用之日起满一年时开始缴纳城镇土地使用税。

（6）纳税人新征用的非耕地，自批准征用的次月起，缴纳城镇土地使用税。

### 2．城镇土地使用税的纳税期限

城镇土地使用税实行按年计算、分期缴纳的征收方法，具体纳税期限由各省、自治区、直辖市人民政府确定。

### 3．城镇土地使用税的纳税地点

城镇土地使用税在土地所在地缴纳。

纳税人使用的土地不属于同一省、自治区、直辖市管辖的，由纳税人分别向土地所在地的税务机关缴纳城镇土地使用税；在同一省、自治区、直辖市管辖范围内，纳税人跨地区使用的土地，其纳税地点由各省、自治区、直辖市地方税务局确定。

### 随堂测验

【单选】下列各项中，应缴纳城镇土地使用税的有（　　）。

A．军队用于出租的土地　　B．寺庙内宗教人员的宿舍用地

C．财政拨付事业经费单位的员工食堂用地　　D．市人民政府办公用地

【答案】A

## 第 277 天　土地增值税的纳税人与征税范围

### 课堂精讲

**1．土地增值税的概念**

土地增值税是对转让国有土地使用权、地上建筑物及其附着物并取得收入的单位和个人，就其转让房地产所取得的增值额征收的一种税。

**2．土地增值税纳税义务人**

土地增值税的纳税义务人为转让国有土地使用权、地上建筑及其附着物（以下简称“转让房地产”）并取得收入的单位和个人。单位包括各类企事业单位、国家机关和社会团体及其他组织，个人包括个体经营者。

概括起来，《中华人民共和国土地增值税暂行条例》（以下简称《土地增值税暂行条例》）对纳税人的规定主要有以下四个特点。

（1）不论法人还是自然人。即不论是企事业单位、国家机关、社会团体及其他组织，还是个人，只要有偿转让房地产，就都是土地增值税的纳税人。

（2）不论经济性质。即不论是全民所有制企业、集体企业、私营企业、个体经营者，还是联营企业、合资企业、合作企业、外商独资企业等，只要有偿转让房地产，就都是土地增值税的纳税人。

（3）不论内资与外资企业、中国公民与外籍个人，根据 1993 年 12 月 29 日第八届全国人民代表大会常务委员会第五次会议通过的《全国人大常委会关于外商投资企业和外国企业适用增值税、消费税、营业税等税收暂行条例的决定》和《国务院关于外商投资企业和外国企业适用增值税、消费税、营业税等税收暂行条例的有关问题的通知》以及国税发〔1994〕123 号《国家税务总局关于外商投资企业和外国企业及外籍个人适用税种问题的通知》等规定，土地增值税适用于涉外企业和个人。

（4）不论部门。即不论是工业、农业、商业、学校、医院，还是机关等，只要有偿转让房地产，就都是土地增值税的纳税人。

### 3．土地增值税征税范围

根据《土地增值税暂行条例》及其《实施细则》的规定，土地增值税的征税范围包括以下内容。

（1）转让国有土地使用权。这里所说的“国有土地”，是指按国家法律规定属于国家所有的土地。

（2）地上建筑物及其附着物连同国有土地使用权一并转让。这里所说的“地上建筑物”，是指建于土地上的一切建筑物，包括地上、地下的各种附属设施。这里所说的“附着物”，是指附着于土地上的不能移动或一经移动即遭损坏的物品。

**随堂测验**

【单选】下列各项中，不属于土地增值税纳税义务人的是（　　）。

A．以房产抵债的某工业企业

B．出租写字楼的某外资房地产开发公司

C．转让商业用房的个人

D．转让国有土地使用权的某大学

【答案】B

## 第 278 天　土地增值税应纳税额的计算

**课堂精讲**

### 1．土地增值税的税率

土地增值税实行 4 级超率累进税率：

（1）增值额未超过扣除项目金额 50%的部分，税率为 30%；

（2）增值额超过扣除项目金额 50%、未超过扣除项目金额 100%的部分，税率为 40%；

（3）增值额超过扣除项目金额 100%、未超过扣除项目金额 200%的部分，税率为 50%；

（4）增值额超过扣除项目金额 200%的部分，税率为 60%。

上述所列 4 级超率累进税率，每级“增值额未超过扣除项目金额”的比例，均包括本比例数。超率累进税率如表 9-6 所示。

表 9-6 土地增值税 4 级超率累进税率表

| 级数 | 增值额与扣除项目金额的比率 | 税率（%） | 速算扣除系数（%） |
|---|---|---|---|
| 1 | 不超过 50%的部分 | 30 | 0 |
| 2 | 超过 50%～100%的部分 | 40 | 5 |
| 3 | 超过 100%～200%的部分 | 50 | 15 |
| 4 | 超过 200%的部分 | 60 | 35 |

### 2．应税收入的确定

根据《土地增值税暂行条例》及其《实施细则》的规定，纳税人转让房地产取得的应税收入，应包括转让房地产的全部价款及有关的经济收益。从收入的形式来看，包括货币收入、实物收入和其他收入。

### 3．扣除项目的确定

计算土地增值税应纳税额，并不是直接对转让房地产所取得的收入征税，而是要对收入额减去国家规定的各项扣除项目金额后的余额计算征税（这个余额就是纳税人在转让房地产中获取的增值额）。因此，要计算增值额，首先必须确定扣除项目。《税法》准予纳税人从转让收入额减去的扣除项目包括如下几项。

（1）取得土地使用权所支付的金额。

（2）房地产开发成本。

（3）房地产开发费用。

（4）与转让房地产有关的税金。

（5）其他扣除项目。

（6）旧房及建筑物的评估价格。

### 4．增值额的确定

土地增值税纳税人转让房地产所取得的收入减去规定的扣除项目金额后的余额为增值额。

### 5．土地增值税应纳税额的计算

土地增值税按照纳税人转让房地产所取得的增值额和规定的税率计算征收。土地增值税应纳税额的计算公式为：

应纳税额＝Σ（每级距的土地增值额×适用税率）

但在实际工作中，分步计算比较烦琐，一般可以采用速算扣除法计算。即计算土地增值税税额，可按增值额乘以适用的税率减去扣除项目金额乘以速算扣除系数的简便方法计算，具体公式如下。

（1）增值额未超过扣除项目金额 50%：

土地增值税税额＝增值额×30%

（2）增值额超过扣除项目金额 50%、未超过 100%：

土地增值税税额＝增值额×40%－扣除项目金额×5%

（3）增值额超过扣除项目金额 100%、未超过 200%：

土地增值税税额＝增值额×50%－扣除项目金额×15%

（4）增值额超过扣除项目金额 200%：

土地增值税税额＝增值额×60%－扣除项目金额×35%

### 随堂测验

【例】某纳税人转让房地产所取得的收入为 400 万元，其扣除项目金额为 100 万元，请计算其应纳土地增值税税额。

【解析】

增值额＝400－100＝300（万元）

增值额与扣除项目金额之比＝300÷100＝300%

土地增值税税额＝300×60%－100×35%＝145（万元）

## 第 279 天　土地增值税的申报缴纳

### 课堂精讲

**1．土地增值税的纳税地点**

土地增值税的纳税人应向房地产所在地主管税务机关办理纳税申报，并在税务机关核定的期限内缴纳土地增值税。这里所说的"房地产所在地"，是指房地产的坐落地。纳税人转让的房地产坐落在两个或两个以上地区的，应按房地产所在地分别申报纳税。在实际工作中，纳税地点的确定可分为以下两种情况。

（1）纳税人是法人的。当转让的房地产坐落地与其机构所在地或经营所在地一致时，在办理税务登记的原管辖税务机关申报纳税即可；当转让的房地产坐落地与其机构所在地或经营所在地不一致时，应在房地产坐落地所管辖的税务机关申报纳税。

（2）纳税人是自然人的。当转让的房地产坐落地与其居住所在地一致时，在住所所在地税务机关申报纳税；当转让的房地产坐落地与其居住所在地不一致时，在办理过户手续所在地的税务机关申报纳税。

### 2. 土地增值税的申报

土地增值税的纳税人应在转让房地产合同签订后的 7 日内，到房地产所在地主管税务机关办理纳税申报，并向税务机关提交房屋及建筑物产权、土地使用权证书，土地转让、房产买卖合同，房地产评估报告以及其他与转让房地产有关的资料。纳税人因经常发生房地产转让而难以在每次转让后申报的，经税务机关审核同意后，可以定期进行纳税申报，具体期限由税务机关根据情况确定。

此外，根据《土地增值税暂行条例实施细则》关于“纳税人在项目全部竣工结算前转让房地产取得的收入……可以预征土地增值税……具体办法由各省、自治区、直辖市地方税务局根据当地情况制定”的规定，对于纳税人预售房地产所取得的收入，凡当地税务机关规定预征土地增值税的，纳税人应当到主管税务机关办理纳税申报，并按规定比例预交，待办理决算后多退少补；凡当地税务机关规定不预征土地增值税的，也应在取得收入时先到税务机关登记或备案。

**随堂测验**

【判断】土地增值税的纳税人应向房地产所在地主管税务机关办理纳税申报。（　　）

【答案】√

## 第 280 天　资源税的纳税人与征税范围

**课堂精讲**

### 1. 资源税的概述

资源税是对在我国境内开采应税矿产品和生产盐的单位和个人，就其应税数量征收的一种税。

### 2. 资源税纳税义务人

资源税的纳税义务人是指在中华人民共和国境内开采应税资源的矿产品或生产盐的单位和个人。

中外合作开采石油、天然气按照现行规定只征收矿区使用费，暂不征收资源税。因此，中外合作开采石油、天然气的企业不是资源税的纳税义务人。

《中华人民共和国资源税暂行条例》（以下简称《资源税暂行条例》）规定，收购未税矿产品的单位为资源税的扣缴义务人。规定资源税的扣缴义务人，主要是针对零星、分散、不定期开采的情况，为了加强管理，避免漏税，由扣缴义务人在收购矿产品时代扣代缴资源税。

### 3．资源税征税范围

资源税税目、税额包括 7 大类，在 7 个税目下面又设有若干个子目。现行资源税的税目及子目主要是根据资源税应税产品和纳税人开采资源的行业特点设置的，包含原油、天然气、煤炭、其他非金属矿原矿、黑色金属矿原矿、有色金属矿原矿、盐。

### 随堂测验

【多选】下列各项中，属于资源税征税范围的有（　　）。

A．与原油同时开采的天然气　　B．煤矿生产的天然气

C．开采的天然原油　　D．生产的海盐原盐

【答案】ACD

## 第 281 天　资源税应纳税额的计算

### 课堂精讲

### 1．资源税税目、税额

（1）原油。开采的天然原油征税，人造石油不征税。税额为 8～30 元/吨。

（2）天然气。专门开采的天然气和与原油同时开采的天然气征税，煤矿生产的天然气暂不征税。税额为 2～15 元/千立方米。

（3）煤炭。原煤征税，洗煤和其他煤炭制品不征税。税额为 0.3～5 元/吨。自 2007 年 2 月 1 日起，焦煤的资源税适用税额标准确定为每吨 8 元。

（4）其他非金属矿原矿。指原油、天然气、煤炭和井矿盐以外的非金属矿原矿。税额为 0.5～20 元/吨、克拉或立方米。

（5）黑色金属矿原矿。指纳税人开采后自用、销售的，用于直接入炉冶炼或作为主产品先入选精矿，制造人工矿，再最终入炉冶炼的黑色金属矿石原矿。税额为 2～30 元/吨。

（6）有色金属矿原矿。税额为 0.4～30 元/吨或立方米挖出量。

（7）盐。一是固体盐，包括海盐原盐、湖盐原盐和井矿盐，税额为 10～60 元/吨；二是液体盐（卤水），是指氯化钠含量达到一定浓度的溶液，是用于生产碱和其他产品的原料，税额为 2～10 元/吨。

纳税人在开采主矿产品的过程中伴采的其他应税矿产品，凡未单独规定适用税额的，一律按主矿产品或视同主矿产品税目征收资源税。

**2．资源税应纳税额的计算**

根据应税产品的课税数量和规定的单位税额可以计算应纳税额，具体计算公式为：

**应纳税额＝课税数量×单位税额**

**代扣代缴应纳税额＝收购未税矿产品的数量×适用的单位税额**

由公式可以看出，应纳税额的计算关键要确定课税数量和适用的单位税额。

**3．资源税课税数量**

（1）确定资源税课税数量的基本办法如下：

① 纳税人开采或生产应税产品销售的，以销售数量为课税数量；

② 纳税人开采或生产应税产品自用的，以自用（非生产用）数量为课税数量。

（2）对于纳税人开采或生产不同税目应税产品的，应当分别核算；不能准确提供不同税目应税产品的课税数量的，从高适用税额。

**随堂测验**

【单选】某纳税人本期以自产液体盐 40 000 吨和外购液体盐 10 000 吨（每吨已缴纳资源税 2 元）加工固体盐 12 000 吨对外销售，取得销售收入 600 万元。已知固体盐税额为每吨 10 元，该纳税人本期应缴纳资源税为（　　）。

A．10 万元　　B．12 万元　　C．16 万元　　D．20 万元

【答案】A

## 第 282 天　资源税的申报缴纳

**课堂精讲**

**1．资源税的纳税义务发生时间**

（1）纳税人销售应税产品，其纳税义务发生时间为：

① 纳税人采取分期收款结算方式的，其纳税义务发生时间规定为收款日期的当天；

② 纳税人采取预收货款结算方式的，其纳税义务发生时间为销售合同中发出应税产品的当天；

③ 纳税人采取其他结算方式的，其纳税义务发生时间为收讫销售款或取得索取销售款凭据的当天。

（2）纳税人自产自用应税产品的纳税义务发生时间为移送使用应税产品的当天。

（3）扣缴义务人代扣代缴税款的纳税义务发生时间为支付首笔货款或开具应支付货款凭据的当天。

**2．资源税的纳税期限**

纳税期限是纳税人发生纳税义务后缴纳税款的期限。资源税的纳税期限为 1 日、3 日、5 日、10 日、15 日或 1 个月，纳税人的纳税期限由主管税务机关根据实际情况具体核定。不能按固定期限计算纳税的，可以按次计算纳税。

**3．资源税的纳税地点**

（1）凡是缴纳资源税的纳税人，都应当向应税产品的开采或生产所在地主管税务机关缴纳税款。

（2）纳税人在本省、自治区、直辖市范围内开采或生产应税产品，其纳税地点需要调整的，由所在地省、自治区、直辖市税务机关决定。

（3）纳税人应缴纳的资源税属于跨省开采，其下属生产单位与核算单位不在同一省、自治区、直辖市的，对其开采的矿产品一律在开采地纳税，其应纳税额由独立核算、自负盈亏的单位，按照开采地的实际销售量（或自用量）及适用的单位税额计算划拨。

（4）扣缴义务人代扣代缴的资源税，也应当向收购地主管税务机关缴纳。

**随堂测验**

【判断】纳税人采取分期收款结算方式的，其纳税义务发生时间规定为收款日期的次日。（　　）

【答案】×

## 第 283 天　房产税的纳税人与征税范围

**课堂精讲**

**1．房产税的概念**

房产税是以房产为征税对象，依据房产价格或房产租金收入向房产所有人或经营人征收的一种税。

### 2. 房产税纳税义务人

房产税以在征税范围内的房屋产权所有人为纳税人。

（1）产权属国家所有的，由经营管理单位纳税；产权属集体和个人所有的，由集体单位和个人纳税。

（2）产权出典的，由承典人纳税。

（3）产权所有人、承典人不在房屋所在地的，由房产代管人或使用人纳税。

（4）产权未确定及租典纠纷未解决的，也由房产代管人或使用人纳税。

（5）无租使用其他房产的问题。纳税单位和个人无租使用房产管理部门、免税单位及纳税单位的房产，应由使用人代为缴纳房产税。

外商投资企业和外国企业暂不缴纳房产税。

### 3. 房产税征税对象

房产税的征税对象是房产。所谓房产，是指有屋面和围护结构（有墙或两边有柱），能够遮风避雨，可供人们在其中生产、学习、工作、娱乐、居住或贮藏物质的场所。

### 4. 房产税征税范围

房产税的征税范围为城市、县城、建制镇和工矿区。

**随堂测验**

【单选】以下属于房产税征税范围，应纳房产税的是（　　）。

A．某市的露天游泳池　　B．工矿区内的砖瓦石灰窑

C．建制镇内的房屋　　D．房地产开发企业开发的待售商品房

【答案】C

## 第 284 天　房产税应纳税额的计算

**课堂精讲**

### 1. 房产税的计税依据

房产税的计税依据是房产的计税价值或房产的租金收入。按照房产计税价值征税的，称为从价计征；按照房产租金收入计征的，称为从租计征。

（1）从价计征

《中华人民共和国房产税暂行条例》（以下简称《房产税暂行条例》）规定，房产税依照房产原值一次扣除 10%～30%后的余值计算缴纳。各地扣除比例由当地省、自治区、直辖市人民政府确定。

（2）从租计征。

《房产税暂行条例》规定，房产出租的，以房产租金收入为房产税的计税依据。

**2．房产税的税率**

我国现行房产税采用的是比例税率。由于房产税的计税依据分为从价计征和从租计征两种形式，房产税的税率也有两种：一种是按房产原值一次扣除 10%～30%后的余值计征的，税率为 1.2%；另一种是按房产出租的租金收入计征的，税率为 12%。从 2001 年 1 月 1 日起，对个人按市场价格出租的居民住房，用于居住的，可暂减按 4%的税率征收房产税。

**3．房产税应纳税额的计算**

（1）从价计征的计算方法：

**应纳税额＝房产原值×（1−规定的扣除比例）×1.2%**

（2）从租计征的计算方法：

**应纳税额＝租金收入×12%**

随堂测验

【单选】田某自有一处平房，共 6 间，其中自住 2 间，出租 4 间，每月收取租金 10 000 元。已知该地区规定按照房产原值一次扣除 20%后的余值计税，房产税税率为 4%。则王某当年应纳房产税税额为（　　）元。

A．400　　B．940　　C．3 840　　D．4 800

【答案】D

# 第 285 天　房产税的申报缴纳

课堂精讲

**1．房产税的纳税义务发生时间**

（1）纳税人将原有房产用于生产经营，自生产经营开始的月份起缴纳房产税。

（2）纳税人自行新建房屋用于生产经营，自房产建成的次月起缴纳房产税。

（3）纳税人委托施工企业建设的房屋，自办理验收手续的次月起缴纳房产税。

（4）纳税人购置新建商品房，自房屋交付使用的次月起缴纳房产税。

（5）纳税人购置二手房，自办理房屋权属转移、变更登记手续，房地产权属登记机关签发房屋权属证书的次月起缴纳房产税。

（6）纳税人出租、出借房产，自交付出租、出借房产的次月起缴纳房产税。

（7）房地产开发企业自用、出租、出借本企业建造的商品房，自房屋使用或交付的次月起缴纳房产税。

**2．房产税的纳税期限**

房产税实行按年计算、分期缴纳的征收方法，具体纳税期限由省、自治区、直辖市人民政府确定。

**3．房产税的纳税地点**

房产税在房产所在地缴纳。房产不在同一地方的纳税人，应按房产的坐落地点分别向房产所在地的税务机关纳税。

**随堂测验**

【判断】房产税在房产所在地缴纳。房产不在同一地方的纳税人，也需向同一房产所在地的税务机关纳税。（　　）

【答案】×

## 第 286 天　契税的纳税人与征税范围

**课堂精讲**

**1．契税的概念**

契税是以所有权发生转移变动的不动产为征税对象，向产权承受人征收的一种财产税。

**2．契税纳税义务人**

契税的纳税义务人是境内转移土地、房屋权属，承受的单位和个人。

### 3. 契税征税范围

契税的征税对象是境内转移的土地、房屋权属。具体包括以下几项内容。

（1）国有土地使用权出让。国有土地使用权出让是指土地使用者向国家交付土地使用权出让费用，国家将国有土地使用权在一定年限内让与土地使用者的行为。

（2）土地使用权的转让。土地使用权的转让是指土地使用者以出售、赠与、交换或其他方式将土地使用权转移给其他单位和个人的行为。土地使用权的转让不包括农村集体土地承包经营权的转移。

（3）房屋买卖。房屋买卖是指房屋所有者将其房屋出售，由承受者交付货币、实物、无形资产或其他经济利益的行为。

（4）房屋赠与。房屋赠与是指房屋所有者将其房屋无偿转让给受赠者的行为。

（5）房屋交换。房屋交换是指房屋所有者之间互相交换房屋的行为。

（6）承受国有土地使用权支付的土地出让金。对承受国有土地使用权所应支付的土地出让金，要计征契税，不得因减免土地出让金而减免契税。

**随堂测验**

【多选】下列行为中，不需缴纳契税的有（　　）。

A．承租房屋　　　　B．以获奖方式取得房屋所有权

C．购置房屋取得所有权　　　　D．房屋交换且价格相等

【答案】AD

## 第 287 天　契税应纳税额的计算

**课堂精讲**

### 1. 契税的计税依据

契税的计税依据为不动产的价格。由于土地、房屋权属转移方式不同，定价方法不同，因而具体计税依据视不同情况而定。

（1）国有土地使用权出让、土地使用权出售、房屋买卖，以成交价格为计税依据。

（2）土地使用权赠与、房屋赠与，由征收机关参照土地使用权出售、房屋买卖的市场价格核定。

（3）土地使用权交换、房屋交换，为所交换的土地使用权、房屋的价格差额。

（4）以划拨方式取得土地使用权，经批准转让房地产时，由房地产转让者补交契税。
（5）房屋附属设施征收契税的依据。
（6）个人无偿赠与不动产行为，应对受赠人全额征收契税。

### 2．契税的税率

契税实行 3%～5%的幅度税率。实行幅度税率是考虑到我国经济发展的不平衡，各地经济差别较大的实际情况。因此，各省、自治区、直辖市人民政府可以在 3%～5%的幅度税率规定范围内，按照本地区的实际情况决定。

### 3．契税应纳税额的计算

契税采用比例税率。应纳税额的计算公式为：

**应纳税额＝计税依据×税率**

**随堂测验**

【例】居民甲有两套住房，将一套出售给居民乙，成交价格为 20 万元；将另一套两室住房与居民丙交换成两处一室住房，并支付给丙换房差价款 60 000 元。试计算甲、乙、丙相关行为应缴纳的契税（假定税率为 4%）。

【解析】

甲应缴纳契税＝60 000×4%＝2 400（元）
乙应缴纳契税＝200 000×4%＝8 000（元）
丙不缴纳契税。

## 第 288 天　契税的申报缴纳

**课堂精讲**

### 1．契税的纳税义务发生时间

契税的纳税义务发生时间是纳税人签订土地、房屋权属转移合同的当天，或者纳税人取得其他具有土地、房屋权属转移合同性质凭证的当天。

### 2．契税的纳税期限

纳税人应当自纳税义务发生之日起 10 日内，向土地、房屋所在地的契税征收机关办理纳税申报，并在契税征收机关核定的期限内缴纳税款。

**3. 契税的纳税地点**

契税在土地、房屋所在地的征收机关缴纳。

**随堂测验**

【判断】纳税人应当自纳税义务发生之日起 15 日内，向土地、房屋所在地的契税征收机关办理纳税申报。（ ）

【答案】×

## 第 289 天 车船税的纳税人与征税范围

**课堂精讲**

**1. 车船税的概念**

所谓车船税，是指国家对行驶于境内公共道路的车辆和航行于境内河流、湖泊或领海的船舶依法征收的一种税。现行车船税跟以前的车船使用税有一点本质区别，即现行车船税是指只要是车船的所有人或管理人，就都需要缴纳车船税。

**2. 车船税纳税义务人**

车船税的纳税义务人是指在中华人民共和国境内，车辆、船舶（以下简称“车船”）的所有人或管理人。

**3. 车船税征税范围**

车船税的征税范围是指依法应当在我国车船管理部门登记的车船（除规定减免的车船外）。

（1）车辆。包括机动车辆和非机动车辆。机动车辆是指依靠燃油、电力等能源作为动力运行的车辆，如汽车、拖拉机、无轨电车等；非机动车辆是指依靠人力、畜力运行的车辆，如三轮车、自行车、畜力驾驶车等。

（2）船舶。包括机动船舶和非机动船舶。机动船舶是指依靠燃料等能源作为动力运行的船舶，如客轮、货船、气垫船等；非机动船舶是指依靠人力或其他力量运行的船舶，如木船、帆船、舢板等。

**随堂测验**

【单选】下列车船中，不属于车船税征税范围的是（　　）。

A．机场内部场所使用的车辆　　B．小汽车　　C．火车　　D．拖船

【答案】C

# 第 290 天　车船税应纳税额的计算

**课堂精讲**

### 1．车船税的计税依据

车船税以《中华人民共和国车船税暂行条例》（以下简称《车船税暂行条例》）规定的应税车船为征税对象，以征税对象的计量标准为计税依据，从量计征。

### 2．车船税的税率

车船税实行定额税率。定额税率也称固定税额，是税率的一种特殊形式。定额税率计算简便，适宜于从量计征的税种。

《车船税暂行条例》对应税车辆实行有幅度的定额税率，同时授权各省、自治区、直辖市人民政府在规定的税额幅度内，根据当地的实际情况，对同一计税标准的车辆，具体确定适用税额。车船税税目税额如表 9-7 所示。

表 9-7　车船税税目税额表

| 税目 | 计税单位 | 每年税额（元） | 备注 |
|---|---|---|---|
| 载客汽车 | 每辆 | 60～660 | 包括电车 |
| 载货汽车 | 按自重每吨 | 16～120 | 包括半挂牵引车、挂车 |
| 三轮汽车低速货车 | 按自重每吨 | 24～120 | |
| 摩托车 | 每辆 | 36～180 | |
| 船舶 | 按净吨位每吨 | 3～6 | 拖船和非机动驳船分别按船舶税额的 50%计算 |

### 3．车船税应纳税额的计算

车船税应纳税额的计算公式为：

机动船和载货汽车的应纳税额＝净吨位数×适用单位税额

非机动船的应纳税额＝载重吨位数×适用单位税额

除载货汽车以外的机动车和非机动车的应纳税额＝车辆数×适用单位税额

机动车挂车应纳税额＝挂车净吨位×（载货汽车净吨位年税额×70%）

从事运输业务的拖拉机应纳税额＝所挂拖车的净吨位×（载货汽车净吨位年税额×50%）

客货两用汽车应纳税额分两步计算：

乘人部分＝辆数×（适用乘人汽车税额×50%）

载货部分＝净吨位×适用税额

### 随堂测验

【例】某交通运输企业拥有汽车（载重量 40 吨）40 辆、客车（通勤用大客车）10 辆，请计算该企业一年应缴纳的车船税税额（该企业所在省规定载货汽车年应纳税额每吨 40 元，大客车年应纳税额每辆 180 元）。

【解析】

应纳税额＝40×40×40＋10×180＝65 800（元）

## 第 291 天　车船税的申报缴纳

### 课堂精讲

**1．车船税的纳税义务发生时间**

车船税的纳税义务发生时间为车船管理部门核发的车船登记证书或行驶证书所记载日期的当月。

已向交通航运管理机关报废的车船，当年不发生车船税的纳税义务。

**2．车船税的纳税期限**

车船税按年征收，分期缴纳。具体纳税期限由各省、自治区、直辖市人民政府确定。

**3．车船税的纳税地点和征收机关**

（1）车船税的纳税地点由各省、自治区、直辖市人民政府根据具体情况确定，一般为纳税人所在地。

（2）车船税实行源泉控制，一律由纳税人税收所在地的地方税务局负责征收和管理，各地对外省、市来的车船不再查补税款。

（3）车船的所有人或管理人未缴纳车船税的，使用人应当代为缴纳车船税。

（4）从事机动车交通事故责任强制保险业务的保险机构为机动车车船税的扣缴义务人，应当依法代收代缴车船税。

机动车车船税的扣缴义务人依法代收代缴车船税时，纳税人不得拒绝。

### 随堂测验

【判断】车船税按月征收，分期缴纳。（　　）

【答案】×

## 第 292 天　车辆购置税的纳税人与征税范围

### 课堂精讲

**1．车辆购置税的概念**

车辆购置税是以在中国境内购置规定的车辆为课税对象、在特定环节向车辆购置者征收的一种税。

**2．车辆购置税纳税义务人**

在中华人民共和国境内购置本条例规定的车辆（以下简称“应税车辆”）的单位和个人，为车辆购置税的纳税人，应当依照本条例缴纳车辆购置税。

所称购置，包括购买、进口、自产、受赠、获奖或以其他方式取得并自用应税车辆的行为。所称单位，包括国有企业、集体企业、私营企业、股份制企业、外商投资企业、外国企业以及其他企业和事业单位、社会团体、国家机关、部队。所称个人，包括个体工商户和其他个人，既包括中国公民又包括外国公民。

**3．车辆购置税征税范围**

车辆购置税的征税范围包括汽车、摩托车、电车、挂车、农用运输车。具体征收范围依照《中华人民共和国车辆购置税暂行条例》（以下简称《车辆购置税暂行条例》）所附“车辆购置税征收范围表”执行。

随堂测验

【单选】下列车辆不属于车辆购置税征税范围的是（　　）。

A．电车　　B．挂车　　C．自行车　　D．农用运输车

【答案】C

# 第 293 天　车辆购置税应纳税额的计算

课堂精讲

**1．车辆购置税的计税依据**

（1）纳税人购买自用的应税车辆的计税依据。纳税人购买自用的应税车辆的计税依据为纳税人购买应税车辆而支付给销售者的全部价款和价外费用（不包括增值税税款）。

（2）纳税人进口自用的应税车辆的计税依据。纳税人进口自用的应税车辆计税依据的计算公式为：

**计税价格＝关税完税价格＋关税＋消费税**

（3）其他自用应税车辆的计税依据。纳税人自产、受赠、获奖或以其他方式取得并自用的应税车辆的计税依据，由主管税务机关参照国家税务总局规定的同类型应税车辆的最低计税价格核定。

**2．车辆购置税的税率**

车辆购置税实行统一比例税率，税率为 10%。

**3．车辆购置税应纳税额的计算**

车辆购置税实行从价定率的办法计算应纳税额。应纳税额的计算公式为：

**应纳税额＝计税依据×税率**

随堂测验

【单选】李某购入新车一辆，向经销商支付车辆含税价款 117 000 元，手续费 11 700 元，则李某应缴纳车辆购置税（　　）元。

A．10 000　　B．11 000　　C．11 170　　D．12 870

【答案】C

# 第 294 天　车辆购置税的申报缴纳

## 课堂精讲

### 1．车辆购置税的纳税环节

车辆购置税的纳税环节是使用环节（即最终消费环节）。具体而言，纳税人应当在向公安机关等车辆管理机构办理车辆登记注册手续前，缴纳车辆购置税。即车辆购置税是在应税车辆上牌登记注册前的使用环节征收的。

### 2．车辆购置税的纳税期限

纳税人购买自用应税车辆的，应当自购买之日起 60 日内申报纳税；进口自用应税车辆的，应当自进口之日起 60 日内申报纳税；自产、受赠、获奖或以其他方式取得并自用应税车辆的，应当自取得之日起 60 日内申报纳税。

车辆购置税税款于纳税人办理纳税申报时一次性缴清。

### 3．车辆购置税的纳税地点

纳税人购置应税车辆，应当向车辆登记注册地的主管税务机关申报纳税；购置不需要办理车辆登记注册手续的应税车辆，应当向纳税人所在地的主管税务机关申报纳税。

## 随堂测验

【判断】纳税人购买自用应税车辆的，应当自购买之日起 60 日内申报纳税。（　　）
【答案】√

# 第 295 天　印花税的纳税人与征税范围

## 课堂精讲

### 1．印花税的概念

印花税是对经济活动和经济交往中书立、使用、领受具有法律效力的凭证的单位和个人征收的一种税。印花税是一种具有行为税性质的凭证税，凡发生书立、使用、领受应税凭证的行为，就必须依照印花税法的有关规定履行纳税义务。

**2．印花税纳税义务人**

印花税的纳税义务人是在中国境内书立、使用、领受印花税法所列举的凭证并应依法履行纳税义务的单位和个人。

所称单位和个人，是指国内各类企业、事业、机关、团体、部队，以及中外合资企业、合作企业、外资企业、外国公司和其他经济组织及其在华机构等单位和个人。

**3．印花税征税范围**

现行印花税只对《中华人民共和国印花税暂行条例》（以下简称《印花税暂行条例》）列举的凭证征税，具体有五类：合同或具有合同性质的凭证，产权转移书据，营业账簿，权利、许可证照，经财政部确定征税的其他凭证。

**随堂测验**

【多选】下列各项中，属于印花税征税范围的有（　　）。

A．法律咨询服务合同　　B．委托加工合同

C．技术开发合同　　D．出版印刷合同

【答案】BCD

## 第 296 天　印花税应纳税额的计算

**课堂精讲**

**1．印花税的计税依据**

印花税的计税依据为各种应税凭证上所记载的计税金额。具体规定如下。

（1）购销合同的计税依据为合同记载的购销金额。

（2）加工承揽合同的计税依据是加工或承揽收入的金额。

（3）建设工程勘察设计合同的计税依据为收取的费用。

（4）建筑安装工程承包合同的计税依据为承包金额。

（5）财产租赁合同的计税依据为租赁金额；经计算税额不足 1 元的，按 1 元贴花。

（6）货物运输合同的计税依据为取得的运输费金额（即运费收入），不包括所运货物

的金额、装卸费和保险费等。

（7）仓储保管合同的计税依据为收取的仓储保管费用。

（8）借款合同的计税依据为借款金额。针对实际借贷活动中不同的借款形式，税法规定了不同的计税方法。

（9）财产保险合同的计税依据为支付（收取）的保险费，不包括所保财产的金额。

（10）技术合同的计税依据为合同所载的价款、报酬或使用费。

（11）产权转移书据的计税依据为所载金额。

（12）营业账簿税目中记载资金的账簿的计税依据为实收资本与资本公积的合计金额。

（13）权利、许可证照的计税依据为应税凭证件数。

### 2．印花税的税率

印花税的税率设计遵循税负从轻、共同负担的原则。所以，税率比较低；凭证的当事人，即对凭证有直接权利与义务关系的单位和个人均应就其所持凭证依法纳税。

印花税的税率有两种形式，即比例税率和定额税率。

（1）比例税率。在印花税的13个税目中，各类合同以及具有合同性质的凭证、产权转移书据、营业账簿中记载资金的账簿，适用比例税率。印花税的比例税率分为4个档次，分别是0.5‱、3‱、5‱、1‰。

（2）定额税率。在印花税的13个税目中，权利、许可证照和营业账簿税目中的其他账簿，适用定额税率，均为按件贴花，税额为5元。

印花税税目税率如表9-8所示。

**表9-8 印花税税目税率表**

| 项目 | 范围 | 税率 | 纳税义务人 | 说明 |
|---|---|---|---|---|
| 购销合同 | 包括供应、预购、采购、购销结合及协作、调剂、补偿、易货等合同 | 按购销金额的3‱贴花 | 立合同人 | |
| 加工承揽合同 | 包括加工、定做、修缮、修理、印刷、广告、测绘、测试等合同 | 按加工或承揽收入的5‱贴花 | 立合同人 | |
| 建设工程勘察设计合同 | 包括勘察、设计合同 | 按收取费用的5‱贴花 | 立合同人 | |
| 建筑安装工程承包合同 | 包括建筑、安装工程承包合同 | 按承包金额的3‱贴花 | 立合同人 | |

（续表）

| 项目 | 范围 | 税率 | 纳税义务人 | 说明 |
| --- | --- | --- | --- | --- |
| 财产租赁合同 | 包括租赁房屋、船舶、飞机、机动车辆、机械、器具、设备等合同 | 按租赁金额的1‰贴花，税额不足1元的按1元贴花 | 立合同人 | |
| 货物运输合同 | 包括民用航空、铁路运输、海上运输、内河运输、公路运输和联运合同 | 按运输费用的5‱贴花 | 立合同人 | 单据作为合同使用的，按合同贴花 |
| 仓储保管合同 | 包括仓储、保管合同 | 按仓储保管费用的1‰贴花 | 立合同人 | 仓单或栈单作为合同使用的，按合同贴花 |
| 借款合同 | 银行及其他金融组织和借款人（不包括银行同业拆借）所签订的借款合同 | 按借款金额的0.5‱贴花 | 立合同人 | 单据作为合同使用的，按合同贴花 |
| 财产保险合同 | 包括财产、责任、保证、信用等保险合同 | 按保险费收入的1‰贴花 | 立合同人 | 单据作为合同使用的，按合同贴花 |
| 技术合同 | 包括技术开发、转让、咨询、服务等合同 | 按所记载金额的3‱贴花 | 立合同人 | |
| 产权转移书据 | 包括财产所有权和版权、商标专用权、专利权、专有技术使用权等转移书据 | 按所记载金额的5‱贴花 | 立据人 | |
| 营业账簿 | 生产、经营用账册 | 记载资金的账簿，按固定资产原值与自有流动资金金额的5‱贴花，其他账簿按件贴花5元 | 立账簿人 | |
| 权利、许可证照 | 包括政府部门发给的房屋产权证、工商营业执照、商标注册证、专利证、土地使用证 | 按件贴花5元 | 领受人 | |

**3．印花税应纳税额的计算**

**应纳税额＝应税凭证计税金额（或应税凭证件数）×适用税率**

**随堂测验**

【例】某企业 2012 年 2 月开业，当年发生以下有关业务事项：领受房屋产权证、工商营业执照、土地使用证各 1 件；与其他企业订立转移专用技术使用权书据 1 份，所记载金额为 100 万元；订立产品购销合同 1 份，所记载金额为 200 万元；订立借款合同 1 份，所记载金额为 400 万元；企业记载资金的账簿，实收资本、资本公积为 800 万元；其他营业账簿 10 本。试计算该企业 2012 年应缴纳的印花税税额。

【解析】

应纳税额$=3\times5+1\ 000\ 000\times5‱+2\ 000\ 000\times3‱+4\ 000\ 000\times0.5‱+8\ 000\ 000\times5‱+10\times5=5\ 365$（元）

# 第 297 天　印花税的申报缴纳

**课堂精讲**

### 1. 印花税的纳税环节

印花税应当在书立或领受时贴花。具体是指，在合同签订时、账簿启用时和证照领受时贴花。如果合同是在国外签订，并且不便在国外贴花的，则应在将合同带入境时办理贴花纳税手续。

### 2. 印花税的纳税地点

印花税一般实行就地纳税。对于全国性商品物资订货会（包括展销会、交易会等）上所签订合同应缴纳的印花税，由纳税人回其所在地后及时办理贴花完税手续；对地方主办、不涉及省际关系的订货会、展销会上所签合同的印花税，其纳税地点由各省、自治区、直辖市人民政府自行确定。

**随堂测验**

【判断】印花税一般实行就地纳税。（　　）

【答案】√

# 第 298 天　城市维护建设税的纳税人与征税范围

## 课堂精讲

**1．城市维护建设税的概念**

城市维护建设税（以下简称“城建税”），是国家对缴纳增值税、消费税、营业税（以下简称“三税”）的单位和个人就其实行缴纳的“三税”税额为计税依据而征收的一种税。它属于特定目的税，是国家为加强城市的维护建设、扩大和稳定城市维护建设资金的来源而采取的一项税收措施。

**2．城市维护建设税纳税义务人**

城建税的纳税义务人是指负有缴纳“三税”义务的单位和个人，包括国有企业、集体企业、私营企业、股份制企业、其他企业和行政单位、事业单位、军事单位、社会团体、其他单位以及个体工商户及其他个人。但目前对外商投资企业和外国企业缴纳的“三税”不征收城建税。

## 随堂测验

【多选】下列单位 2012 年 12 月 1 日前应缴纳城市维护建设税的有（　　）。

A．私营企业　　B．中外合资企业　　C．集体企业

D．中外合作企业　　E．外国企业

【答案】AC

# 第 299 天　城市维护建设税应纳税额的计算

## 课堂精讲

**1．城市维护建设税的计税依据**

城建税的计税依据是指纳税人实际缴纳的“三税”税额。纳税人违反“三税”有关

法规而加收的滞纳金和罚款是税务机关对纳税人违法行为的经济制裁，不作为城建税的计税依据。但纳税人在被查补“三税”和被处以罚款时，应对其偷漏的城建税进行补税、征收滞纳金和罚款。

城建税以“三税”税额为计税依据并同时征收，如果要免征或减征“三税”，也就要同时免征或减征城建税。

### 2．城市维护建设税的税率

城建税的税率是指纳税人应缴纳的城建税税额与纳税人实际缴纳的“三税”税额之间的比率。城建税按纳税人所在地的不同，设置了3档地区差别比例税率。

（1）纳税人所在地为市区的，税率为7%。

（2）纳税人所在地为县城、镇的，税率为5%。

（3）纳税人所在地不在市区、县城或镇的，税率为1%。

### 3．城市维护建设税应纳税额的计算

城建税纳税人应纳税额的大小是由纳税人实际缴纳的“三税”税额决定的，其计算公式为：

**应纳税额=纳税人实际缴纳的增值税、消费税、营业税税额×适用税率**

#### 随堂测验

【例】某市区一企业2012年8月份实际缴纳增值税30万元，缴纳消费税40万元，缴纳营业税20万元。计算该企业应缴纳的城建税税额。

【解析】

应纳税额＝（30＋40＋20）×7%＝90×7%＝6.3（万元）

## 第300天 城市维护建设税的申报缴纳

#### 课堂精讲

### 1．城市维护建设税的纳税环节

城建税的纳税环节是指纳税人应当缴纳城建税的环节。城建税的纳税环节实际就是纳税人缴纳“三税”的环节。纳税人只要发生“三税”的纳税义务，就要在同样的环节缴纳城建税。

### 2. 城市维护建设税的纳税期限

由于城建税是由纳税人在缴纳“三税”时同时缴纳的，其纳税期限分别与“三税”的纳税期限一致。增值税、消费税的纳税期限均分别为 1 日、3 日、5 日、10 日、15 日和 1 个月；营业税的纳税期限分别为 5 日、10 日、15 日和 1 个月。增值税、消费税、营业税的纳税人的具体纳税期限由主管税务机关根据纳税人应纳税额的大小分别核定；不能按照固定期限纳税的，可以按次纳税。

### 3. 城市维护建设税的纳税地点

城建税以纳税人实际缴纳的增值税、消费税、营业税税额为计税依据，分别与“三税”同时缴纳。所以，纳税人缴纳“三税”的地点就是该纳税人缴纳城建税的地点。但是，属于下列情况的，纳税地点另行规定。

（1）代扣代缴、代收代缴“三税”的单位和个人，同时也是城建税的代扣代缴、代收代缴义务人，其城建税的纳税地点在代扣代收地。

（2）跨省开采的油田，下属生产单位与核算单位不在一个省内的，其生产的原油在油井所在地缴纳增值税，其应纳税额由核算单位按照各油井的产量和规定税率计算汇拨各油井缴纳。所以，各油井应缴纳的城建税应由核算单位计算，随同增值税一并汇拨油井所在地，由油井在缴纳增值税的同时一并缴纳城建税。

（3）对管道局输油部分的收入，由取得收入的各管道局于所在地缴纳营业税。所以，其应缴纳的城建税，也应由取得收入的各管道局于所在地缴纳营业税时一并缴纳。

（4）对流动经营等无固定纳税地点的单位和个人，应随同“三税”在经营地按适用税率缴纳。

**随堂测验**

【判断】营业税的纳税期限分别为 5 日、10 日、15 日和 1 个月。（　　）

【答案】√

# 《每天一堂出纳课》

## 编读互动信息卡

亲爱的读者：

感谢您购买本书。只要您以以下三种方式之一成为普华公司的**会员**，即可免费获得普华每月新书信息快递，在线订购图书或向我们邮购图书时可获得免付图书邮寄费的优惠：①详细填写本卡并以**传真（复印有效）或邮寄的方式**返回给我们；②**登录普华公司官网注册成为普华会员**；③关注微博：@普华文化（新浪微博）。会员单笔订购金额满 300 元，可免费获赠普华当月新书一本。

**哪些因素促使您购买本书（可多选）**

| | | |
|---|---|---|
| O本书摆放在书店显著位置 | O封面推荐 | O书名 |
| O作者及出版社 | O封面设计及版式 | O媒体书评 |
| O前言 | O内容 | O价格 |

O其他（　　　　　　　　　　　　　　　　）

**您最近三个月购买的其他经济管理类图书有**

| | |
|---|---|
| 1.《　　　　　》 | 2.《　　　　　》 |
| 3.《　　　　　》 | 4.《　　　　　》 |

**您还希望我们提供的服务有**

| | |
|---|---|
| 1. 作者讲座或培训 | 2. 附赠光盘 |
| 3. 新书信息 | 4. 其他（　　　　　） |

**请附阁下资料，便于我们向您提供图书信息**

| | | |
|---|---|---|
| 姓　　名 | 联系电话 | 职　　务 |
| 电子邮箱 | 工作单位 | |
| 地　　址 | | |

地　　址：北京市东城区龙潭路甲 3 号翔龙大厦 218 室
　　　　　北京普华文化发展有限公司（100061）

传　　真：010-67120121

读者热线：010-67129879　010-67133495-107

投稿邮箱： tougao@puhuabook.com，或请登录普华官网“作者投稿专区”。

购书电话：010-67129212　　　　淘宝店地址：http://shop60686916.taobao.com

媒体及活动联系电话：010-67129872-830　邮件地址：liujun@puhuabook.com

普华官网：http://www.puhuabook.com.cn

博　　客：http://blog.sina.com.cn/u/1812635437

新浪微博：@普华文化（关注微博，免费订阅普华每月新书信息速递）